딸과 함께 '철학자의 길'을 걷다

：화쟁과 소통의 비교윤리학

Walking the Philosopher's Way with My Daughter

：A Comparative Ethics of Whajaeng(和諍) and Communication

지은이 **박병기(朴柄基)**

한국교원대학교 윤리교육과 교수이며, 전주교육대학교 교수를 거쳤다. 서울대학교 사범대학 윤리교육과를 졸업
하고, 같은 대학원에서 윤리학과 도덕교육을 전공하여 박사학위를 받았다. 그 후 불교원전문학림 삼학원(5년
제)에서 불교철학과 윤리를 공부했고 국가생명윤리위원회 전문위원, 2015 도덕과 교육과정 개정 연구 총괄책임
자 역할을 하기도 했으며, 현재는 한국도덕윤리과교육학회장, 『불교평론』 편집위원, 정의평화불교연대 공동대표
일을 맡고 있다. 대표적인 저서로는 『의미의 시대와 불교윤리』(2015 세종학술도서), 『동양 도덕교육론의 현대적
해석』(2010 문화관광부 우수학술도서) 등이 있다.

이메일 bkpak15@knue.ac.kr

딸과 함께 '철학자의 길'을 걷다
Walking the Philosopher's Way with My Daughter

© 박병기, 2016

1판 1쇄 인쇄__2016년 09월 10일
1판 1쇄 발행__2016년 09월 25일

지은이__박병기
펴낸이__양정섭
펴낸곳__작가와비평
  등록__제2010-000013호
  주소__경기도 광명시 소하동 1272번지 우림필유 101-212
  블로그__http://wekorea.tistory.com
  이메일__mykorea01@naver.com
공급처__(주)글로벌콘텐츠출판그룹
  대표__홍정표
  편집__노경민 송은주 **디자인**__김미미 **기획·마케팅**__노경민 **경영지원**__이아리
  주소__서울특별시 강동구 천중로 196 정일빌딩 401호
  전화__02) 488-3280 **팩스**__02) 488-3281
  홈페이지__http://www.gcbook.co.kr **이메일**__edit@gcbook.co.kr

값 12,000원
ISBN 979-11-5592-185-2 03100

딸과 함께 철학자의 길을 걷다

박병기 지음

작가와비평

머리말

이제 곧 이곳 프랑크푸르트 공항에서 집으로 가는 우리 국적의 여객기를 타야 한다. 막바지 여정으로 현대 미술을 중심으로 전시하는 이곳 스테델 미술관(Städel Museum)에 다녀왔고, 나는 이번 여정 내내 그랬던 것처럼 나만의 속도와 걸음걸이로 돌아본 후에 먼저 1층 미술관 카페에 내려와 책을 한 권 사고 노트북을 켰다. 커피와 생수를 한 병 시켜놓고, 방금 산 책을 펴 익숙한 한스 큉이 일곱 명의 교황을 일별하면서 그들의 신학과 가톨릭교회의 내면을 소개한 글과 여러 날 머문 '뉘른베르크'라는 제목으로 평화를 문제 삼는, 잘 모르는 철학자의 글을 읽고 있는 중에 둘째 딸이 합류했다. 익숙해진 풍경이다. 이제 곧 아내도 합류할 것이다.

프랑스 파리와 독일의 뮌헨, 뉘른베르크, 하이델베르크, 프랑크푸르트를 중심축으로 삼아 그 주변의 미술관과 휴양지, 오래된 성 등을 돌아보며 일상적인 대화를 나누기도 하고, 그런 가운데 가끔 씩 철학적인 대화가 가능할 수 있기를 기대하면서 한 달 여정을 함께했다. 일상 속에서는 쉽게 마주하게 되면서도 깊이 있는 대화를 나누기 힘든 실천적인 주제를 가지고, 가능하다면 그곳에서 인연을 찾을 수 있는 철학자와 우리 사상가를 아우르면서 살아있는 대화를 나누고자 했다. 그러다가 하이델베르크 '철학자의 길 (Philosophenweg, philosopher's way)' 같은 구체적인 길을 만나면 직접 걸으면서 그 대화의 끈을 이어가려고 노력했다. 여행은 늘 예기치 않은 사건들을 숨기기 마련이어서 우리는 한 달 동안 모두 돌아가며 감기를 앓기도 했고, 기분이 가라앉거나 기운이 빠져서 아무런 일정도 잡지 않고 그저 쉬기만 한 날도 포함되어야 했다. 아니 처음부터 우리는 큰 틀에서만 계획을 짜고 구체적인 일정은 현지 상황에 맞출 수 있도록 느슨한 마음으로 출발했다.

물론 우리에게 철학자의 길은 그런 구체적인 길만을 의미하는 것이 아니었다. 하이델베르크에 가기 전에 이미 뉘른베르크에서 루트비히 포이어바흐의 철학자의 길을 함께 걸었고, 의도치 않게 그곳에서 로자 룩셈부르크 광장을 만나며 그곳을 철학자의 길로 삼아 걸어보기도 했다. 독일에 오기 전에는 싸르트르가 자주 찾았던 플로르 카페 2층에 함께 앉아 '여기 이렇게 있음'을 주제삼아 오래 이야기를 나누었고, 뮌헨에서는 쇠락해가는 셸링 살롱에서 우리 삶에서 자유가 어떤 의미를 갖는지를 가지고 대화를 나누었다. 쇤부르크 고성에서 아랫마을에 이르는 꼬부랑 산길에는 우리가 '쇤부르크 철학자의 길'이라는 이름을 붙여주기도 했다. 이런 모든 시간과 공간이 우리에게는 철학자의 길이었다. 그 길에 동행하는 철학자에는 프랑스와 독일 철학자들 말고도 원효나 의상, 남명, 율곡 같은 우리 철학자들도 당연히 포함되었다. 그리고 가능하면 그들의 생각이 우리 자신의 생각과 어떻게 만날 수 있고 또 어떻게 어긋날 수 있는지에 대해 초점을 맞춤으로써 진정한 의미의 철학함, 즉 우리 삶 속의 문제를 가지고 우리말로 함께 이야기하고 때로 논쟁을 하기도 하는 과정이 될 수 있도록 했다.

이런 형식의 대화와 책을 생각한 것은 꽤 오래되었다. 이번에 동행한 둘째 딸이 아닌 첫째 딸이 고등학교를 다니던 시절, 한 출판사에서 고등학생들이 볼 수 있는 '열쇠말로 읽는 동양철학'이라는 주제의 책을 내자는 제안을 받은 적이 있으니, 벌써 10년도 훌쩍 넘은 시간 동안 이런 성격의 책을 써야겠다는 생각을 해온 셈이다. 그런데 이번에도 고등학생들만을 대상으로 하는 글을 써내지는 못했다. 아마도 그 사이에 논문형 글쓰기와 성인 대상 교양 수준의 글을 쓰는 데 익숙해지다 보니, 고등학생들이 쉽게 이해할 수 있는 글을 쓰는 데는 많은 어려움이 따랐고, 그러다 보니 시작만 하고 끝맺음을 하지 못하는 일을 반복해야 했다. 이 책으로 그 마음의 빚을 조금이나마 갚을 수 있으면 좋겠다.

이 책이 나오는 과정에서 많은 사람들의 도움을 받았다. 특히 이번 여행을 기획하고 둘째 세원이와 함께 인터넷으로 항공편과 열차 등을 미리 예약하며 준비해 준 아내 양정례의 역할이 절대적이었다. 그는 우리 대화의 동참자이기도 했고, 때로는 카메라를 메고 다니면서 늘 우리의 대화를 기록하는 사진사이기도 했다. 이번 여행은 그가 33년의 교직생활을 명예퇴직으로 마감한 것을 기념하는 것이기도 해서 특별한 마음으로 떠올리게 된다. 큰딸 새롬이와 사위 김태환은 이번 여정에 함께하지 못했지만, 바쁜 일상 속에서 가끔씩이나마 이런 대화를 나누곤 하는 동참자들이다. 함께 학문의 길을 걷고 있는 두 사람의 학문적 성숙과 일상적 행복이 늘 함께하기를 기원한다. 마지막으로 이 책을 탄생시키는데 중요한 계기를 마련해준 또 한 사람을 기억하고 싶다. 그는 내 박사과정 지도학생이자 경남 창원중앙고등학교 윤리교사인 신희정이다. 스스로 인도로 여러 번 긴 여행을 다녀오기도 한 그는, 이번 여행 계획을 전해 듣고 제자들도 딸과의 대화에 간접적으로라도 동참할 수 있도록 소책자로라도 꼭 만들어달라는 부탁을 했다.

모쪼록 이 작은 책이 읽는 분들에게 자신들이 맺고 있는 인연의 소중함과 일상 속 숨어있는 철학함의 즐거움을 조금이나마 일깨울 수 있는 불쏘시개 역할을 할 수 있었으면 좋겠다. 율곡의 말처럼 학문은 일상 속에서 하는 것이고, 철학 또한 마찬가지다. 누구라도 자신의 삶 속에서 피할 수 없는 어떤 궁극적인 물음과 마주했을 때, 그냥 넘기지 않고 잠시 물러서서 생각하고 그 생각을 실천에 옮기고자 한다면 그는 이미 철학함의 과정 속에 있는 것이다. 특히 이 책은 이제 막 대학생이 된 딸과의 대화를 전제로 한 것이기 때문에, 대학생과 그들의 부모님들에게 취직 문제와 함께 다른 근원적인 문제도 고민해보는 것이 꼭 필요함을 인식하는 계기가 될 수 있었으면 좋겠다. 더 나아가 우리 사회가 맞고 있는 수많은 문제들과 절망을 피하지 않고 정면으로 맞서는 일이 가장 좋은 해결책이 될 수 있음을 생각해볼 수 있는 계기가 되었으면 하는 바람도 갖게 된다.

딸과 함께하는 한 달의 유럽여정을 마치는 길목,

프랑크푸르트에서

2016년 7월 25일 월요일 아침

저자 드림

차 례

길을 나서며

　사람이 만나서 이루는 관계 중에서 가장 가깝고 중요한 것이 무엇일까? 아마도 자신의 경험세계 속에서 친구이거나 아버지 또는 어머니와의 관계, 아니면 이성친구인 애인과의 관계를 꼽을 수 있을 것이다. 우리가 살아가는 과정은 대체로 혼자서 무언가를 하거나 누군가를 만나는 일로 이루어진다. 물론 혼자서 아무 일도 하지 않으면서 그냥 멍하니 있을 때도 있다. 이 과정 속에는 다른 사람과의 관계와 자신과의 관계가 자리하고 있다.

　내 경우에는 다른 사람과의 관계가 그리 넓지도 좁지도 않은 편이지만, 그 중에서도 늘 만나는 제자들이나 교사연수를 통해 만나곤 하는 선생님들, 아니면 일반 강의를 통해 만나는 분들이 대부분을 차지한다. 내 삶의 핵심 영역을 차지하는 관계임에 틀림없지만,

다른 한편으로 일상의 만남으로 접히고 마는 안타까움이 가끔씩 동반하곤 한다. 이런 일과 관련되는 일상과는 또 다른 차원의 일상 속 관계 중에서 가장 가깝고도 많은 비중을 차지하는 것은 당연히 가족이다. 그 가족 중에서도 내게는 아내와 두 딸과의 관계가 차지하는 비중은 거의 절대적이다. 고향을 지키고 계신 어머니나 장인 장모와의 관계 또한 소중하지만, 만남의 횟수나 마음을 쓰는 비중에서 비교가 되지 않는다. 죄송스런 마음을 떨칠 수 없지만, '사랑은 내리사랑'이라는 말로 정당화하면서 그럴 때마다 전화 한 번 드리는 것으로 대신하곤 한다.

지금 이 순간 내게 가장 큰 비중으로 다가오는 관계는 무엇일까? 2016년 6월 26일 오늘 출발해서 프랑스 파리와 독일의 뮌헨과 뉘른베르크, 하이델베르크, 프랑크푸르트 등을 돌아보는 여정으로 한 달 동안 함께하는 가족여행의 동반자는 아내와 둘째 딸이다. 큰딸은 작년에 혼인을 해 자신의 가족을 이루었을 뿐만 아니라, 박사학위 논문 심사 중이어서 동행하지 못했다. 이미 서른은 넘겼고 함께하는 남편도 있기 때문에 아마도 점차 우리들과의 관계는 옅어지면서 달라질 수밖에 없을 것이다, 나와 부모님의 관계가 그랬던 것처럼...

이번 여행에서 주된 동반자는 아내와 둘째이지만, 그 중에서도 군이 비중을 따진다면 둘째에게 더 많은 관심을 갖게 된다. 우리나라의 엄혹한 입시 상황 속에서 두 번이나 수학능력시험을 치러 드디어 올해 삼월 대학에 입학했기 때문이다. 더욱이 그 대학이 초등

교사가 되는 것을 목표로 하는 교육대학이어서 더 많은 관심과 함께 어떤 여정을 함께하는 것이 좋을까를 오랫동안 생각해 왔다. 교육대학은 내게 낯설지 않은 곳이다. 사범대학을 졸업하면서 이미 부설초등학교에 교생실습을 다녀온 경험도 있고, 당시 교대생이던 아내의 기숙사 축제에 초대받아 거의 금남의 지역이나 다름없던 그곳에 들어가 본 경험도 있다. 그런 간접적인 경험과 함께 박사학위를 받고 처음 전임자리를 받은 곳이 교육대학이라는 특별한 경력도 갖고 있다. 4년제 대학이 된 지 10여 년 정도 지난 시점에 부임한 고향 교육대학의 작고 아담한 교정은 히말라야시다 숲 떨어지는 낙엽과 길 건너편 전주천변 불어오는 바람으로 가득 채워지곤 했다.

답답함도 없지 않았다. 우리나라에서 가장 큰 캠퍼스를 자랑하는 종합대학에서 학부, 석사, 박사과정을 거쳐 시간강사까지 치면 거의 15년 가까이 보낸 내게 교육대학 캠퍼스는 충격적일 정도로 좁았다. 전임발령을 받고 따라나선 교무처장이 이끄는 캠퍼스 소개가 너무 일찍 끝나 당혹스러웠던 기억이 아직도 남아 있다. 단과대학 하나밖에 없는 곳이니 당연한 일인 것을 자신의 편견이 작동하여 좁고 답답하게 느꼈던 것이다. 그것보다 더 답답하게 느껴졌던 것은 획일화된 교육과정과 그것에서 오는 학생들의 경직된 일상이었다. 내게 맡겨진 강의는 주로 '도덕교육론'과 '현대사회와 윤리'였는데 두 과목 모두 모든 학생들이 필수로 들어야만 하는 과목들이었다. 몇 년 지난 후에, '동양사상의 이해'라는 교양 선택 과목을 설강하여 비로소 필수과목만 담당하는 교수의 굴레로부터

자유로워질 수 있었지만, 그럼에도 주요 담당과목은 늘 필수과목
이었다.

그곳에서 만 10년을 보내고 현재 대학으로 옮긴 지도 벌써 10년
을 훌쩍 넘기고 있다. 이곳도 교사 양성을 목표로 삼는 대학이어서
외형적으로 큰 차이는 없지만, 그럼에도 필수과목이 많지 않아 다
른 전공과목을 비교적 자유롭게 선택할 수 있는 가능성과 넓고 쾌
적한 캠퍼스, 대학원과 연수원의 활성화 등에서 몇 가지 차이를
지니고 있다. 전국 10개 교육대학과 한국교원대학교는 각각 초등
교사 양성과 유치원 및 초, 중등교사의 통합적 양성이라는 목표에
서 차이도 지니고 있다. 그럼에도 두 대학의 공통점은 학생들이
신입생 시절부터 '교사가 될 사람'이라는 말을 지겹도록 들으면서
살게 된다는 점이다. 교수들은 말할 것도 없고 선후배와 동기생들
을 통해 최소한 수백 번은 들어야 졸업할 수 있을 정도이다. 그러
다 보니 교사가 되는 데 필요한 공부나 생각만을 하도록 강요하는
분위기가 형성되어 있고, 그 분위기 속에서 처음에는 개성이 돋보
이던 학생들이 시간이 지날수록 획일화되면서 그만그만한 범생이
들로 변해 졸업하게 되는 경향이 나타난다. 그것을 부채질하는 것
은 당연히 교사임용시험이다.

이러한 획일화가 지니는 문제점은 비교적 명확하다. 우선 그 '교
사가 될 사람'에 포함되어 있는 인간상이 문제가 된다. 21세기 초
반 한국사회에서 바람직한 교사는 어떤 사람일까? 그들은 다음 시
대를 살아갈 학생들을 대상으로 교육을 해야 하는 사람들이라는

점에서 미래의 변화에 민감한 사람이어야 할 것이고, 그러면서도 인류 문화를 통해 면면히 내려오는 인간다움을 향하는 열망을 동시에 지닌 사람이어야 할 것이다. 이런 변화에의 민감성과 인간다움을 향한 열망은 열린 사고와 개방성, 세상을 바라보는 따뜻하면서도 비판적인 시각 등을 필요로 한다. 그런데 우리가 일반적으로 생각하는 '교사가 될 사람'은 어른들의 말씀을 잘 듣고 공부를 잘하는 모범생이고, 어떤 일이 있어도 학교를 빼먹지 않는 지독한 성실성을 지닌 사람일 가능성이 높다. 일제강점기 설립된 사범학교에서 길러내고자 했던 교사, 즉 식민지 상황에 대한 무관심 또는 현실적 수용을 바탕으로 맹목적인 성실성을 발휘할 수 있는 사람이면서 학생들에게도 힘에 근거한 폭력적인 권위를 바탕으로 그 성실과 충성을 가르칠 수 있는 사람이었다. 그것이 일제 사범교육과 군사교육을 충실히 이수한 박정희로 상징되는 광복 이후의 엘리트들에 의해 강화되고 왜곡된 형태로 살아남아 오늘까지 그 질긴 그림자를 남기고 있다.

그 교육대학에 입학하여 한 학기를 보낸 둘째는 나름 댄스동아리나 독서동아리 등의 활동을 통해 활기찬 새내기 생활을 즐기고 있는 것으로 보였지만, 서로 바쁜 가운데 어쩌다 마주하는 커피점 대화 속에서 답답함을 언뜻 내비치기도 했다. 다행히 그런 문제점을 충분히 인식하고 있는 교수들이 있어 이런저런 통로를 통해 그 답답함을 해소시켜주려는 노력을 하고 있음도 엿볼 수 있었지만, 그럼에도 넓은 캠퍼스와 다양한 수강 및 인간관계의 기회 등에서 지닐 수밖에 없는 한계는 내게 안타까움으로 다가오곤 했다. 그런 느낌이 들 때마다 내 나름으로 철학적인 대화의 장을 마련하려고 노력했지만, 시간이나 공간의 제약 때문에 이어지지 못한 채 끝맺음해야만 했다. 오늘부터 7월 26일 아침까지 꼬박 한 달간은 그러한 시간과 공간의 제약을 훌쩍 뛰어넘는, 진정한 만남의 장이자 철학적 대화의 장이 될 수 있을 것이라는 기대로 설레기 시작한다. 파리의 미술관이나 독일 프랑크푸르트 대학의 도서관 같은 몇 개의 목표가 없는 것은 아니지만, 하루 24시간을 온전히 함께할 수 있는 여건이 마련될 수 있는 자유여행이기 때문이다.

이번 여행길에서 둘째 딸과 나 사이의 대화는 물론 자유로운 흐름을 전제로 할 것이다. 물 흐르듯이 그 순간 떠오르는 생각들을 공유하면서 서로를 온전히 바라볼 수 있는 것만으로도 충분하다. 그런 흐름을 전제로 하면서 나는 우리 삶 속에서 이런 여유 공간이 아니면 쉽게 생각하기 어려운 몇 가지 핵심 주제들을 내가 쌓아온 삶의 경험과 공부이력을 바탕으로 정리해주는 역할을 하고, 딸은 그 주제들에 관한 참신한 감각을 바탕으로 자신의 의견을 전하는 방식으로 전개될 것 같다. 거기에 특히 이번 여행길에 집중적으로 들르고자 하는 프랑스와 독일의 '철학자의 길'에서 만나게 될 철학자들의 생각과 삶을 양념으로 더해 보고자 한다.

'철학자의 길'은 무엇일까?

'철학자의 길'은 어디에든 있다. 내 고향에는 조선 후기를 대표하는 이재 황윤석과 반계 유형원, 간재 전우의 흔적이 남아 있다. 집에서 멀지 않은 절인 선운사에는 추사 김정희와 치열한 철학적인 논쟁을 벌인 백파 긍선의 삶이 녹아있기도 하다. 어느 여름날 일이 있어 고향을 찾은 길에 들른 반계 유형원 유적지에서 나는 토지개혁을 통해 당시 백성의 대다수를 이루던 농부들의 삶을 보다 낫게 해보려고 분투했던 한 실천철학자의 외로운 삶과 마주해야 했다.

천민으로 전락한 승려 신분을 감내하면서 평생 수행자의 길을 놓지 않았던 백파 긍선의 삶은 오늘날 한국인의 뇌리 속에서 거의 잊혀졌지만, 당대 최고의 지성이라고 평가받던 추사 김정희의 편견 섞인 비판에 한 치의 물러섬 없이 응대했던 철학적 기상이 선운사 골짜기를 찾을 때마다 서늘하게 다가서곤 한다.

무너진 나라에서 무도한 왕을 섬길 수 없다는 신념으로 육지를 벗어나 계화도 간척지로 들어간 간재 전우는 이기론, 즉 세상과 인간을 구성하는 두 개념인 이(理)와 기(氣) 사이의 관계 설정을 고민하면서 그것을 자신의 삶 속에서 구현하고자 했던 조선 선비의 마지막 모습을 보여주었다. 그의 철학과 삶에 대한 평가는 또 다른 기준을 필요로 하는 것이지만, 확실한 것은 그들이 모두 넓은 의미의 철학자들이라는 사실과 그들이 걸었던 삶의 흔적이 남아 있는 길이 모두 철학자의 길이라는 사실이다.

그럼에도 우리가 그런 철학자의 길을 제대로 받아들이지 못하는 이유는 무엇일까? 먼저 일제강점기를 맞으면서 그 맥이 끊어졌던 역사와 광복 후 서구화 과정을 거치면서 서양 것만을 온전하고 바람직한 것으로 받아들여 온 역사적 사실을 꼽아야 할 것이다. 특히 일제강점기에 우리 철학이 주로 일본인들이 수입한 유럽 철학자들 일색으로 대체되었고, 광복 후에는 미군 점령기를 기반으로 그리스 도교 신학과 영미 철학이 그 자리를 대체해왔던 역사를 기억할 필요가 있다. 그런 역사 속에서 대부분의 우리 철학자들은 잊혀지거나 시대착오적인 생각을 했던 사람들로 평가되었던 것이다.

그렇다면 오늘 이 시점에서 철학자의 길은 과연 무엇이고, 또 어디에 있는 것일까? 독일 곳곳에 있다는 '철학자의 길(Philosophenweg)'은 비교적 쉽게 찾아갈 수 있는 우리 현실 속의 길이다. 독일 사람들이 좋아하는 철학자인 칸트나 헤겔 같은 사람의 흔적을 중심으로 만들어진 길이어서 실제로 산책할 수도 있기 때문이다.

그런데 철학자의 길이 꼭 어떤 철학자와 연결 지어야만 하는 길이어야 할까? 이 물음은 우리들로 하여금 철학자를 철학을 전문으로 하는 학자로 한정해야만 하는 것인지를 묻게 만든다. 물론 당연히 대학의 철학교수로 상징되는 철학자들이 우리 시대 철학자의 전형적인 모습일 수 있지만, 최근에 들어와서 교수가 아니면서도 대중적인 인기를 끄는 철학자들이 늘어나고 있는 것을 보면 그 정의를 더 넓혀야만 할 것 같다.

우리 시대 철학자는 과연 누구일까? 이 새삼스런 질문과 마주하면서 우리는 철학이 전문가들의 독점물일 수 없겠다는 생각을 다시 하게 된다. 조선시대만 하더라도 모든 선비는 철학자이자 시인이기도 했다. 서로 만나 철학적인 대화를 주고받다가 흥이 오르면 차나 술을 나누며 자신의 시를 주고받는 것이 선비들의 일상이었던 것이다. 그렇게 보면 오늘의 우리는 시와 철학을 잃어버린 시대를 살고 있다고 말할 수 있다. 우리 시대의 철학과 시가 철학자나 시인의 전유물인 것처럼 받아들여지고 있기 때문이다.

물론 우리 시대의 시인이나 철학자를 애써 외면하거나 폄하할 이유는 없다. 시의 리듬을 알고 자신만의 언어감각으로 시를 쓰는 전업시인이나, 각자의 철학함을 기반으로 삶의 심연을 깊이 있게 보여주는 철학자들에게서 우리들 자신의 삶을 돌아볼 수 있는 계기를 마련해볼 수 있다. 우리가 경계하고자 하는 것은 시를 독점하고자 하는 시인이나 전문적인 철학사적 논의만을 철학이라고 고집하는 철학자의 편협한 자세와 그것들이 우리 일반인들의 삶과는 관계가 없는 것이라는 생각일 뿐이다,

이제 11시간 30분 정도의 비행이 마무리 단계에 접어들고 있다. 인천공항에서 파리 드골 공항에 이르는 항공로를 보여주는 이코노미석 작은 화면이 코펜하겐을 지나 파리로 향하는 항공기의 현재 위치를 보여주고 있다. 두 편의 영화를 보고, 세계 최고수준이라는 국내항공사의 기내식을 두 번 먹고, 사이사이 또 두 번의 간식을 먹으면서 보낸 시간들이다. 아내와 딸은 불편한 잠에 비교적 깊이 빠져들어 있고, 조금 떨어진 화장실 사용 표시등도 쉽게 꺼질 줄 모른다.

파리는 철학자들만의 도시는 아니다. 오히려 문학가들과 예술인들의 도시라고 하는 편이 적절할 것이다. 까뮈와 보들레르가 있고, 고갱과 고흐가 있다. 그러나 내게 파리는 실존철학자 싸르트르와 타자의 윤리학자 레비나스의 땅으로 먼저 다가온다. 두 번의 세계대전을 치르며 인간이 과연 어떤 존재이며 이제 어떻게 살아야 하는지에 관한 절망적 물음 속에 빠져 있던 유럽인들, 더 나아가 세계인들에게 실존(實存)과 타자(他者)라는 화두를 던져준 사람들이다. 실존은 지금 이 순간의 삶을 있는 그대로 바라보라는 싸르트르의 음성으로 다가오고, 타자는 내 앞에 있는 사람의 눈빛을 외면하지 말라는 레비나스의 윤리적 명령으로 다가선다. 그런 점에서 파리는 철학자들의 도시이고, 우리는 지금 그 도시에 숨어있는 철학자의 길을 찾아 나서고 있는 셈이다(2016.6.26. 파리 시간 저녁 5시경).

|1부|
'철학자의 길' 위에서 삶을 만나다

1. 파리의 첫날 아침과 살아있음의 미학
: 장 뽈 싸르트르와 미술관 카페

파리에서 맞는 첫날 아침이다. 계획도시인 파리의 16구에 위치한 우리들의 숙소는 전철역에서 걸어 3분 이내에 있으면서도 전형적인 주택가의 모습을 하고 있다. 지은 지 70년이 넘은 낡은 현대식 건축물이어서 방음이 잘 되지 않아 어젯밤 늦게 윗집 부부가 소리 지르며 싸우는 소음을 감내해야만 했다. 밤 10시가 되어야만 비로소 어둠이 깃드는 데도 새벽 5시를 넘기자마자 먼동이 터오기 시작했다. 낯설지만 청명한 새소리와 함께 잠이 깨어 밖을 내다보니 정원이 꽤 잘 가꾸어져 있다.

7시가 되면 문을 연다는 전철역 주변 동네 빵집에 아내와 함께 산책 삼아 가기로 했다. 막 잠이 깨기 시작하는 파리의 아침 풍경은 청소차와 많은 짐을 아무렇지도 않게 챙기면서 앉아 있는 노숙자, 문을 조금만 열어 놓고 청소를 하고 있는 가게들 같은 평범한 표정이다. 우리가 찾은 빵집은 그보다 일찍 움직인 흔적을 담고 다소 부산한 아침을 열고 있었다. 길게 늘어선 줄 속에 몸을 담으며 기다려 바게트와 크루아상, 둥그런 곡물 빵을 살 수 있었고, 돌아와 식탁 위에 어제 사놓은 과일과 함께 펼쳐놓으니 여행자 가족의 풍성한 아침상이 되어준다.

어디를 여행하든 아침 일찍 숙소 주변을 산책하는 일을 빼놓지 않으려 한다. 그 이유는 아침에만 볼 수 있는 도시의 속살로부터 전해오는 진솔한 음성이 주는 감동을 놓치고 싶지 않아서이다. 언젠가 출장으로 찾은 베이징의 아침 뒷골목은 지저분한 지난 밤 쓰레기들과 함께, 잔소리하며 학교 갈 아이들 손을 잡고 나와 허름한 포장마차 같은 거리 음식점에서 김이 솔솔 나는 국수나 튀김을 먹는 중국 엄마의 부산한 눈길과 쓰레기를 쓸며 무심히 눈길 건네던 노인의 그림자로 채워지고 있었다. 분리운동을 포기하지 않는 스코틀랜드의 상징인 에딘버러의 아침은 오래된 돌길 위로 와자하게 내려앉아 먹이를 쪼던 비둘기 떼가 채우고 있었고, 도쿄의 아침은 일찍 문을 여는 다국적 커피점 스타벅스의 닮은 듯 다른 무심한 표정으로 채워지고 있었다.

어제 저녁 파리 드골 공항에서 숙소로 오는 길은 서울 남쪽 가리봉동 풍경과 닮아 있다는 생각을 했고, 오늘 아침 만난 파리 16구 아침 풍경은 돌로 지은 집들이 줄지어 늘어서 있고 집집마다 자신들의 표정을 담은 꽃들을 작은 베란다에 놓은 것이 특징적일 뿐 특별한 감흥을 불러일으키지는 못했다. 살아가는 시간이 쌓이고 여행하는 경험이 쌓일수록 어디를 가나 사람 사는 모습은 거기서 거기라는 사실을 지속적으로 확인하게 된다. 당연한 일의 확인에 불과한 것일지 모르지만, 그럼에도 그 유사함 속에서 다른 점을 찾는 즐거움은 쉽게 줄어들지 않는다.

일상과 여행, 그 연속의 지점들

사람들의 삶이 비슷해지는 지점은 특히 일상 속에서 두드러진다. 아침에 일어나 세수를 하고 식사를 마친 후에 일자리로 가는 것으로 시작되는 하루는 지루함과 고단함, 약간의 보람이나 좌절 같은 사소한 감정을 동반하여 저물곤 한다. 가족보다 더 많은 시간을 함께하는 직장 동료들과 시시껄렁한 농담을 주고받는 수준 이상의 관계를 만들기 쉽지 않고, 돌아와 마주한 가족과의 대화에도 어느 틈에 짜증이 섞여 있음을 느끼면서 우리는 여행 같은 일상으로부터의 탈출을 꿈꾼다.

그러나 직장이 있는 사람은 시간을 내기 어렵고 고정된 일자리가 없는 사람은 여행에 필요한 여윳돈을 마련하기가 쉽지 않아 마음먹은 대로 여행길에 나서는 것은 한참 지난 후의 일이거나 생각했던 것과는 다른 일정이기 일쑤다. 그럼에도 떠남은 설렘을 동반한다. 물론 그 설렘 속에 약간의 불안이 숨겨져 있기도 하지만, 그런 것쯤은 충분히 감내할 만하다. 계획을 세워 자유여행을 나서거나, 여의치 않을 경우 다른 사람들이 짜주는 일정에 맞추는 패키지 여행객 명단에 이름을 올리기도 한다.

이러한 일상과 여행의 겹침 또는 어긋남은 현대인들의 삶에서 또 다른 일상을 이루며 쌓여간다. 그 쌓임이 진행될수록 여행의 일상화가 진행될 가능성도 커지고, 그렇게 되면 이제 다른 어떤 차원의 일탈 또는 초월을 꿈꾸게 된다. 페이스북으로 상징되는 현대인들의 노출증은 여행을 연출된 사진으로 바꾸어버리고, 그것은 보는 사람의 경멸 섞인 시선과 사진과 글을 올린 사람의 공허한 시선으로 연결되며 진정성의 침해를 가져온다. 그럴 때쯤이면 우리는 누구의 시선으로부터도 자유로운 진정한 자유와 의미를 향한 열망을 지니게 된다. 프랑스에서 만나는 첫 번째 철학자인 싸르트르는 그 진정성과 의미 열망을 실존(實存)이라는 말을 매개로 우리에게 알려주는 사람이다.

파리는 카페와 미술관의 도시다. 싸르트르의 철학이 무르익은 곳도 카페이고, 그 카페들은 커피를 파는 곳일 뿐만 아니라 싸르트르의 실존적 고뇌와 사랑, 사람들과의 관계를 품는 포용의 공간이기도 했다. 월요일인 오늘은 오르세 미술관이 문을 닫는 날이어서 연결되어 있는 세느(Seine) 강 다리를 건너 공원에 위치한 한 미술관에 오기로 했다. 파리 교외를 이어주는 전철을 타고 다섯 정거장이면 도착하는 이곳은 예상과는 달리 피카소와 모네 등 이름이 알려진 화가들의 작품으로 가득한 풍요로운 공간이다. 피카소의 추상화와 구상화를 모두 볼 수 있다는 점도 인상 깊지만, 그림을 별로 볼 줄 모르는 나는 아내와 딸과 먼저 헤어지며 각자의 취향과 속도로 그림을 보자고 하고서 이곳 미술관 카페에 자리를 잡고 글을 쓰고 있다.

　눈앞으로는 아담한 미술관 기념품점에 전시된 엽서 속 그림들이 보이고, 왼편으로는 프랑스 사람이 아닌 것만 확인한 한 백인남자가 커피를 마시며 휴대전화를 들여다보다가 방금 일어서서 사라졌다. 오른편으로는 작은 종이컵에 에스프레소를 담아와 마시면서 기념품점에서 사온 엽서에 편지를 쓰는 고전적인 중년 유럽여성이 자리하며 또 하나의 풍경을 이루고 있다. 아마 싸르트르도 나처럼 자신의 내면으로 침잠했다가 떠올라서는 주변 사람들을 관찰하며 그들의 표정과 행동을 관찰했을 것 같다. 그 외형적인 유사성과 아무렇지도 않게 하루를 보내는 사람들의 외로움과 각자의 삶의 몫이 지니는 무게 등을 관찰하며 '지금 여기 이렇게 있음'의 충만감과 고적감을 즐겨 카페에 오래 머물렀으리라.

지금 여기 이렇게 있음의 미학과 실존(實存)

　우리는 지금 여기 이렇게 있을 수 있을 뿐이다. 지금이 아닌 과거나 미래의 어느 시점에는 있었거나 있을 수 있는 가능성으로만 존재할 수 있다. 우리는 또한 '이렇게 있을 수 있을 뿐'이다. 어느 한순간에 이렇게도 저렇게도 있을 수 있는 것이 아니라, 오직 이렇게 있을 수밖에 없다는 사실은 물론 저렇게 있을 수 있음, 또는 저렇게 있고 싶어함을 배제하는 것은 아니다. 우리는 여기 이렇게 있으면서도 저기 저렇게 있는 것을 꿈꿀 수 있다.

나는 지금 파리 세느 강변에 위치한 오르세 미술관 5층 카페에서 짙은 에스프레소 한 잔을 시켜놓고, 생각의 흐름을 따라 휴대용 노트북으로 이 글을 쓰고 있는 중이다. 시야를 압도하는 미술관 1층 조각전시장을 지나 모네나 피카소 등 인상파 화가들의 그림과 이름을 잊어버린 어느 화가의 여자 나신을 적나라하게 그린 그림을 보며 올라왔다. 한 사람이 지나갈 수 없을 정도로 가까운 옆자리에는 프랑스말을 쓰는 남녀 둘이 메뉴판을 들여다보며 주문을 하고 있다. 이 시간에 나는 이렇게 존재하고 있을 뿐이지만, 천천히 미술작품을 음미하고 있을 아내와 그 속도를 맞추느라 애를 먹고 있을 둘째 딸의 모습을 상상하며 동시에 그곳에 존재하고 있기도 하다. 다만 그 존재는 나의 몸이 따라가지 못하는 상상 속 있음이라는 사실에서 차별화될 수 있을 뿐이다.

프랑스를 대표하는 현대철학자이자 실존철학의 상징인물인 싸르트르는 지금 이 순간의 있음에 주목한다. 서양철학의 출발점을 마련한 사람은 소크라테스이고, 그의 제자인 플라톤에 의해 체계화되었고 다시 그 플라톤의 제자인 아리스토텔레스에 이르러 현실적인 토대까지 확보할 수 있었다. 이들 각각이 조금씩 다른 모습을 보이기는 하지만, 공통적으로 전제하고 있었던 것은 인간이라면 누구나 추구해야 하는 어떤 목적(텔로스) 또는 이상적인 목표(이데아)가 있다는 믿음이었다. 그 이상적인 목표 또는 목적은 주로 이성(理性, reason)이라는 통로를 활용하여 우리 인간의 삶 속에 출현하고, 우리는 그 희미하지만 숭고한 목표를 포기하지 않음으로써 비로소 온전히 인간다운 삶을 살아낼 수 있다는 것이 서양철학의 기본 가르침이다.

싸르트르는 그러한 목적 또는 목표 추구를 본질의 추구라고 규정지으면서, 그 본질 보다 앞서는 것이 있고 그것이 바로 실존(實存), 즉 여기 이렇게 있음이라고 강조했다. 20세기에 들어 두 번의 세계대전을 치러낸 우리 인간들에게 과연 이성이라고 할 만한 것이 있겠느냐는 회의적인 시선에 기반을 둔 주장이다. 인간에게 이성이 있고 그 이성에 근거한 합리적인 판단이 가능하다면, 엄청나게 많은 사람을 아무런 이유도 없이 학살하는 야만적인 행위는 가능하지도 필요하지도 않을 것이기 때문이다. 그 학살에는 소련의 스탈린과 독일의 히틀러에 의해 저질러진 수백만의 유대인과 우리 한국인들을 포함한 동아시아인 학살이 중심을 이룬다.

단지 유대인이라는 이유만으로 온갖 방법으로 저질러진 학살의 대상이 되어야 했던 1940년대 인류 역사는 우리에게도 그악스런 일본제국주의자들에 의한 침략군 징집과 군위안부 징집, 학대와 학살로 아프게 새겨져 오늘에 이르고 있다. 그 중심에 있던 일본과 독일은 그들 나름의 철학과 사상을 자랑하는 전통을 지니고 있다.

독일은 인간의 이성을 중심에 두고 어떻게 살 것인가를 고민하는 철학적 전통을 칸트와 헤겔 등을 거치면서 지닐 수 있게 되었고, 일본은 19세기 중반 메이지 유신을 주도한 개혁사상가들에 의해 천황 중심의 독특한 국가주의를 형성하게 된다. 프랑스와 영국 등은 그 독일의 침략 대상국이 되었고, 우리나라와 중국 등은 일본의 침략 대상국이 되어야만 했다. 그런 일본과 독일에 적극적 또는 소극적으로 동조한 철학자들이 나타났다.

나치에 부역했다는 비판을 받는 철학자는 마틴 하이데거이다. 그는 서양 근대철학이 무엇이 진리인지를 어떻게 알 수 있는지를 묻는 인식론에 치우침으로써 철학이 본래 답해주어야 한다는 요구를 받아온, 우리가 어디서 와서 어디로 가는가를 묻는 존재론을 소홀히 하게 되었다고 비판하면서 그 나름의 철학을 전개한 사람이다. 20세기 서양철학을 대표하는 현상학과 분석철학 중에서 현상학의 흐름을 수용하면서도 독자적인 철학의 길을 연 20세기의 대표적인 철학자이기도 하다. 그런 그가 나치 정권에서 제안하는 대학의 총장직을 받아들임으로써 나치의 비합리적이고 야만적인 폭정을 철학적으로 비판하기는커녕 동조하거나 최소한 묵인했다는 비판으로부터 자유롭지 못하다.

사실 이런 경향성은 이념적으로 인간이 추구해야 하는 이상세계가 있고, 그 세계를 건설하는 데는 철학자 같은 위대한 사상가가 필요하다고 강조한 플라톤의 전통에 그 뿌리를 두고 있다고 말할 수 있다. 20세기 영국의 과학철학자이자 사회철학자인 칼 포퍼가 주목했던 지점이기도 한데, 그는 그러한 플라톤적 그림자가 20세기에 와서 나치나 공산주의 국가의 출현으로 나타났다고 비판하고자 했다.

나치나 일본제국주의의 침략은 2차 세계대전이라는 엄청난 희생을 치르면서 종말을 고했고, 그 이후의 상황 속에서도 살아남아야 했던 싸르트르는 과연 인간의 이성이 그렇게 오랜 시간 받아들여져온 것처럼 믿을 만한 것인지, 또 그 이성을 통해 볼 수 있다는 이상적인 국가 또는 사회를 향하는 열망이 가능하거나 필요한 것인지를 의심할 수밖에 없었는지 모른다. 그가 본질이라는 말로 표현하고 싶어 했던 그 모든 것들에 대해서는 이제 그만 괄호를 치고, 지금 이 순간 이렇게 있음에 주목하는 것이 중요하다는 생각을 실존이라는 개념을 통해 드러내고자 했고, 그것이 바로 싸르트르의 실존철학이다.

그 사이 아내와 둘째가 이 카페를 찾아왔고, 에스프레소를 한 잔 마시고 아내는 미처 보지 못한 그림을 마저 보러갔다. 둘째와 나는 노트북을 사이에 두고 앉아 서로를 바라보며 대화와 침묵을 교환하고 있는 중이다. 1990년대 중반, 박사학위를 하고 운이 좋아 비교적 쉽게 전임자리를 확보하여 얻은 여유 속에서 우리는 둘째 아이를 맞고 싶어 했지만, 어찌된 일인지 쉽게 임신이 되지 않았다. 병원에서 정해준 시간을 맞춰가면서 노력했음에도 꽤 긴 시간 아이가 들어서지 않아 외동딸로 만족해야 하는가 하는 체념 속으로 들어선 1996년 봄 즈음에 아내는 심한 입덧을 하기 시작했다. 첫 아이를 얻은 후 꼭 10년 만에 찾아온 입덧은 우리들의 일상을 온전히 휘저으면서 다가왔고, 결국 아내는 이른 출산휴가를 얻어 임신 기간 내내 침대 위 생활을 벗어나지 못하는 고통을 감내해야 했다.

둘째를 맞이한 당시는 전두환과 노태우로 상징되는 군부 내 사조직인 하나회를 뚝심으로 청산한 문민정부인 김영삼 정권 때였고, 우리는 금융자본주의를 중심으로 세계화된 경제체제에 속할 수 있는 것만으로 선진국으로 진입했다는 착각을 하던 시기였다. 불과 1년 만에 구제금융사태(IMF)를 맞이함으로써 그것이 얼마나 큰 착각이었는지를 실업과 자살, 가정의 붕괴 같은 엄청난 대가를 통해 깨우쳐야만 했던 때이기도 했다. 살얼음판을 걷는 듯한 엄혹한 사회상황 속에서도 아이는 잘 자랐고, 말을 하고 걷기 시작한 이후로는 내 삶의 중심으로 불현듯 밀려왔다. 작고 따뜻한 아이의 손을 잡고 한적한 신도시 산책로를 걸으면서 느꼈던 그 충만한 행복감을 나는 지금도 잊지 못한다.

　지금 이 순간도 둘째는 내 앞에 앉아 포켓 와이파이라는 휴대용 인터넷 연결기기를 통해 가능해진 인터넷 기반 가상공간과 현실 공간 사이를 넘나들면서 가끔씩 내게 미소를 건네 오고 있다. 이 순간의 행복감은 다시 오지 않을 것이지만, 당연히 저 아이의 스무 살 삶을 통해 과거로부터 쌓아온 것들과 화려하면서도 불안을 떨치지 못하는 미래의 것들이 동시에 연결되어 있는 동시성의 미학을 수반하는 것이기도 하다. 우리가 온전히 머물 수 있는 시간은 물리적인 시계를 통해서는 확인할 수 없는 찰나(刹那)일 뿐이라고 말하는 불교의 시간관은 그 찰나의 순간 수없이 많은 인연(因緣)이 동시에 작동하는 것이기도 하다는, 이른바 동시성과 계기성(契機性)을 중심으로 하여 성립된다. 여기서 동시성은 과거와 미래가 현재와 동시적으로 이어져 있음을 의미하는 개념이고, 계기성은 다른 것들과의 의존 속에서만 비로소 존재할 수 있다는 사실을 의미하는 개념이다.

싸르트르가 말하는 실존은 지금 여기 이렇게 있음을 가리키는 개념으로 해석될 수 있고, 그것은 지금 이 순간이 찰나적으로 과거와 미래로 연결되어 있음을 알아차려야 한다는 불교철학의 명제와 통하는 것이기도 하다. 지금 이 순간을 알아차리면서 몰입할 수 있다는 것은 우리의 삶을 진정성 있게 맞이하는 길임과 동시에 온전한 행복감을 얻을 수 있는 가장 좋은 방법이기도 하다. 많은 사람들이 카페 입구에서 줄지어 기다리고 있어 일어서야 하는 것 아니냐고 둘째가 말을 걸어와 이제 이 주제는 마무리해야 할 것 같다(2016.6.28. 점심, 오르세 미술관 5층 카페에서).

2. '생각하는 사람'과 이성(理性)의 겸손한 역할
: 로댕 미술관에서 데카르트와 용수를 만나다

'생각하는 사람'과 반가사유상

구름이 조금 낀 오후의 하늘을 바라보며 로댕 미술관 정원 끝나는 자리, 돌과 나무로 만든 낡은 의자에 앉아 있다. 미술관 입구 압도하는 로댕의 '생각하는 사람'은 기대에 미치지 못하는 평범한 조각상으로 다가왔지만, 수국과 이름을 알 수 없는 꽃들로 지천을 이룬 정원을 건너며 프랑스인들의 로댕에 대한 사랑과 존경의 마음이 느껴지며 나가는 길에 다시 보아야겠다는 마음을 내게 한다. 한 사람의 예술가 또는 철학자는 어떻게 그 이름을 알릴 수 있는 것일까? 운이 좋으면 살아있는 동안 주변의 누군가가 주목해줌으로써 가능해질 테지만, 대부분의 사람들은 죽고 난 이후에 다양한 통로를 통해 비로소 그 이름을 얻는다. 로댕은 그 중 어디에 속하는지, 미술에 조회가 없고 그다지 관심도 없는 나는 별로 알고 싶지 않지만, 확실한 것은 인구밀도가 높은 파리에서 이렇게 넓은 정원을 온전히 할애 받고 있는 로댕에 대한 파리 사람들 또는 프랑스인들의 사랑이다.

우리에게도 생각하는 사람을 그린 조각품들이 있고, 그 중에서도 불교적 사유와 자비의 세계를 담은 반가사유상이 대표적이다. 얼마 전 국립중앙박물관에서는 우리의 국보인 반가사유상과 일본의 국보인 동일한 사유상이 동시에 전시되었는데, 아쉽게도 바쁜 일상을 핑계로 놓치고 말았다. 아마 지금쯤 일본에서 그 전시회가 열리고 있을 듯한데, 그들이 보내는 관심이 우리에 비해 어떨지 살짝 궁금해지기도 한다.

반가사유상은 반가부좌(半跏趺坐)라고 하는 불교의 명상 자세와 사유(思惟)라는 깊은 생각의 과정을 모아놓은 조각상이라는 의미를 지닌다. 불교의 명상은 일상과의 거리두기를 지향하는 멈춤[止]과 그 거리를 기반으로 삼아 일상을 꿰뚫는 진리의 세계를 발견하고자 하는 집중[觀]의 두 과정 또는 방법으로 이루어진다. 그것이 불교 역사 속에서는 주로 남방불교의 위빠사나라는 멈춤의 명상과 북방불교의 사마타[三昧]라는 선(禪)의 방법으로 전개되어 오늘의 우리에게서 되살아나고 있는 중이다. 반가사유상은 그러한 불교의 명상 자세를 담고 있으면서도, 더 나아가 그것에 기반을 둔 자비의 손길과 눈길을 동시에 담고 있는 실천적인 보살상이기도 하다.

로댕 미술관 정원이 끝나는 곳, 나무로 만든 세 개의 문을 지나면 나오는 호두나무숲 벤치 앞으로 작은 모래사장이 보이고, 프랑스 청소년 대여섯 명이 아까부터 어떤 놀이에 집중하고 있는 중이다. 오른편으로 고운 색깔로 머리 부분을 장식한 작은 새 한 마리가 나를 탐색하다가 다른 사람들이 오는 소리에 폴짝 먼 곳으로 날아가고 있다. 동양계 여자아이를 등에 업은 비쩍 마른 남자아이가 인상적인 것은 아마도 저 여자아이가 우리가 입양 보낸 아이일지 모른다는 생각이 퍼뜩 떠올랐기 때문이다. 아니기를 바라지만, 우리는 여전히 핏줄에 얽매이기도 하고, 혼인하지 않고 낳은 아이에 대한 편견을 버리지 못하는 '고아수출국'으로서의 부끄러움을 극복하지 못하고 있지 않은가...

그러고 보니 몇 년 전 아내와 둘이 함께했던 영국 여행길에서 만난 인도계 미국인 노부부와의 만남이 떠오른다. 미국과 인도를 오가며 의료기기 무역에 종사한다는 그 부부는 우리가 한국인임을 알아보고는 반가운 표정을 지었다. 어떤 인연인가 싶었는데, 자신의 딸이 입양한 아이가 한국인이라는 말을 건네 왔고, 우리 부부는 거의 동시에 미안함과 당혹감을 감추지 못했다. 그런 표정을 읽었는지 당신들의 잘못은 아니지 않느냐고, 아마도 그 아이 부모는 어떤 사정이 있었을 것이라고 오히려 위로하는 그들을 보며 달리 할 말이 없어 침묵했던 고통스런 기억의 한 구비가 떠오른다.

우리에게는 인간을 넘어선 동물과 자연물 전체로 이어지는 인연의 고리를 제대로 바라보면서 연민과 자비의 눈길과 손길을 보내는 반가사유의 전통이 있었는데, 언제부터 그렇게 자신의 핏줄이 아니면 무자비하게 돌아서는 관행을 지니게 되었는지, 또 먹고 살기에 충분할 만큼 잘 살게 되었으면서도 그런 아이들 하나 책임지지 못하는 깜냥을 어떻게 해석하고 바꾸어가야 하는 것인지를 생각하니 문득 마음 속에 어두운 구름 한 조각이 지나가고 있다. 그 사이에 둘째 아이가 날 찾으러 왔다. 로댕의 작품을 충분히 만끽한 아내의 심부름으로... 이제 일어서서 전철을 갈아타고 숙소로 돌아가 쉬면서, '생각하는 사람'에 대한 생각을 더 이어가야할 듯 하다(2016.6.28. 오후 4시경, 로댕 미술관 정원 돌과 나무 벤치에서).

철학을 가르칠 수 있을까?

어제 로댕 미술관에서 돌아와 김치를 넣은 꽁치찌개로 저녁 식사를 마치고, 발바닥이 아프도록 걸은 하루의 고단함을 가지고 온 나무 마사지기로 달랜 후에 침대에 누워 둘째와 이런저런 이야기를 나누었다. 오르세 미술관의 장엄하면서도 아기자기한 분위기나 로댕 미술관 '생각하는 사람'이 건네 오는 이야기에 관한 대화를 이끌어가던 중에, 불쑥 나는 '생각한다는 것'이 무엇을 의미한다고 생각하는지를 묻고 싶어졌다. '나는 생각한다.'라는 명제는 당연히 르네 데카르트라는 프랑스 철학자에 의해 우리에게 널리 알려졌지만, 인간이라면 누구나 생각하지 않고 살 수는 없을 것이기 때문에 실상은 평범한 명제일 뿐이다.

그런데 우리는 생각한다는 말을 주로 데카르트와의 관련 속에서 하는 경향이 있고, 그러다 보니 데카르트와 직접적인 철학사적 관련을 지니지 못한 동양철학자들의 생각에 대해서는 경시하거나 온전한 철학성을 지니지 못하는 것으로 받아들이는 경우가 많다. 그런 이야기를 나누던 중에 딸아이는 이번 학기에 교양필수로 들은 철학에 관한 불만을 드러내기 시작했다. 학기 중에도 가끔씩 그 강의에 관한 불만을 털어놓았지만, 나는 대학 한 학기 강의를 통해 많은 것을 배울 수는 없다는 말로 에둘러 그 철학 강사의 편을 들었다. 가재는 게 편이라는 말이 적용될 수 있는 여지 때문이기도 했고, 실제로도 한 학기 강의의 성공 여부는 교수자의 능력과 학습자의 열정이 얼마나 맞아떨어지느냐에 달려있다고 생각했기 때문이기도 했다.

생각하는 동물로서의 인간을 주제로 삼은 오늘, 그 이야기를 좀 더 진전시켜보기로 했다. 둘째가 생각하기에 철학은 논리적이면서도 다양한 생각의 방법과 과정을 가르치는 과목이고, 그렇다면 강의자 또한 최선을 다해 논리적이면서도 다양한 생각의 갈래를 펼쳐 보일 수 있어야 하는데 그 분은 강한 자기 주관을 바탕으로 학생들에게 자신의 한 가지 생각만을 강요하는 모습을 보였다는 것이 불만의 핵심이었다.

철학이 무엇인지에 대해서는 한 가지로 정의내릴 수 없지만, 그것은 최소한 어떤 주제 또는 대상에 대한 논리적 분석과 비판, 자신의 세계관 확립과 그 세계관 자체에 대한 지속적인 비판을 포함할 수 있을 때라야 철학일 수 있다는 사실은 분명하다. 만약 논리성을 갖추고 있지 못하다거나 자신의 세계관만을 고집하면서 그것에 대한 비판을 허용하지 않는다면, 더 이상 철학이라고 할 수 없다. 만약 아이의 철학 선생에 대한 평가를 있는 그대로 받아들일 경우 그는 최소한 철학을 제대로 가르쳤다는 평가를 받기는 어려울 것이라고 조심스럽게 말할 수 있다. 그가 철학박사학위를 갖고 있고 그 나름의 계획으로 한 학기 열심히 강의했을 것이기 때문에 철학을 가르치지 않았다는 말은 지나친 것으로 들릴지 모르지만, 어쩌면 그는 자신이 중요하다고 생각되는 철학사의 지식을 전달하는 데 치중했을 수 있다.

철학사의 중요한 지식을 가르치는 일은 그럼 철학을 가르치는 일이 아닌 것일까? 그것도 무엇을 어떻게 가르치느냐에 따라 달라질 수밖에 없을 테지만, 대체로는 철학사적 지식만을 가르치게 될 가능성이 높고 그것은 철학을 제대로 가르치는 일이라기보다 역사를 어설프게 가르치는 일이 될 가능성이 크다는 사실을 부정할 수 없다. 우리의 인문계 고등학교에 해당하는 독일 김나지움의 교장을 8년이나 역임하면서 직접 철학 수업을 한 철학자 헤겔이 '철학을 어설프게 가르치면 철학에 대한 혐오감만 심어주게 된다.'고 경계했던 것도 이런 맥락일 것이다.

우리 역사에서도 대학에서 철학을 필수로 가르친 적이 있다. 박정희 정권 시절인 1960년대 말부터 1980년대 초반까지 교양필수 과목으로 철학을 가르쳤고, 나 또한 그런 시대에 대학을 다녔다. 내게 철학개론을 가르친 분은 독일에서 고대철학을 전공하고 막 귀국한 분이었는데, 한 학기 내내 플라톤 이야기만을 반복했기 때문에 무언가 들을 만한 것이 있기는 한 것 같은데 도대체 무엇을 말하고자 하는지를 파악하지 못한 채 안개 속을 헤맨 느낌만 남아 있을 뿐이다. 물론 나의 이런 경험을 성급하게 일반화하고 싶지는 않지만, 학점 관리를 잘 못했던 내가 좋은 학점을 받은 사실과 함께 강의를 들은 친구들의 평을 종합해 보아도 그 평가를 바꾸기가 쉽지 않다.

생각한다는 것

철학을 가르치는 일은 생각을 제대로 해야 하는 이유와 방법을 가르치는 일이기도 하다. 사람은 누구나 생각할 수 있고 또 생각을 하며 산다. 그렇게 보면 생각한다는 것은 인간을 다른 동물과 구별 지어주는 중요한 기준이라고 할 수 있다. 그런데 그 생각의 질과 깊이가 문제일 뿐, 자신에게 이익이 되는 것을 계산하는 과정으로서의 생각은 우리가 머리가 나쁘다고 구박하곤 하는 '새대가리'의 새도 할 줄 안다. 어느 공원에 터 잡고 사는 새 한 마리가 공원을 찾은 사람들이 던져주는 빵조각을 바로 먹지 않고 연못으로 가져가 던져놓은 다음에, 그 빵을 먹으려고 몰려드는 물고기를 잡아먹는 영상을 통해서 쉽게 확인할 수 있는 사실이다.

그렇다면 인간의 생각을 구별시켜주는 것들은 과연 무엇일까? 이 물음 앞에서 우리는 두 사람의 철학자를 떠올려볼 수 있다. 하나는 우리에게 주어지는 모든 것들을 의심해보아야 한다고 강조하면서 인간의 생각이 지니는 특성을 방법적 회의(懷疑)라고 말한 프랑스 철학자 르네 데카르트이고, 다른 하나는 말로 표현되는 모든 것들이 사실과 진실의 영역 너머에 있는 것일 수밖에 없다고 강조하면서 인간의 생각은 그 언어 너머의 것을 제대로 바라볼 수 있는 것으로 구별될 수 있다고 말한 고대 인도의 불교철학자 나가르주나[龍樹]이다.

두 사람의 시대적·문화적 배경은 매우 다르지만, 두 사람 모두 인간의 생각이 지니는 특성과 한계에 주목했다는 점에서는 일치점을 지닌다. 한 사람은 고대 인도의 불교가 이론적 깊이를 더해가던 시기를 대표하는 철학자이고, 다른 한 사람은 서양 중세 그리스도교의 시대가 저물고 근대로 넘어가던 시기를 대표하는 철학자다. 이들은 인간은 생각할 줄 안다는 것, 그것도 단순히 자신의 이익을 계산하는 수준을 넘어서서 자신에게 주어지는 모든 것을 있는 그대로 받아들이지 않고 의심할 수 있는 능력이거나 생각을 말과 언어로 표현하고자할 때는 늘 일정한 거리감이 생길 수밖에 없다는 사실까지 헤아릴 수 있는 능력으로 바라보고자 했다.

데카르트가 살았던 시대는 신에 대한 믿음이 철학과 사상을 지배하던 시기를 넘어서서 인간의 자율성에 관한 열망이 빠르게 커지고 있던 서양 근대이고, 이 근대를 대표하는 사상은 인간의 이성에 관한 굳은 믿음을 바탕으로 하는 계몽주의이다. 계몽(啓蒙)이라는 말은 율곡 이이가 지은 어린이와 청소년을 위한 철학책이자 도덕교과서이기도 한 『격몽요결』에 나오는 격몽(擊蒙)과 통하는 말이다. 몽(蒙)은 어리석음이고 격(擊)은 깨뜨린다는 뜻으로, 어리석음을 깨쳐 밝은 지혜를 갖고 살게 하는 일이 곧 격몽 또는 계몽이다. 데카르트가 보기에 그가 살고 있던 17세기 당시 유럽은 유일신에 대한 믿음을 바탕으로 교회와 권력이 결탁한 질서에 순응하고 있는 어리석음의 시대였다. 이것을 깨칠 수 있는 길은 현재 자신이 갖고 있는 모든 믿음들이나 지식에 대해서 의심해 보는 방법뿐이다. 이러한 의심을 통해 자신이 믿고 있거나 알고 있다고 받아들인 것들이 진실과 전혀 다른 것일 수 있음을 알 수 있게 되고, 그것을 데카르트는 방법적 회의라고 불렀다.

나가르주나가 살았던 서기 2, 3세기 인도는 석가모니 부처의 직접적인 가르침이 점차 잊혀지다보니 그 가르침의 참뜻과 해석을 놓고 이런저런 말들이 많은 시대였다. 말과 그것을 문자화한 언어를 통해 부처의 가르침을 해석하는 과정에서 그 주장이 극단화되고 자신과 다른 주장에 대해서는 적대적인 자세를 보이는 사람마저 생겨나던 시기이기도 했다. 다른 한편으로는 인도불교가 점차 쇠락의 기운을 보이면서 전통적인 브라만교의 흐름 속으로 흡수되기 시작하던 시기이기도 했다. 나가르주나라는 산스크리트어 이름을 한자로 번역한 용수가 우리들에게는 더 친숙한 이름이 된 그는, 세상에 존재하는 그 어떤 것도 고정된 형태를 유지할 수 없고 다만 끊임없는 변화의 흐름 속에서만 존재할 수 있다는 부처의 가르침을 공(空)이라는 말로 표현해내고자 했다.

우리가 불교철학을 이해하는 과정에서 가장 큰 난관을 겪게 되는 개념이 바로 이 공이다. 우리말로는 비어있음을 뜻하는 이 개념은 비어있다기보다는 고정된 형태를 유지하지 못하고 끊임없이 변화하는 과정을 억지로 문자로 바꿔 표현한 것일 뿐이다. 우리 눈앞에 분명히 고정된 형태를 유지하는 것이 있는데 어떻게 용수는 모든 것들은 변화하는 것이라고 보았던 것일까? 여기서 불교의 또 다른 핵심 개념인 연기(緣起)라는 말이 필요하게 된다. 자기 혼자서 있을 수 있는 것은 아무 것도 없고 다만 다른 것들에 의지하고 의존함으로써만 있을 수 있다는 생각을 표현하는 말이 연기다. 그런데 지금의 나를 이루고 있는 여러 조건들 또한 고정되어 있지 않아 계속해서 변화하기 때문에 세상의 그 어떤 것도 고정된 형체를 유지할 수 없게 된다.

이렇게 끊임없이 변화하는 것만 있을 뿐이라는 생각을 담아낸 나가르주나의 철학 개념인 공(空)은 우리 눈앞에 분명히 존재하고 있는 돌과 나무, 사람 같은 실체들을 중시하는 중국인들에게 쉽게 받아들여지지 않았다. 그들은 처음에는 이 공을 없음을 뜻하는 무(無)로 번역하면서 이해해보려 했지만, 분명히 내 앞에 있는 것을 없다고 말하는 것을 받아들이기는 어려웠을 것이다. 그러나 시간을 조금만 더 길게 잡고 바라보면 우리 주변의 모든 것들이 실상은 끊임없이 변화하고 있다는 사실을 받아들일 수 있게 된다. 어떤 사람을 오래 만나지 못하다가 길거리에서 만나게 되면 그를 알아볼 수는 있지만, 이전에 내가 기억하고 있는 그와는 많아 달라진 모습이어서 조금 어리둥절해질 때가 있다. 풀과 나무도 마찬가지다. 우리 땅에 자리 잡은 어떤 외래종 기생식물은 하루에 4센티가량 큰다고 한다. 며칠 만에 버드나무를 온통 감싸서 그 형체를 변화시켜버리는 엄청난 생명력에 두려움마저 느낀다. 이처럼 모든 살아있는 것들은 끊임없이 변화하고 있고, 그 변화는 인간에게서도 마찬가지로 일어나면서 생로병사(生老病死), 즉 태어나서 자라다가 나이가 들어가면서 병이 들어 결국 죽게 되는 삶의 과정을 누구나 겪게 된다.

용수가 보기에 이런 과정은 말을 가지고 표현할 수 있는 차원을 넘어서는 체험의 세계이다. 말로 표현하는 순간 이 과정에서 우리가 직접 겪고 있는 체험의 세계로부터 멀어질 수밖에 없다는 것이다. 언어가 지닐 수밖에 없는 근원적인 한계에 주목한 그는 그 어떤 말도 진리의 세계를 온전히 드러낼 수 없다고 강조했다. 이렇게 표현하면 저쪽 진리를 놓치게 되고, 저렇게 표현하면 이쪽 진리를 놓치게 된다는 것이다. 그런 점에서 말을 가지고 하는 생각과 함께 정신을 몰입시키는 명상을 병행해야만 온전한 진리의 세계에 접근할 수 있는 가능성이 높아진다는 불교의 수행법이 의미를 지니게 된다. 그럼에도 우리는 생각을 포기할 필요도 없고 또 포기할 수도 없다. 다만 그 생각이 지닐 수 있는 한계를 생각할 수 있으면 된다.

오늘(2016.7.1. 금)은 파리 가르니에 오페라 극장과 그 말썽 많으면서도 쉽게 빼놓을 수 없는 몽마르뜨르 언덕에 다녀올 계획으로 시작했다. 늦은 아침을 먹고 9호선 전철을 타고 가는 가르니에 극장에는 이미 다녀왔고, 점심 식사를 한 후에는 몽마르뜨르로 이동할 생각이다. 온갖 유형의 소매치기가 있다는 그곳은 분지 형태의 파리 시내를 제대로 바라볼 수 있는 곳이기도 하고, 정상 부분에 위치한 성당의 장엄함 때문에라도 빼놓을 수 없다는 곳이라는 주변의 권유가 있었지만, 나는 단지 파리에서 소매치기를 통해 살아가야만 하는 사람들의 눈빛을 확인하고 싶을 뿐이다. 최근에는 파리 사람들을 닮은 루마니아 사람들이 떼 지어 소매치기를 하면서 그 기술을 계속해 진화시키고 있다는데, 그들의 눈빛이 궁금해 긴장감과 기대감이 함께 일기 시작한다.

이곳 파리에 와서 내가 잠기는 생각 또는 상념(想念)은 대체로 이런 것들이다. 이미 내게 주어져 있는 파리와 파리 사람들에 관한 여러 의견들을 내가 직접 경험하는 것들과 비교해가면서 검토하는 과정이 주는 기쁨이 이번 여행을 포함한 모든 여행에서 얻는 가장 큰 수확이다. 한 달 정도의 여정이면 그 수개월 전부터 관련 정보를 모으고 인터넷으로 예약을 하는 아내와는 달리, 나는 거의 준비를 하지 않거나 못한다. 준비를 못하는 것에 대해서는 한참 이런저런 곳에서 불리는 횟수가 많은 나이의 '대한민국의 교수'라는 핑계가 있지만, 하지 않는 것에 대해서는 직접 부딪치며 해결하면서 느낄 수 있는 현지의 냄새를 포기할 수 없다는 핑계를 대곤 한다. 이미 이곳에서 뮤지엄 패스(museum pass)라는 일종의 박물관과 미술관 자유이용권을 끊어 오랑주리부터 오르세, 로댕, 루브르, 뽕삐두, 가르니에 등을 둘러본 오늘 점심에 그런 나의 여행자세가 결코 나쁘지 않다는 확신을 하게 된다. 그곳들에는 가끔씩 마음 깊은 곳을 건드리는 미술작품과 이미 저세상 사람이면서도 자신의 작품을 통해 말을 걸어오는 화가들의 음성과도 마주할 수 있는 귀한 체험의 기회와 그저 파리에 왔으니 이런 곳들을 빼놓을 수 없다는 일상적 여행의 천박함이 주는 지루함이 늘 동행하곤 했다. 여행의 본질은 어쩌면 그런 감동과 지루함의 교묘한 동행인지도 모른다.

생각한다는 것은 이처럼 우리가 이미 가지고 있는 생각에 기반을 두고 새로운 경험과 체험의 영역을 더하면서 깊이와 넓이를 확보하는 과정이다. 그런데 우리가 기존에 갖고 있는 생각들이 너무 강하거나 굳어져 있을 가능성이 높기 때문에 데카르트는 모든 것을 의심하는 태도를 갖는 것이 중요하다고 강조했고, 용수는 특히 말과 언어로 표현되는 생각들이 지닐 수밖에 없는 한계를 똑바로 바라보는 일이 중요하다고 강조했다. 물론 우리는 주로 말을 가지고 생각을 진행시킬 수밖에 없기 때문에, 아무리 유의한다고 해도 온전히 그 한계를 극복할 수는 없다. 그 한계를 극복하기 위해서는 생각이 아니라 자신의 생각의 흐름을 관찰하거나, 특정한 어떤 말이나 문구에 집중하면서 몰입하는 명상이 필요하다. 그것을 불교에서는 통찰과 집중이라는 말로 구체화하여 명상법으로 제시해놓고 있음을 우리는 이미 확인한 적이 있다.

그럼에도 생각은 중요하다. 그것도 바른 생각의 과정을 밟아가는 일이 중요하다. 누구나 생각하지 않고는 살 수 없기 때문에, 바른 생각을 하고자 노력하지 않으면 자칫 이 시대의 흐름에 무비판적으로 자신의 생각을 내맡겨버리거나 편견을 계속해서 키워감으로써 주변 사람들과의 관계까지 해치게 되는 불통(不通)의 상징, 즉 아이콘이 될 가능성이 널려 있다. 불행히도 우리 주변에 그런 사람들이 많이 있고, 그가 권력과 영향력을 지니고 있는 사람일 경우 매우 많은 사람들이 고통을 겪을 수밖에 없다. 정치지도자는 물론이고 종교지도자의 경우에서도 그런 불행한 사례는 어렵지 않게 발견된다.

파리에 와서 이곳이 일종의 인종 전시장이라는 생각을 많이 하게 된다. 우리나라에서도 이제 외국인을 보는 일이 어렵지 않은 일상이 되었지만, 이곳은 세계에서 몰려드는 여행객들과 합해지면서 온전히 한 인종만이 있는 공간을 찾는 일이 정말 어려울 정도가 되었다. 어제 다녀온 베르사이유 궁전 정원에는 현장학습을 나온 초등학생들이 많았는데, 정책적으로 그렇게 하는지 백인과 흑인, 아시아계, 중동계 등의 학생이 섞인 학급 구성이 일반적이었다. 그런 점에서 프랑스는 관용, 즉 그들 말로 똘레랑스를 생활화하고 있는 곳이라는 평가가 가능할 수 있고 우리 지식인 중에서는 그런 생각을 거리낌 없이 펼치면서 우리와 비교하는 경우가 적지 않다. 그런데 이곳에 와서 다시 생각하게 되는 것은 그들은 여전히 다른 문화의 사람들이 섞여 사는데 어려움을 겪고 있다는 사실이다. 주로 경비원으로 살아가는 흑인들이나 소매치기로 내몰리는 동유럽과 이슬람 이민자들이 그런 사실을 확인시켜주는 증거들이고, 그런 분리의 고착화가 부른 빈부격차의 심화가 최근에 테러를 불러온 이유 중 핵심이라고 할 만하다. 그런 점에서 프랑스는 똘레랑스의 나라라기보다는 똘레랑스가 꼭 필요한 나라 중 하나일 뿐인지도 모른다.

이 문제와 관련하여 우리가 갖고 있는 생각 하나를 비판의 대상으로 삼아보고 싶다. 그것은 외국과 우리나라를 비교하면서 불필요한 열등감이나 우월감을 갖는 일이다. 외국에 나가보면 누구나 느끼게 되는 것이지만, 각 나라는 그 나름의 장점과 단점을 지니고 있고 사는 모습은 다 비슷할 뿐이다. 몇 년 전 개미굴 같은 런던 지하철 아침 출근길에 동행했던 경험이나 그보다는 낫지만 쾌적함과는 거리가 먼 파리 지하철 아침 출근길 동행한 이번 경험을 통해서 새삼스럽게 확인하는 것들이다. 무표정한 얼굴에 활기라고는 찾아보기 힘든 이들의 모습에서 일하러 가는 현대인들의 고단함과 일상화된 피로감을 확인할 수 있을 뿐이다.

런던도 마찬가지였지만 이곳 파리에서도 교통규칙은 제대로 지켜지지 않는다. 함께 공부한 어느 선배 교수가 독일 유학을 다녀온 후에, 우리나라 운전자들은 신호등 앞까지도 전속력으로 달려와 위협적인 운전을 한다고 비판하던 기억을 되살리게 하는 파리의 운전자들이 꽤 있었다. 사람들이 건널목을 신호에 맞춰 건너고 있는데도 그들은 속도를 줄이지 않고 바짝 차를 대곤 했다. 문화나 교육 등의 요인에 따라 서로 다른 면이 있을 수 있지만, 우리나라와 다른 나라의 일방적인 비교는 이제 그만두어야 한다. 이른바 선진국을 대상으로 하는 열등감과 못사는 나라를 대상으로 하는 우월감이라는 동전의 앞뒷면 같은 비교의 오류를 이제는 더 이상 범하지 않았으면 좋겠다(2016.7.1. 파리 16구 자리한 오래된 아파트 숙소에서).

3. 다른 사람과 관계 맺기와 삶의 의미 물음
: 소르본느 대학에서 에마뉘엘 레비나스와 붓다를 만나다

파리 교외를 도는 전철은 지하철에 비해 조금 여유가 있다. 2층으로 되어 있고 꽤 많은 의자가 있을 뿐만 아니라 이용하는 사람들도 상대적으로 적기 때문인 듯하다. 머무는 숙소에서 5분 정도 걸어 교외선을 연결하는 역으로 가는 길은 파리 주택가의 상징이라는 16구답게 고풍스런 돌집과 베란다에 놓은 화사한 화분으로 둘러싸여 있다. 출퇴근길만 아니면 사람도 그리 많지 않아 한적한 산책길이 되어 준다. 프랑스 철학을 대표하는 대학 중 하나로 우리에게 알려져 있는 소르본느로 가는 길은 이처럼 출발부터 상쾌하다.

소르본느 대학은 많은 학자들을 배출했지만, 그 중에서 오늘 관

심을 갖게 되는 철학자는 에마뉘엘 레비나스다. 유대계 프랑스인인 그는 독일 나치에 의한 유대인 학살 과정에서 부모와 형제들을 모두 잃었을 뿐만 아니라, 그 스스로도 감옥에 갇혀 죽음을 턱 앞에서 지켜보아야 했다. 가까스로 목숨을 건진 그에게 철학은 이전에 자신이 해왔던 것과는 일정 부분 다른 것일 수밖에 없었는지 모른다. 20세기 서양철학을 대표하는 두 흐름 중 하나인 독일 현상학을 프랑스에 소개하는 것으로 자신의 학자 생활을 시작한 그는 홀로코스트 이후 자신과 신, 타자 사이의 관계 설정 문제에 철학적 관심을 집중시킨다.

물론 레비나스가 인간의 삶에서 관계 맺기가 얼마나 어렵고 중요한지에 대해서 관심을 가진 첫 번째 철학자는 아니다. 오히려 이 주제는 모든 철학하는 사람들은 물론이고, 다른 사람과 관계를 맺지 않으면 살아갈 수 없는 우리 모두의 관심사이다. 우리 중에서 비교적 관계 맺기에 능한 사람이 있고 그렇지 못한 사람이 있겠지만, 잘하는 사람이라고 해도 늘 잘할 수 있는 것은 아니어서 쓴맛을 보지 않은 경우는 찾기 힘들 것이다. 오죽하면 『법구경』이라는 불교 경전에서 사랑하는 사람도, 미워하는 사람도 만들지 말라는 가르침을 강조하고 있을 것인가? 사랑하는 사람은 만날 수 없어 괴롭고, 미워하는 사람은 만나서 괴롭기 때문이라고 이 경전은 친절하게 설명까지 덧붙이고 있지만, 살아가면서 누구도 사랑하거나 미워하지 않는 일은 불가능하기 때문에 그저 그러려고 조금 노력해보는 현실적인 대안이 남게 될 뿐이다.

우리는 왜 관계를 맺고자 할까?

이곳에서 맞는 첫 토요일 오전, 목감기로 고생하는 아내를 조금은 무거운 마음으로 숙소에 남겨놓고 소르본느 대학을 찾기로 했다. 외곽순환 전철 노틀담 역에서 내려 6, 7분 걸으면 도착하는 소르본느는 주말이라서인지 문을 굳게 닫고 침묵 속에 잠겨 있어 아쉬움을 남겨놓고 돌아선 대학로 광장에서 철학전문 서점을 만나는 기쁨을 누렸다. 이름이 알려진 철학자는 물론이고 들어보지 못한 많은 철학자들의 이름을 기준으로 온통 철학책으로만 둘러싸인 그곳은 오래된 책 냄새와 갓 들어온 서양책들에 둘러싸여 문 닫을 때까지 머물곤 했던 서울대학교 중앙도서관 철학 코너에 있는 듯한 착각을 불러일으켰다. 모국어를 사랑하는 프랑스 사람들답게 프랑스어 이외의 책은 거의 찾아볼 수 없었지만, 나는 딸에게 데리다나 들뢰즈, 싸르트르 같은 프랑스 철학자들 이름과 뒤르껭이나 루소, 듀이 등의 이름을 낮게 들려주는 것만으로도 충분한 행복감을 맛보았다.

그러던 중에 딸이 교육철학 관련 코너에서 '철학전공자 아닌 사람에게 철학 가르치기'라는 제목의 책을 들고 와 내게 보여주었다. 역시 교육대학생이 되더니 교육에 관심이 생기나보다 하고 함께 읽어보았는데, 불어가 기본이고 영어로 된 초록 정도만 있는 책이어서 사서 선물해주고 싶다는 생각을 접어야 했다. 초등학교 아이들과 생활하게 될 예비교사로서 둘째 딸은 자신의 사춘기를 이미 초등학교 4학년 후반부터 경험했고, 그 과정은 담임교사에 대한 일정한 무시와 경멸, 그리고 엄마에 대한 저항으로 주로 채워졌다.

엄마 화장대에서 일부러 진한 화장을 하기도 했고, 학원에도 제대로 가지 않아 엄마와 늘 긴장관계를 형성했다. 그 와중에 나는 줄타기를 잘해야만 했는데, 아내가 보기에는 딸 편만 드는 편향된 자세로 일관해서 문제를 악화시키는 역할만 했다는 비판을 지금까지도 받고 있다.

그런 요란한 사춘기는 10년 터울이 지는 제 언니와는 아주 다른 것이어서 부모로서의 우리가 감당해야 하는 몫이 더 크고 무거웠는지 모른다. 어찌되었건 그런 과정을 거친 둘째는 초등학교 5, 6학년 아이들과 잘 지낼 수 있을 것이라는 자신감을 갖고 있다. 실제로 어떨지는 더 두고 봐야겠지만, 모범생으로 지낸 첫째와 비교하면 나을 것 같다는 생각이 든다. 그런 생각이 드는 이유 중 하나는 이미 그 시기에 어린이 수준의 철학을 둘째가 해낸 것으로 보인다는 것이다. 이제 많이 기억에서 잊혀져 가고 있지만, 그때 둘째는 불쑥불쑥 사는 것의 지루함이나 죽음의 의미 같은 것을 내게 물어와 당혹감이 섞인 답을 제시했던 기억이 여러 번 있었다.

세상에 태어나 맺는 관계 중에서 가장 이른 것은 아마도 부모와 자식 사이의 관계일 것이다. 물론 그 부모의 구체적인 양상은 각 개인이 타고나는 환경에 따라 많이 다를 수 있고, 이제는 생명공학과 유전자공학의 발달에 따라 기계와 인간 사이의 관계로 전환될 가능성마저 높아지고 있지만 확실히 변하지 않을 사실은 인간이 이 세상에 태어나면서 처음으로 맺게 되는 관계라는 점이다. 그런 점을 중시한 유교철학에서는 세상의 모든 관계와 윤리를 이끌어가는 핵심 덕목으로 부모자식 사이의 자애로움[慈]과 효(孝)를 들었던 것이다. 그것이 중국 최초의 제국을 이룬 진나라의 이른 몰락을 딛고 들어선 한나라 왕조의 통치이데올로기로 받아들여지면서, 임금과 신하 사이의 충성을 더 강조하는 방향으로 왜곡되어 우리 현대사의 박정희 정권에까지 짙은 그림자를 남겼다.

세상에 태어나 아이를 낳고 그 아이가 커가는 과정을 지켜보는 일은 그 자체로 숭고함이다. 내가 낳았지만, 도저히 내 힘으로 낳았다고는 말할 수 없는 신비와 숭고의 구비들이 곳곳에 숨겨져 있다. 그 아이가 다시 아이를 낳아 안고 온다면, 감당할 수 없는 숭고의 미학으로 가슴이 온통 채워질 것만 같다. 오늘 싸르트르가 찾아와 하루 종일 머물다 갔다는 '카페 드 플로르', 일명 싸르트르 카페 2층 유리창 베란다 장식한 꽃들이 눈부시게 아름다운 공간에서 건너편 의자 둘째 딸 눈망울을 마주보는 이 순간의 미학은 그 자체로 온전함이다. 더 이상 무엇이 필요할 것인가...

그런데 소르본느의 철학자 에마뉘엘 레비나스는 그 온전한 행복감을 송두리째 박탈당한 채 홀로 살아남았다는 죄책감과 뼈저린 고독감을 남은 생애 동안 감내해야만 했고, 그 체험은 현상학이라는 당대 독일 철학의 흐름을 프랑스에 소개하는 것으로 자신의 임무를 삼던 그에게 다시 전면적으로 삶과 관계에 마주하게 하는 요인이 될 수밖에 없었을 것이다. 그가 이 카페에 왔는지는 확인할 길이 없지만, 걸어서 올 만한 거리의 카페인데다 당시 꽤 많은 철학자들과 예술가들이 찾은 곳이기도 하니 누군가를 만나기 위해서라도 한 번쯤은 들렀을 것만 같다. 일본인 주부들과 중국인 아저씨들, 그리고 한국인 부녀인 우리들 틈에 간간히 프랑스어를 쓰는 현지인들이 자리하고 있는 이 2층 카페에서 레비나스는 인간의 참을 수 없는 잔혹함과 관계의 현저한 붕괴, 그런 가운데서도 살아남아 음식과 커피를 찾는 자신의 질긴 생존욕구와 마주하면서 내 눈앞에 보이는 타자, 그들을 어떻게 받아들이고 해석하고 또 관계를 맺어야할 것인지를 고뇌하며 잠시 눈감았을 것만 같기도 하다.

우리는 왜 관계를 맺고 살아야 하는 것일까? 사실 너무 많은 사람들 사이에서 시달리다보면 자신만의 온전한 고립의 영역으로 숨고 싶어 하는 경향성을 우리는 갖고 있다. 멀리 떠나온 여행지에서 손과 눈의 영역으로 들어와 지배자로서의 권력을 행사하는 휴대전화의 인터넷망을 꺼놓고 맞는 첫날밤은 불안과 평온의 교차로 채워지곤 한다. 그러다가 시간이 흐르면 점차 자유로워지고 그 자유 속 잠기는 편안함과 휴식이 제대로 된 안식의 느낌으로 다가온다.

그런데 그런 시간이 길어지면 한편으로는 안도감을 느끼면서도 다른 한편 뼈 속으로 파고드는 고독감을 감당하기가 점점 더 어려워지기도 한다. 자연과의 관계 맺기만으로도 우리 삶이 온전한 것일 수 있는 가능성이 열려 있기는 하지만, 다른 면에서는 인간들 사이의 관계 속에 있을 때만 인간으로 살고 있다는 근원적인 충족감을 느낄 가능성 또한 여전히 열려 있다. 인간을 뜻하는 한자어를 사람들 사이[人間]으로 정한 동아시아문화권의 인간관이 그런 대표적인 관점이고, 그 철학적 배경은 당연히 유교와 불교이다.

인간과 자연의 관계에 더 주목한 도교(道敎)에서도 인간들 사이의 관계가 무시되는 것은 아니다. 다만 인간 또한 자연의 한 부분이라는 철학적 인식에 토대를 두고 인간의 독주를 경계하는 가르침이 좀 더 강하게 포함되어 있을 뿐이다. 도교적 사유가 배경으로 깔린 동양화 속에서 인간이 자연을 거스르지 않는 크기와 비중으로 등장하는 데서도 확인할 수 있는 사실이다. 이처럼 우리 동아시아인들은 자연과의 관계를 배경으로 삼고 인간들 사이의 상호의존이 곧 인간다움의 본질이라는 생각을 오래도록 해왔고, 그 생각은 최근 과학적으로도 검증될 수 있는 것임이 밝혀지고 있기도 하다. 즉, 인간은 다른 것들과의 의존 속에서만 자신의 생명을 유지해갈 수 있는 존재이면서, 동시에 인간들 사이의 관계 속에서 비로소 그 인간다움을 느끼고 보존할 수 있는 사이의 존재인 것이다. 그렇게 보면 우리의 관계에 대한 열망은 곧 인간다움을 향하는 열망이 되는 셈이다(2016.7.2. 토요일 점심, 소르본느 대학 근처 싸르트르 카페(카페 드 플로르)에서).

타자는 내게 누구 또는 무엇일까?

관계를 맺어야만 비로소 인간으로 온전히 설 수 있는 우리는 나 자신과 관계를 맺을 수 있는 타자(他者)를 요청한다. 그 타자가 꼭 인간일 필요는 없겠지만, 인간답게 살고자 한다면 최소한의 인간관계를 빼놓을 수 없다. 그 관계 속의 인간은 우선 나와는 다른 타자이다. 나와 다르기 때문에 만남의 접점에서 호기심과 설렘을 느낄 수도 있지만, 다른 한편 불편함을 감내하지 않으면 안 된다. 그 불편함은 나와 유전적으로 많이 닮은 부모나 자식과의 관계라고 해서 크게 경감되지 않는다.

　이번 여행뿐만 아니라 아내와 큰아이가 오스트리아와 체코로 한 달간 여행을 간 사이에 벌어진 관계를 회복하고자 감행한 둘째와의 제주도 여행에서도 그 불편함을 내내 감내해야만 했다. 우선 그와 내가 가고자 하는 곳이 다르고 생각하는 것도 달랐다. 나는 가능하면 조용하고 우리 둘만 산책하며 이런저런 이야기를 나눌 수 있는 곳을 가고 싶었지만, 둘째는 사람이 많고 왁자지껄한 곳을 가고 싶어 했다. 먹는 것도 마찬가지여서 처음에는 신경전을 벌여야 했고, 어느 정도 시간이 지나면서 여행을 끝까지 함께하려면 나부터 양보할 수밖에 없겠다는 생각에 가능하면 둘째에게 맞춰주려고 했다. 그런데 후일담으로 들으니 둘째도 아빠를 위해 많은 것을 양보했다는 생각을 하고 있었다.

　오늘 소르본느 대학 거리에서 철학 전문 책방과 싸르트르가 단골이었다는 플로르 카페(카페 드 플로르)를 함께 다녀오는 길에, 파시 거리로 불리는 쇼핑의 거리에 들렀던 것도 둘째를 배려한 나의 양보였다. 사실 소르본느에서 싸르트르(플로르) 카페까지 이르는 길은 번화가를 걷는 길이어서 '철학자의 길'이라는 명칭을 부여하기가 쉽지 않지만, 다르게 보면 그것이 현대철학자들의 삶을 반영한 새로운 의미의 철학자의 길일 수도 있다. 그 길을 함께 걸으면서 인터넷을 이용해 실시간으로 철학자의 카페를 찾아주는 것만으로도 둘째가 충분히 고맙고 기특하다는 생각이 함께 들기도 한다.

도시의 철학자는 소음 속에서 자신의 목소리를 간직해야만 하는 운명을 갖는다. 1980년에 세상을 떠난 싸르트르 시대의 소음은 지금에 비해 덜했겠지만, 그 카페에서 참아내야 했을 소음은 지금 못지않았을 것이다. 우리 현실에 대한 전복을 이야기하는 슬로베니아의 철학자 슬라보예 지젝은 주로 '스타벅스'라는 미국계 다국적 커피점에 편안하게 앉아 세상을 뒤집자는 글을 쓴다는, 다소 경멸 섞인 의미로 '스타벅스 철학자'라고 불린다. 그 스스로도 이런 별명을 싫어하지는 않는다는 인터뷰 기사를 본 적이 있는데, 그것은 자신이 처한 현실을 감추고 싶지 않은 철학자로서의 자의식과 그런 곳에 가야만 글이 잘 써지는 글쟁이로서의 숙명을 동시에 보여주는 것으로 해석될 수 있다.

나 자신도 주로 비교적 소란스런 서울 지하철 7호선 숭실대입구역이나 근무하는 대학이 자리한 고속철도 오송역 인근의 커피전문점에서 글을 쓰는 편이다. 물론 내가 좋아하는 시간은 아침 출근 시간이 조금 지난 8시 정도부터 점심 식사 후에 커피를 즐기려는 사람들이 몰려들기 시작하는 12시 30분 전후이지만, 이런 시간이라고 해서 늘 조용한 것은 아니다. 특히 오전 10시 전후에 아이들을 학교에 보낸 주부들이 무리를 지어 오면 갑자기 시장통 같은 소란스러움이 커피점을 감싼다. 그럴 때는 커피점은 모두를 위한 곳이고, 특히 대화를 하기 위해 모이는 장소라는 생각을 되새기다보면 어느새 소리들은 들리지 않고 다시 글쓰기에 몰입할 수 있게 된다.

싸르트르도 마찬가지였을 것이다. 오늘 그 카페를 처음 찾았을 때에 2층은 나처럼 노트북을 켜놓고 생각에 잠긴 사람들이 주인공이었는데, 어느새 점심시간이 다가왔는지 주변에 사람들이 몰려들기 시작했고 이내 공간은 소음으로 가득해졌다. 그때 그는 어떤 표정을 지으며 그 소음들을 견뎌냈을까? '타자는 내게 지옥이다.' 이 간단한 문장은 싸르트르가 타자의 의미를 규정지으면서 한 말로 유명하다. 물론 이때의 타자가 카페에서 소음을 내고 있는 다른 사람들만을 가리키는 말은 아니겠지만, 그렇다고 해서 그들이 온전히 배제되었다고 말할 수도 없다. 왜냐하면 모든 타자는 그에게 일차적으로 지옥이었을 것이기 때문이다.

파리에 와서 부럽다고 생각하는 것 중의 하나는 동네책방이 살아있다는 사실이다. 오늘 저녁에 숙소 가까운 파시 거리까지 걸어가면서 동네책방에도 들렀는데, 넓지 않은 공간에 여러 세대의 사람들이 모여 책을 보거나 사고 있었다. 이런 장면은 곳곳에서 보았는데, 오늘 그 책방의 특징은 입구 쪽에 유명한 작가들의 사진을 걸어놓은 점이다. 그 사진 중에는 싸르트르의 여자라고 불리기도 했던 시몬느 드 보봐르가 있었다. 물론 그녀나 그녀를 좋아하는 사람들은 싸르트르의 여자라는 말 자체에 거부감을 느낄 것이고 충분히 그럴 만도 하지만, 그럼에도 그 둘의 삶 속에서 각각의 타자로서 지니는 위상과 비중 자체를 폄하할 수는 없다. 그렇다면 보봐르에게도 싸르트르는 지옥이었을까?

자신에게 타자가 지옥이라는 말은 나와는 결코 만날 수 없어서 평행선을 그을 수밖에 없음에도 함께 살아야만 하는 운명임을 전제로 한다. 만약 만나고 싶지 않을 때 아무렇지도 않게 헤어질 수 있다면 그 사람이 내게 지옥일 이유는 없다. 우리는 다른 사람을 이해하거나 받아들일 수 없음에도 만나야만 할 때가 있다. 아니 그런 관계들이 있다. 부모 자식 사이의 관계가 그러하다. 특별한 일이 없으면 한평생 끊을 수 없는 질긴 인연인 이 관계에는 의례 남들은 잘 알지 못하는 곡절들이 포함되기 마련이다. '엄마처럼 살지 않을 거야'라고 외치는 딸의 울부짖음이나, '아빠는 꼰대일 뿐이야'라고 외치며 뛰쳐나가는 아들의 울분이 그런 곡절의 한 자락들이다. 딸과 아빠의 관계는 조금 낫다고 하지만, 어느 집 딸이라도 붙들고 속마음을 물어보면, 아빠가 늘 좋기만 한 사람은 아니라는 답변을 숨기고 있을 가능성이 농후하다. 우리 집 딸들도 당연히 포함된다.

이런 일상 속 타자 이야기는 그럼에도 여유와 견딜만한 해소의 지점을 포함하지만, 어떤 극한적인 경우는 전혀 그렇지 못할 수 있다. 얼마 전 강남역 주변 화장실에서 정신과 치료를 받은 기록이 있다는 살인자와 마주해야만 했던 20대의 내 딸 같은 사람이 마주했던 타자나, 자신의 사랑하는 가족을 단지 유대인이라는 이유만으로 죽인 히틀러와 그 일당들을 만나야 했던 에마뉘엘 레비나스의 타자가 바로 그들이다. 그들은 온전히 지옥이라는 수준을 넘어서서 도저히 이해할 수도, 받아들일 수도 없는 어떤 충격일 뿐이다. 칠흑같은 어둠 속을 헤매고 있을 때 갑자기 내 앞으로 달려드는 어떤 물체가 그런 타자의 형체와 겹치는 모습이라고 할 수 있다.

가능하다면 평생 살면서 이런 공포의 타자와 마주하지 않는 것이 좋을 테지만, 삶의 어느 구비에서 어떻게 출몰할지 알 수 없는 것이 우리 삶의 원초적 모습임을 부정할 수 없다. 특히 죽음이라는 타자 앞에서 우리는 누구나 공포와 두려움에 떨며 정면으로 마주할 마음조차 내지 못한다. 그런 타자를 레비나스는 무조건 환대하라고 말한다. 그 이유를 물으면 아마도 그는 그 타자는 내가 피할 수 있는 대상도 아니고, 나 자신이 다른 사람에게는 그런 타자일 수 있기 때문이라고 답변할 것이다. 그런 답변의 배후에는 물론 유대교철학자로서의 레비나스가 지니고 있는 유대교적 신관, 다시 말해서 자신이 아끼는 자식이라도 하나님이 제물로 바치라고 하면 두려움 속에서도 그렇게 함으로써 믿음의 조상이 된 아브라함의 전통이 숨겨져 있다. 그 두려운 타자가 곧 하나님이거나 그의 명령 자체일 수 있다는 믿음이 전제되어 있는 것이다.

　물론 레비나스는 자신의 생각을 유대교적 틀 안에 가두지 않는다. 그는 당시 독일을 중심으로 전개되고 있던 현상학에 관심을 가졌을 뿐만 아니라, 마르틴 하이데거라는 존재론의 새로운 주창자와도 정면 대결하면서 추상적인 존재에 관한 논의 대신, 내 눈앞에 등장해서 내게 윤리적 행동을 절대적으로 요청하는 타자에 대한 관심이 철학의 주요 주제여야 한다고 강조했다. 즉 존재하는 것이 어떤 의미를 갖는가 하는 추상적인 물음보다 당장 내 눈 앞에서 만나야 하는 타자의 요청에 어떻게 응답해야 할까를 고민하는 것이 철학의 첫 번째 과제라고 보았던 것이다. 그런 점에서 레비나스의 철학은 곧 윤리학일 수밖에 없다.

레비나스에 따르면, 내 앞에 나타나는 타자는 도덕적인 초월성을 지니고, 우리는 그 초월성에 응답해야 하는 책임을 갖고 있다. 도덕적 초월성이라는 말은 타자가 나의 의도나 감정과는 관계없이 도덕적인 응답을 해야만 하는 대상이라는 생각을 담고 있다. 우리 정서 속에서는 쉽게 이해되지 않지만, 사실 우리의 도덕적 정서 속에도 인간을 그저 인간 자체로 대우해야 한다는 생각이 깔려 있다. 그 배경은 인간 자체를 관계로 보는 유교철학과 다른 것들과의 의존 속에서만 비로소 살 수 있다는 불교철학과 그 둘이 합해진 정서이다. 그 중에서도 유교는 우리의 삶과 사유를 가장 최근까지 지배했기 때문에 더 강하게 작용하고 있는데, 문제는 그 관계가 자신과 직접적인 혈연을 중심으로 펼쳐지고 제한된다는 데서 생긴다.

우리는 어떤 관계를 맺고 살아가야 할까?

파리 사람들도 냉정한 표정으로 유명하고, 아침 지하철을 타보면 쉽게 확인할 수 있는 사실이기도 하다. 그런데 우리들 또한 더했으면 더했지 결코 덜하지는 않은 무서운 표정을 짓곤 한다. 그러다가 우연히 '아는 사람'을 만나면 그 표정이 백팔십도 바뀌면서 반가워서 어쩔 줄 몰라 한다. 사람들의 보편적 정서일 수 있지만, 우리에게 유독 강하게 그런 구분이 나타나는 배경을 좀 생각해볼 필요가 있다. 관계를 알면 그 사람을 알 수 있다는 유교의 관계론은 아는 사람과 모르는 사람, 즉 자신과 직접적인 관계가 있는 사람과 그렇지 않은 사람을 구별하는 전제를 갖고 있다. 직접적인 관계를 맺고 있는 사람은 곧 나 자신의 일부인 반면, 그렇지 않은 사람은 그저 남일 뿐만 아니라 때로 적대적인 대상이 될 수도 있다. 유교철학에도 이런 위험성을 보완할 수 있는 장치, 즉 자신의 마음을 잡는 충(忠)을 중심으로 삼아 다른 모든 사람에게로 확장해가는 서(恕)의 윤리가 포함되어 있지만, 불행히도 유교가 정치 이념으로 채택되는 과정에서 충은 임금과의 관계윤리로 집중되면서 또 다른 관계윤리인 효(孝)와 짝을 이루는 결과로 나타났다. 그것을 적극적으로 이용한 정권이 일본의 천황이고, 그 교육의 영향 속에 있던 우리의 박정희 정권이다.

불교는 그보다 훨씬 더 넓은 관계망을 제공해주는 대신에, 그 범위가 워낙 넓다보니 구체적인 적용 영역에서는 약해질 수 있는 약점을 지닐 수 있다고 성리학자들은 비판해왔다. 내가 살아가는 일이 다른 사람은 물론이고 식물과 동물, 심지어 공기나 물 같은 무생물과의 관계망 속에서만 가능한 것이라는 불교적 관점은 현대생태론의 그것과 닮아 있어 더 많은 관심을 끈다. 우리가 먹는 고기가 동물권을 전혀 인정하지 않는 공장식 사육을 통해 얻어진 것이고, 더 이상 물과 공기가 공짜가 아니라는 사실을 몸으로 느끼게 되면서 그런 전방위적인 의존성을 깨칠 수밖에 없는 환경이 만들어지고 있는 탓이기도 하다. 그런데 그런 모든 관계를 제대로 맺어간다는 것은 먹고살기에 급급한 현대인들에게 지나치게 어려운 요구일 수 있고, 그러다 보니 그 어떤 관계도 제대로 맺지 못한 채 자신의 내면으로만 파고들면서 고독을 일상화하며 점점 지쳐가고 있는지 모른다.

그럼 우리는 어떤 관계를 맺으며 살아야 할까? 사람들과의 관계 맺기가 어려워지거나 싫어지면서 개나 고양이 같은 애완동물과 관계를 맺는 사람들이 늘고 있다. 이 현상도 나쁘게 볼 것만은 아니다. 관계를 맺지 않으면 살 수 없는 살아갈 수 없는 존재자인 우리 인간이 그렇게라도 위안을 얻을 수 있다면 다행스런 일이기 때문이다. 다만 인간은 인간과의 관계를 꼭 필요로 하고, 어렵더라도 최소한의 관계, 특히 이해관계가 아닌 관계 자체로 만날 수 있는 사람을 가질 수 있어야만 한다. 그런 관계 맺기의 시작은 관계 자체가 우리의 본질을 구성한다는 사실을 인식하고 받아들이는 것이다. 그것이 바로 2천 5백여 년 전 인도 북쪽 작은 왕국의 왕자였던 고타마 붓다가 수행 끝에 깨달은 진리의 핵심 중 하나이다. 그는 그런 관계가 곧 우리 자신이라고 말하는 한편으로, 그런데 그 관계가 단순한 것이 아니라 내가 알 수 있는 범위를 훌쩍 넘어설 정도로 복잡한 것인데다가 그 관계를 이루는 요소들이 끊임없이 변화하고 있음을 강조했다. 이 진리를 그는 '내 눈 앞에 보이는 모든 것들은 언젠가 사라지게 마련이다.'라는 말로 요약해서 우리에게 알려주고자 했다.

나는 이러한 붓다의 가르침을 종교적인 차원보다는 윤리적이고 철학적인 차원에서 받아들인다. 윤회를 믿고 복 받기 위해 절에 가 부처님 상 앞에서 열심히 빌어야 한다고 생각하는 것이 불교라면, 당연히 나는 불교도가 아니다. 붓다의 가르침은 우리가 존재하고 있는 실상을 있는 그대로 관찰하고 그 배후에 숨어있는 일관된 진리를 찾아낸, 상당히 과학적인 방법에 토대를 두고 있다. 20세기 이후에 종교 중에서 불교가 과학과 가장 잘 공존할 수 있을 것이라고 말한 역사학자 아놀드 토인비의 입을 굳이 빌리지 않아도, 불교는 그 나름의 학문적 기반과 과학적 방법론을 갖추고 있음을 불교 공부를 하면서 지속적으로 확인하고 있다. 그런 점에서 미국 듀크대학 심리철학 교수인 오웬 플래나간이 자신의 저서(『보살의 뇌』, 이슬비·박병기 옮김, 씨아이알, 2013)에서 불교는 그 종교적인 기반인 윤회나 사후세계 등에 관한 믿음에 괄호를 치더라도 충분한 윤리적 함축과 철학적 기반을 지닌다고 평가한 것은 타당하다. 그런 붓다가 스스로 깨달아 우리에게 전해준 진리 중에서도 가장 중요한 것은 바로 바쁜 일상으로부터 잠시 물러서서 자신이 존재하고 있는 실상을 바라볼 수 있어야 하고, 그렇게 할 수 있으면 내가 곧 나를 이루는 관계(인연)와 분리되지 않아서 고립되고 고정된 나라는 생각을 떨칠 수 있다는 것이다. 이것이 바로 연기(緣起)와 공(空)의 진리다.

관계가 나 자신과 삶 자체라는 고타마 붓다의 가르침을 받아들일 수 있게 되면, 다른 사람과의 관계 속에서 이해관계가 아닌 만남 자체의 의미와 기쁨을 발견할 수 있는 가능성이 커지고 그 가능성을 현실화해가다 보면 관계의 폭이 깊어질 수 있다. 이 과정에서 한 가지 유념해야 할 사실은 이해관계가 아닌 모든 관계는 일대일의 주고받는 관계일 수 없다는 점이다. 만남은 그저 만남 자체만으로 완전하고 충만할 수도 있어야 한다. 실제로 관계를 오래 지속시킬 수 있는 것은 그런 만남을 전제로 할 수 있을 때뿐이기도 하다. 그런 의미에서 타자의 얼굴 자체가 도덕적 초월성을 지닌 채 내게 다가와 응답을 요청한다는 레비나스의 윤리학은 충분히 이해될 수 있을 뿐만 아니라, 우리 삶 속에서 실천에 옮기고자 노력해야하는 어떤 당위일 수 있다는 생각이 든다. 오늘 저녁은 같은 대학에 근무하는 친구 가족과 만나 저녁을 함께하기로 한 날이다. 알베르 까뮈를 전공한 불문학 교수인 그와 함께해온 날들의 따뜻한 추억과 각자의 가족이 이루어낼 소르본느 광장 근처 카페의 아름다운 풍경이 벌써부터 설렘을 가져다준다(2016.7.3. 일요일 아침, 파리 지하철 9호선 하넬락 역 근처 숙소에서).

4. 우리는 어떤 사회에서 살고 있을까
: 콜레주 드 프랑스에서 피에르 부르디외와 한병철을 만나다

　　어디든 대학에 입학하는 일은 쉽지 않고 또 비교적 소수에게만 허용된다. 각 나라마다 문화와 환경에 따라 대학입학 과정과 절차가 다르지만, 그 과정에 들어있는 학생들이 느끼는 압박감이나 스트레스는 크게 다르지 않은 듯하다. 재수를 하고서 올 3월 대학에 들어간 둘째는 그 과정을 두 번이나 거쳐야 했고, 나 또한 그러했다. 1970년대 말 지방의 선발 고등학교를 다닌 나는 첫해에 목표로 했던 대학이 어렵게 되자 큰 망설임 없이 재수를 택했고, 서울에 있는 대표적인 재수학원 중 하나를 다니면서 다시 학력고사를 치러 그 대학에 입학하는 데 성공했다. 졸업정원제가 채택되면서 입학정원이 늘어난 덕도 보았고, 재수학원의 지도방식이 학력고사 점수를 높이는 데 도움이 되기도 한 탓이었다.

2010년대에 서울 주변 신도시의 일반계 고등학교를 다닌 둘째는 나름 즐거운 고교생활을 즐기면서도 자신의 특기인 독서와 토론을 살려 한 유명대학의 자유전공학부 수시 모집 1차에 합격했다. 그러나 최종 합격권에는 들지 못했고, 그 또한 별다른 망설임 없이 재수를 택해 다른 신도시의 재수 집중학원에 다녔다. 그러나 목표로 하는 대학에 정시 모집으로 입학할 만한 수학능력시험 성적이 나오지 않았고, 이런저런 고민과 갈등 과정을 거쳐 교육대학에 입학했다. 교육대학 교육과정이 지니는 답답함을 댄스동아리 등으로 잘 견디면서 이제 한 학기를 마쳤고, 첫 방학에 아빠, 엄마와 유럽여행을 동행하며 가이드 노릇을 톡톡히 해내고 있다.

이런 부녀의 대학입학 이력을 줄줄이 늘어놓는 이유는 우리나라의 입시 상황이 각 세대마다 다른 듯하면서도 크게 다르지는 않다는 점을 부각시키고 싶어서다. 이곳 프랑스의 대학 입학 상황 또한 크게 다른 듯하면서도 기실 다른 점은 별로 많지 않아 보이기도 한다. 특히 대학에 입학하고자 하는 사람들이라면 모두 치러야 하는 바깔로레아라는 수능시험에 대한 압박이 우리 수험생들의 수능시험에 대한 압박과 비슷하고, 전 국민적 관심사가 된다는 사실도 비슷하다. 적어도 외형적으로는 큰 차이가 없는 것이다.

그런데 이면을 들여다보면, 적지 않은 차이가 발견되기도 한다. 우선 여기 학생들은 철학을 필수과목으로 하는 바깔로레아라는 이름의 수능시험을 치른다. 인문, 자연, 경제·사회 등 세 영역 중 하나를 택해서 철학은 필수로 하고 각 영역별 선택과목을 택해

1주일 내내 시험을 본다. 특히 첫날 치르는 필수과목인 철학시험은 개방형 논술 형태로 진행되는데, 시간도 4시간이 걸린다. 올해 문제 중 하나는 '정치에 무관심하면서도 도덕적으로 행동할 수 있는가'였다고 한다. 바로 한 주 전의 이야기다.

또 하나의 결정적인 차이는 대학을 졸업하지 않고 직업학교를 택해서 갖게 되는 직장에 대한 자부심과 사회적 평가이다. 이곳에 와서 거르지 않는 이른 아침 산책길에서 만나는 거리의 청소부들은 모두 흥얼거리며 자기 일을 하는 모습을 보여주었다. 우리 서울의 청소부 중에서도 그렇게 보람 있게 일하는 분들이 없지는 않겠지만, 젊은 청소부가 아침부터 흥얼거리며 일하는 모습을 기대하는 것은 쉽지 않은 일이다. 더욱이 자신 있게 스스로의 직업을 내세우는 일은 더 어려울 듯하다.

이런 두 나라 사이의 차이는 당연히 우열의 문제가 아니다. 우리가 범하기 쉬운 비교의 오류는 앞에서도 이미 지적한 바 있지만, 특히 이른바 '선진국'이라는 근거가 희박한 비현실적인 기준을 근거로 우리를 깎아내리는 식의 잘못된 비교 풍토는 상당 부분 외국에서 유학하고 돌아와 교육을 주도한 엘리트들이 조성한 것이다. 물론 나처럼 외국에 유학하지 않은 국내파 학자들의 열등감 또한 그러한 풍토를 강화시키는 요인이었음을 부정하고 싶지 않다. 그러나 이제는 최소한 외적으로 그런 비교가 더 통하지 않는 수준을 우리는 갖추게 되었다. 사는 것은 말할 것도 없고, 외국 여행이나 정보소통에 있어서도 충분할 정도의 여건을 갖추고 있기 때문이다. 남은 문제가 있다면, 그것은 바로 우리 내부의 근거 없는 열등 감과 맹목적인 서구 또는 미국 지향성일 뿐이다. 이 문제를 해결할 수 있는 길은 우리 자신과 함께 우리 사회를 비판적 성찰의 대상으로 내놓는 것이다.

우리 사회의 여러 모습과 한병철의 피로사회론

21세기 초반 한국사회는 여러 다양한 모습을 지닌 채 우리들의 삶을 뒷받침하고 있다. 우리 사회는 단군 이래 가장 풍요로운 사회이면서도, 가장 불만이 많은 사회이기도 하다. 또한 이곳 파리의 유행이 서울에서 1주일 이내로 출현한다는 말에서도 짐작할 수 있는 것처럼 세계 문명의 첨단을 달리는 나라이면서, 의식구조에 있어서는 여전히 남녀차별과 보이지 않는 직업 사이의 차별의식이 남아있는 사회이기도 하다. 이런 복합적이면서도 중층적인 모습은 '압축성장의 근대화'를 이룬 우리가 어쩔 수 없이 감내해야만 하는 것들이지만, 그렇다고 해서 그냥 방치할 수만은 없을 정도로 심각한 문제이기도 하다.

18세기부터 20세기에 걸쳐 근대화를 이룩한 프랑스와 영국 등의 유럽과 주로 1960년대부터 불과 50년 사이에 근대화 과정을 치러낸 우리가 당연히 동일한 모습을 지닐 수는 없다. 비교적 비슷한 과정을 거친 일본은 1850년대부터 시작했고, 이웃 중국의 경우에는 주로 1980년대부터 시작해서 이제 그 정점을 통과하고 있는 중이어서 더 많은 문제와 마주하고 있는 것으로 보인다. 우리가 몸담고 살아가고 있는 사회의 모습을 제대로 보기 위해서는 먼저 이렇게 거리두기를 시도할 필요가 있다. 너무 가깝게 있으면 보이지 않기 때문이다.

둘째와 함께 소르본느 대학 광장 철학 전문서점에 들렀을 때의 일이다. 딸아이가 베스트셀러만을 따로 전시하는 곳에서 한병철이라는 익숙한 이름을 발견하고 내게 놀라움이 담긴 시선을 보내왔다. 한병철은 한국인 철학자로 독일에서 활동하고 있는 학자이다. 그는 특히 현대사회가 경쟁을 내면화하여 각각의 사람들로 하여금 스스로를 긍정의 방향으로만 이끄는 피로사회가 되었다는 진단으로 독일 지성계의 집중적인 시선을 모은 학자이다. 그의 저서가 독일을 넘어서 몇 개의 언어로 번역되었다는 사실은 알고 있었지만, 이렇게 프랑스어로 번역된 책을 보니 감회가 남달랐다. 그는 한국에서 공과대학을 졸업하고 독일에 유학하여 철학과 문학, 신학 등을 공부하여 박사학위를 받고, 다시 교수자격논문을 취득한 후에 현재는 베를린 예술대학교수로 재직하고 있다. 나도 그의 대표저서인 『피로사회』를 읽고서 그 깊고 아름다운 통찰력에 매료되어 이후의 책들을 계속해서 읽고 있는데, 둘째 아이가 그를 알아본 것이다.

한병철을 어떻게 아는지 궁금해진 나는 카페로 자리를 옮겨 그를 어떻게 알게 되었느냐고 딸에게 물었다. 아이의 대답은 의외이면서도 그럴 만하다는 생각을 하게 했는데, 바로 수능시험 문제집에서 제시문으로 한병철의 『피로사회』가 꽤 많이 나왔다는 것이었다. 특히 힘겨운 재수생활 동안 그의 글을 보면서 자신의 처지와 쉽게 대비시켜볼 수 있었고, '하면 된다.'는 폭력적인 구호 속에 내몰린 자신의 모습이 피로사회의 주인공임을 실감할 수 있었다고 덧붙였다. 그래서 나는 그의 책을 직접 볼 생각은 하지 않았느냐고, 그의 책들이 아빠 서재에 여러 권 있었다고 말을 이어갔다. 딸은 조금 어이없어 하면서 자신의 당시 상황을 아는 아빠가 그런 질문을 할 수 있는지 하는 표정을 지었다. 우리 수험생들이 그런 책을 찾아 직접 읽는 일은 위험한 일탈에 해당할 수 있음을 나 또한 모르지 않기에 지금이라도 한 번 읽어 보는 게 좋겠다는 말로 마무리할 수밖에 없었다.

한병철의 피로사회라는 말 자체가 큰 의미를 갖는 것은 아니다. 이미 20세기를 극단의 시대로 규정한 역사학자 에릭 홉스봄이나 현대사회를 위험사회로 이름 붙인 사회학자 울리히 벡 등에 의해서 시대와 사회의 특정 지점을 묘사해보고자 하는 시도가 여러 번 있었고, 소진사회와 같은 유사 개념도 나와 있었기 때문이다. 한병철의 시도가 의미를 지니는 지점은 경쟁과 성과라는 자본주의 사회의 두 운영 원리를 중심 개념으로 삼아 그것이 어떻게 한 개인의 내부에까지 심어지게 되고 그 결과로 사회 전반이 스스로를 소진으로 몰고 가는 피로를 내면화하는 데까지 이르게 되는지를 명징한 논리와 단순하면서도 아름다운 언어로 묘사해 내는데 성공했다는 데 있다.

한병철의 이력에 대한 설명을 들은 딸은 내게 그가 우리 사회에서 입시경쟁을 경험했고 대학을 마치는 경험을 한 것이 큰 도움이 되었을 것 같다는 이야기를 했다. 한 사람의 학자가, 그것도 성년의 나이를 넘고 대학을 졸업한 후에 유학한 학자가 다른 나라의 언어로 학문을 한다는 것은 새로운 삶의 국면으로 넘어섰음을 전제로 하는 것이고, 더욱이 성공적인 학문 활동을 하고 있다는 것은 이미 그 사회의 학계와 지성계가 요구하는 보편적인 기준을 필요 이상으로 충족시켰음을 의미할 것이기 때문에 자신의 고국에서의 체험이 토대가 되었을 것이라고 쉽게 말하기는 어렵다. 그러나 그런 과정을 모두 마치고 나서 자신의 안목과 목소리로 그 사회에 대한 비판을 하고자 할 때 고국의 경험이 무의식의 차원에서 비판적으로 되살아날 수 있는 가능성은 열려 있다.

미국 철학계에서 두각을 나타낸 한국인 철학자 김재권의 경우도 그러하다. 20세기 분석철학의 시대가 끝나가고 그 분석의 대상을 몸과 마음의 관계 설정 문제로 돌리고 있던 미국 철학계에서 김재권은 몸과 마음이 서로 수반하는 관계에 있다는 가설을 세우고 그 논리적 기반을 제시하고자 노력하여 일정한 성공을 거둔다. 그런데 몸과 마음의 수반 관계라는 가설은 이미 동아시아의 화엄철학과 그 철학의 영향을 받아 재구성된 유교철학인 성리학의 기본 가설과 구조적으로 매우 닮아 있다. 다시 말해서 불교의 화엄철학은 진리의 세계와 일상의 세상 사이의 관계를 둘도 아니고 하나도 아니라는 불일불이(不一不二)의 개념으로 잡아내고자 했고, 성리학은 이(理)와 기(氣) 사이에 서로 섞이지도, 그렇다고 분리되지도 않는 관계로 설명해내고자 했다. 이런 사상적 배경이 우리나라에서 대학을 다니다가 미국에 유학한 김재권에게서 새로운 심리철학의 가설로 살아났을 가능성을 배제할 수 없다는 것은 상식적인 추론에 속한다.

어찌되었건 한병철은 독일을 중심으로 현대사회의 모습을 피로사회라는 개념으로 잡아내는 데 성공했고, 자신의 일상 속에서 그런 모습을 확인한 많은 세계인들에게 감동을 안겨 주고 있다. 우리 사회는 그러한 피로사회가 좀 더 극적인 형태로 나타나고 있는 곳이라고 할 만하고, 그 피로의 원인 중 하나로 여전한 분단구조와 그에 따른 긴장의 일상화가 자리하고 있기도 하다. 그런 관점에서 본다면, 한국사회는 자본주의적 경쟁의 원리를 내면화해가고 있는 피로사회임과 동시에 분단으로 인한 극단적 대립의 가능성이 높은 위험사회이다. 거기에 최근에는 이른바 '헬조선(hell朝鮮)'으로 상징되는 빈부격차와 세습이 문제시되는 불평등사회이고, 그 불평등에 대한 불만과 불안, 불신이 만연하고 있는 3불(三不)의 사회이기도 하다.

우리 사회의 불평등 구조와 피에르 부르디외라는 사회학자

중세 이후 서양의 학문은 라틴어를 중심으로 이루어졌다. 그 라틴어로 소통이 가능한 지구라는 의미로 상징되는 학문의 전당인 파리의 라틴 지구에 주요 대학들이 몰려 있는 것은 자연스런 일이다. 소르본느 대학이 그러하고 콜레주 드 프랑스라는 독특한 형태의 대학본부도 이곳에 위치하고 있다. 에콜 노르말이라는 고등사범학교 또한 이곳에 본부가 있다. 그 중에서 콜레주 드 프랑스는 일종의 개방대학으로 누구나 자유롭게 강의를 들을 수 있고, 세계 여러 대학들과의 자유로운 학문교환이 가능한 곳이기도 하다. 이 대학에는 석좌교수라는 직위가 있는데, 20세기 프랑스 사회학을 대표하는 학자의 하나인 피에르 부르디외도 1980년대부터 이 대학의 석좌교수로 있었다.

사실 나는 소르본느 대학에서 싸르트르의 카페가 있는 곳까지 가는 길에 있는 이 대학의 본부를 보고도 피에르 부르디외를 쉽게 떠올리지 못했다. 그러다가 어젯밤, 불문학 전공 교수인 친구와 함께 소르본느 광장에 위치한 한 카페에서 만나 저녁과 술을 함께 하면서 보다 상세한 소개를 받을 수 있었다. 어젯밤에는 유럽축구 경기가 열리고 있었는데, 우리 바로 앞에 고등사범학교나 소르본느 대학의 학생들로 보이는 여러 명의 청년들이 맥주를 앞에 놓고 요란한 응원을 하고 있었다. 프랑스와 아이슬란드의 경기로, 실력 차이가 커서 프랑스가 많이 앞서가고 있었는데, 특이한 점은 30년 이상 되었다는 그 카페에서 에콜 노르말 학생증을 보여주면 맥주와 안주를 거의 반값으로 먹을 수 있는 사실이다. 주머니가 얇은 학생에 대한 배려이기도 하고, 미래의 주역이 될 사람들에 대한 예우일 수도 있겠다는 생각이 들었다.

그 친구는 건축에 관심이 많은 미술학도인 아들과 동행했고, 나는 아내와 딸을 데리고 나가 그 후로도 교수들이 많이 온다는 카페 창가 자리에 앉아 우리들의 학문과 삶이 분리되는 현재 학계의 분위기를 비판하기도 했고, 어떻게 하면 그 간극을 좁힐 수 있을지에 대한 고민도 함께 나눴다. 전문적인 논문을 써서 학술지에 발표를 해도 심사위원들과 관심을 갖는 극히 소수의 사람들만이 보는 현실 속에서 논문의 편수를 계속 늘려가는 일의 허망함과 무모함을 말하면서 우리는 이제 10여년 정도 남은 정년 전에 우리 목소리를 담고 있으면서도 누구나 볼 수 있는 책을 써보고 싶다는 열망을 함께 나눴다. 그도 아들과 함께 몽블랑 트래킹을 하면서 나눈 경험을 책으로 쓰고 있는 중이었고, 나 또한 이 책이 그런 열망과 이어질 수 있기를 기대하고 있다.

피에르 부르디외는 시골 출신으로 파리에 와서 명문 고등학교를 졸업한 후에 고등사범학교를 나온 전형적인 학자의 길을 걸었지만, 그 마음 속에는 시골 출신이 도저히 이해할 수 없는 도시 출신 동료들의 사고방식과 행동으로 많은 갈등과 고통이 자리하고 있었다고 고백하는 자서전적인 글을 읽은 적이 있다. 내 경우도 그 갈등의 경험이 크게 다르지는 않지만, 1980년대 서울대학교의 분위기는 지금과 달리 시골 출신들이 주도하는 경향이 있어서 열등감으로 연결되지는 않았다. 오히려 서울말투를 쓰는 친구들을 깍쟁이라든가, 개인주의적인 성향이 강하다고 공격할 정도였다. 대학 은사 중 한 분이 나중에 서울로 편입된 경기도 출신이셨는데, 강의 중에 경상도와 전라도에서 올라온 촌놈들이 서울을 장악하고 있어서 자신이 오히려 소외감을 느낀다고 말씀하시던 장면이 떠오른다. 특히 전두환과 노태우로 상징되는 군사쿠데타 세력들이 조직한 사조직인 하나회에 경상도 출신들이 많았고, 이 두 사람이 모두 대통령을 했으니 그런 평가가 상당 부분 현실과 부합되는 것이었다고 할 만하다.

우리 사회뿐만 아니라 인간이 모여 사는 모든 사회에는 불평등 구조가 있다. 가장 두드러지는 것은 빈부격차이지만, 그 외에도 지위와 권력의 차이, 인정과 무시의 차이 같은 것들이 존재한다. 인간이 지구상에 출현한 이후로 언제부턴가 이런 불평등은 인간사회를 특징짓는 요소 중 하나가 되었지만, 동시에 그 불평등 구조를 끊임없이 극복하려는 시도도 멈추지 않았다. 우리 인간들이 본래 불평등을 견디기 싫어하기 때문이기도 하고, 불평등이 감내할 만한 수준을 넘어선 사회는 혼란 속으로 빠져들다가 자칫 붕괴할 수 있기 때문이기도 하다. 광복 이후 자유와 평등을 중시하는 헌법을 만들고 토지개혁을 통해 평등구조를 마련하고자 했던 우리는 부분적이기는 하지만, 자신이 경작할 수 있는 논을 가진 자영농 중심의 농촌사회를 건설하는데 성공했다. 이러한 헌법 속에 포함된 가치들은 4.19 학생의거와 5.18 광주민주화 운동, 6월 항쟁 등의 끈질긴 저항을 통해 하나씩 우리 삶 속으로 자리할 수 있게 되었다.

그런데 21세기로 들어서면서부터 빈부격차가 커지고 있을 뿐만 아니라 대물림되고 있다는 증거들이 많아지고 있다. 대학에 입학하기 위해 쏟아야하는 경제적 비용은 물론이고, 관련 정보 수집에 있어서도 격차가 커지면서 이제 '돈 없는 집 아이들'은 공부도 제대로 할 수 없는 구조가 자리 잡게 된 것이다. 이른바 개천에서 용 나는 일이 점점 더 옛날이야기가 되어가고 있는 것 같다는 느낌도 확산되고 있다. 헬조선(hell朝鮮)이라는 말에서 조선이 바로 이러한 새로운 신분제 사회로의 회귀를 뜻한다. 아버지가 양반이면 나도 양반이고, 어머니가 노비면 나도 노비가 되어야만 하는 그런 사회로 돌아가고 있는 것 아니냐는 비판과 절망이 우리 사회를 지속적으로 감싸고 있다.

자신의 고유한 자유와 권리를 바탕으로 삼아 스스로의 삶을 자율적으로 이끌어가는 시민이 주인공인 21세기 한국사회에서 이런 불평등 구조는 당연히 극복의 대상이다. 문제는 어떻게 극복할 것인가 하는 방법론이다. 그런데 그 방법을 찾기 위해서는 먼저 우리가 몸담고 살고 있는 이 사회를 제대로 볼 수 있어야 하는데, 그 과정에서 우리가 도움을 받을 수 있는 사람들은 대체로 두 부류이다. 하나는 전문적으로 사회를 연구하는 사회학자이고, 다른 하나는 뉴스를 중심으로 우리 사회의 사건들을 분석하고 비판하는 언론인이다. 물론 사회학자 중에는 신문 등을 통해 자신의 의견을 지속적으로 발표하는 사람들이 포함되어 있기 때문에 이 두 부류의 사람들은 때로 겹칠 수도 있다.

그런데 언론매체를 통해 우리 사회를 비판하는 글을 접하면서 우리는 그들의 시각이 편향적이거나 특정한 이해관계에 의해 왜곡되어 있다는 느낌을 받을 때가 많다. 우리 사회에는 특히 이른바 보수언론과 진보언론 사이의 간극이 심해서 같은 사안을 놓고서도 전혀 다른 진단과 처방을 내놓은 경우가 많다. 그 차이는 원론적으로 사안을 바라보는 각자의 관점만이 있을 수 있다는 독일 철학자 니체의 관점주의에 따르면 당연하면서도 바람직한 것일 수 있다. 그러나 그 관점들이 의도적인 왜곡과 변형 과정을 포함하고 있다면 문제는 전혀 달라진다. 의도를 갖고 관련 지식과 정보를 교묘하게 왜곡하는 언론이나 학자가 있다면, 그의 죄는 용서받을 수 있는 수준을 넘어선 것임에도 우리 사회에서는 그런 짓을 하고도 여전히 대접받는 사람들이 있다. 이런 사람들이 하는 행동을 일컬어 곡학아세(曲學阿世)라고 말한다. 왜곡된 학문을 하면서 세상을 어지럽힌다는 말이다. 어느 시대에나 이런 일을 하는 사람들이 있었지만, 오늘날에는 그 범위나 정도가 훨씬 더 커져 있다는 점에서 비판적인 시선이 꼭 필요하고, 교육을 통해 시민들에게 비판능력을 길러주어야만 극복이 가능하다.

피에르 부르디외는 학문적으로 진정성을 추구하던 학자였다. 그는 자신이 할 수 있는 일을 과장하지 않으면서 사회학자는 그 나름의 편견과 한계 안에서 자신들의 언어를 통해 사회를 볼 수 있는 하나의 창을 제공해줄 수 있을 뿐이라는 입장을 택했다. 자신의 한계를 '사회학주의', 즉 사회학이라는 일종의 경기장 속에서 정해진 규칙에 따라 벌이는 경기와 같다는 생각을 한다. 그리고 사람들은 누구나 자신을 키워낸 환경과 문화 속에서 지니게 된 일종의 몸의 습관인 아비투스(habitus)를 갖고 있고, 그것을 바탕으로 삼아 서로 영향을 주고받는 관계 속에서 살아간다는 것이다. 아비투스라는 말이 조금 어렵게 느껴지기도 하지만, 사실 이것은 우리도 모르는 사이에 몸에 배어있는 습관 중에서 주로 자신의 사회경제적 배경이나 교육을 통해서 형성된 것을 가리키는 말이다.

오늘 오후는 다시 라틴 지구로 와서 콜레주 드 프랑스와 고등사범학교를 찾아보려고 혼자서 9호선 전철과 7호선 전철을 갈아타면서 플라스 몽쥬(Place Monge)라는 이름을 가진 역에서 내려 헤매고 있는 중이다. 아무래도 딸이 준 약도대로 찾아가고 있는 것 같지 않아 삼거리에서 서성이다가 익숙한 다국적 커피점이 보여 창가에 자리를 잡고 앉아 노트북을 켜고 있다. 왼편으로는 코를 훌쩍거리는 중국계 프랑스 학생이 프랑스어로 된 5지 선다형 문제를 풀고 있고, 오른편으로는 전형적인 프랑스 여학생이 케이크 한 조각과 커피를 앞에 놓고 길거리를 내다보고 있다. 나의 이런 습관, 즉 조금 지치거나 무언가 마음대로 되지 않을 때 익명성이 보장되는 다국적 커피점에 들러 잠깐의 휴식을 즐기면서 책을 읽거나 글을 쓰는 이 습관은 커피가 일상 속으로 들어온 20세기 후반 이후 한국 상황 속에서 학자로 살아내며 얻는 몸의 습관이다. 이것도 일종의 아비투스이다.

나는 부르디외처럼 농촌 출신이면서도 더 이상 농촌 사람은 아니다. 그리고 이른바 박사학위가 있고 대학에 전임자리가 있는 학자로 살아내고 있고, 이런 나의 존재상황은 나의 의식과 사고방식은 물론이고, 행동방식에도 상당한 영향력을 행사한다. 이른바 존재구속성, 즉 자신이 처한 상황과 환경에 의식과 생각, 행동이 구속될 수밖에 없다는 카를 마르크스의 지적 이후에 정착한 이 개념은 부르디외에게서도 거의 그대로 발견된다. 다만 그는 그 구속성을 아비투스라는 개념을 활용하여 좀 더 명료하게 제시해주고 있을 뿐이다.

우리 사회 속에 존재하는 불평등 구조는 이러한 각 개인의 아비투스를 통해 일상 속에서 구체화된다. 부르디외가 시골에서 고등학교를 다니다가 교사 추천으로 파리의 명문 고등학교에 전학 왔을 때 느낀 소외감과 긴장감은 그 학교 아이들이 특별히 나쁜 아이들이어서라기 보다 그들의 배경 속에서 자신도 모르게 형성한 아비투스가 부르디외의 그것과 충돌하면서 빚어진 것이라고 할 수 있고, 특히 그들이 가진 힘이 컸기 때문에 그 충돌은 부르디외가 '상징폭력'이라고 부른 폭력으로 나타났을 것이다. 폭력에는 육체적인 힘을 기반으로 하는 것 말고도 말이나 제도를 통해서 약한 사람들에게 행하는 정신적인 폭력도 있다. 그 정신적인 폭력에는 다시 언어폭력과 제도와 구조를 통해 저지르는 구조적 폭력이 있다. 문제는 우리가 그런 폭력에는 무관심하기가 쉽다는 데서 생긴다. 직접 때리지만 않으면 말과 몸짓 등으로 모욕을 주는 일은 허용될 수 있다는 생각이 여전히 통용되고 있고, 자신도 모르는 사이에 던지는 멸시의 시선이 당사자에게 얼마나 큰 상처를 줄 수 있을지에 대해서는 무감각한 사람들이 적지 않다. 부르디외는 바로 그런 폭력들에 '상징폭력'이라는 이름을 붙여주면서 우리의 관심을 촉구하고자 한 것이다.

사회적 이동 가능성이 크고 상당 부분 보장받기도 했던 1980년대 전후의 상황 속에서 20대를 보낸 나와 2010년대 중반에 젊음을 구가하고 있는 나의 둘째 사이의 가장 큰 차이점 중 하나는 이러한 아비투스들 사이의 갈등이 지니는 폭력성의 크기이다. 우리 시대에는 농촌 출신인 나와 서울의 교수집안에서 자란 내 친구의 아비투스가 만나 충돌했을 때, 나는 그다지 주눅 들지 않고 내 주장을 펼칠 수 있었다. 그런데 우리 딸에게는 각자의 아비투스들 사이의 넘나들 수 없는 간극으로 인한 폭력의 크기가 긍정적이든, 부정적 이든 상시적으로 작동할 가능성이 높아졌다. 그것이 바로 우리 사회 불평등 구조의 속살이고, 어떤 방식으로든지 극복해야만 하는 이유이기도 하다.

아무래도 에콜 노르말 쉬페리외르라고 불리는 파리 고등사범학교 캠퍼스를 찾는 일은 그만 두어야 할 것 같다. 옆자리 앉은 여학생이나 계산대 청년이 내 발음을 알아듣지 못할 뿐만 아니라, 영어로 소통이 제대로 되지 않아 찾을 수 있을 것 같지 않기 때문이다. 사실 이번 여정은 구체적인 장소를 찾아가는 과정으로 이루어지기 보다는, 어떤 주제나 이야깃거리를 떠올리면서 함께 떠오르는 철학자를 불러내는 상상 속의 장소를 찾아가는 것으로 이루어지고 있다. 파리에서 나는 싸르트르와 레비나스, 부르디외 등을 대화의 상대자로 불러냈지만, 그들이 직접 활동했던 소르본느 거리의 카페나 대학, 콜레주 드 프랑스 등의 구체적인 공간을 꼭 찾아가서 기념사진이라도 찍어야 한다는 강박관념으로 움직이지는 않았다. 오히려 그들을 직접적인 대화의 상대자로 불러내는 일에 집중하면서, 나와 딸이 공통으로 관심을 가질 만한 이야기를 나누는 데 마음을 쓰고 있다.

이제 오늘(2016.7.4.)까지 파리에 머물고, 내일 오전에는 독일 뮌헨으로 옮겨간다. 오늘은 서울대학교에서 박사학위 논문 심사 중에 있는 큰딸이 최종 심사를 통과했다는 기쁜 소식이 들려온 날이기도 하다. 나의 길을 밟아오는 큰딸의 편안한 미소를 떠올리면서 이제 이번 여정 동행하는 아내와 둘째 딸이 머물고 있는 숙소로 돌아가려 한다. 강의실과 도서관밖에 없는 이곳 대학의 캠퍼스들은 사실 막상 찾아가면 실망스러운 경우가 대부분이다. 넓은 캠퍼스를 가진 우리 대학의 풍경이 비교대상이어서 그런 것이겠지만, 이들의 대학정신은 그 좁은 캠퍼스 안에서도 충분히 피어나고 있음을 잊을 수 없을 것이다. 독일의 대학들과 그 대학을 중심으로 산책길에 나섰을 철학자의 길에 대한 설렘이 서서히 시작되고 있다. 그 첫 번째 목적지는 뮌헨과 그 상징인 자유의 철학자 프리드리히 요제프 셸링이다(2016.7.4. 월요일 오후, 파리 라틴 지구 다국적 커피점 스타벅스 창가 자리에서).

5. 철학에 국적(國籍)이 있을까
: 뮌헨으로 향하며 독일 철학의 정체성과 혜초를 떠올리다

신라 시대의 승려 중에 혜초라는 여행가가 있었다. 아니 그의 여행 목적이 자신의 종교인 불교의 진리를 찾는 것이 었기 때문에, 순례자라고 부르는 것이 더 적절할 것이다. 그는 조국 신라를 떠나 중국을 거쳐 부처의 나라 인도까지 다녀와 서 『왕오천축국전』이라는 순례기를 남겼다. 그것이 둔황석굴에 보관된 보물들을 약탈하러 간 프랑스와 일본의 약탈자들에 의해 발견되는, 기이한 인연의 대상이 되면서 우리 앞에 그 모습을 드러 냈다. 천축(天竺)은 중국 사람들이 인도를 표기할 때 쓰던 말이고, 이 책은 그 천축국을 다녀오는 과정과 결과를 진솔하게 담아놓은 처연한 여행기이자 순례기이다. 특히 목숨을 걸고 사막을 건너거 나, 험준한 산을 넘으며 짐승과 도둑들에게 시달리는 이야기는 몽

마르뜨르 언덕의 소매치기에 대한 과장된 경고를 많이 듣고 온 내게 더 실감나게 다가오는 것일 수밖에 없다. 다행인지 불행인지, 몽마르뜨르 언덕은 물론이고 혼잡한 루브르 박물관에도 경찰과 중무장한 군인들까지 곳곳에 깔려 있어 한 번도 소매치기의 징조조차 느껴보지 못했다. 불행인지 모르겠다는 말은 좌판을 깔아놓고 노점상을 하는 흑인들이나 난민으로 보이는 중동계 사람들이 경찰에 쫓겨 다니는 모습과 하릴없이 지나가는 관광객들을 지켜보기만 하던, 이전에는 소매치기를 했을 것 같아 보이는 10대 청소년들의 순박한 눈망울이 떠오르기 때문이다.

그런데 그 혜초는 자신의 조국으로 돌아오지 않고 당시 당나라의 수도 장안(현재의 시안)에서 당나라 왕실과 불교계의 융숭한 대접을 받으며 살다가 죽었다. 우리가 한국 철학의 새벽 또는 시작으로 꼽는 원효의 경우도 처음에는 중국에 유학하려고 애쓰다가 동행했던 의상만 가게 하고 자신은 중도에 돌아온 국내파 학자이자 승려다. 의상은 왕족이었고 원효는 육두품의 지식인이었는데, 중국 당나라에 유학하고 돌아온 의상은 신라 왕족과의 긴밀한 관계 속에서 극진한 대접을 받은 데 비해 원효는 민중들의 고통과 함께하는 실천적인 승려이자 학자로 평생을 살아냈다.

불교철학의 관점에서 보면 원효와 의상, 혜초는 각각 다른 관심사를 갖고 있었다고 말할 수 있다. 의상은 작은 씨앗 하나에도 우주가 담겨 있다는 화엄사상(華嚴思想)에 주된 관심을 두었고, 혜초는 밀교(密敎)라고 불리는 현재의 티벳불교와 유사한 사상에 관심을 가졌다. 원효는 당시 유행하던 불교의 여러 사상들을 모두 섭렵한 후에 그 각각이 지니는 장점과 한계를 제대로 바라보면서 보다 완성된 그림을 그리고자 하는 화쟁사상(和諍思想)을 우리에게 남겨주었다. 이 화쟁사상은 오늘날처럼 여러 주장들이 난무하는 어지러운 시대에 빛을 발할 수 있고, 실제로 현재의 한국불교를 대표하는 대한불교조계종에는 화쟁위원회라는 것이 있어 우리 사회의 다양한 갈등들을 조정하고자 한다는 목표를 내세우고 있기도 하다.

개인적으로는 그 화쟁위원회의 3기 화쟁위원을 맡고 있어, 원효의 화쟁사상을 우리의 문제와 어떻게 연결시켜야 하는지에 대한 실천적 고민을 해오고 있다. 생각했던 것보다 훨씬 더 어려운 일이어서 이달로 임기가 끝나면 더 이상 맡지 않겠다는 선언을 하고 여행길에 올랐다. 그 어려움은 당연히 나 자신을 포함한 화쟁위원들의 역량과 화쟁위원회의 위상 때문에 비롯된 것이기도 하지만, 다른 한편으로 우리가 어떤 일이 생겼을 때 그것을 바라보는 하나의 강한 주장만을 끝까지 고집하면서 다른 사람의 말을 들으려 하지 않는 분위기가 형성된 것도 주된 장애물 중 하나라고 생각하고 있다. 사실 민주주의를 기반으로 시민사회를 이끌어가는 주체인 우리 시민들이 갖추고 있어야 하는 가장 중요한 자질이자 덕목은 자신의 의견을 분명하게 펼치는 능력과 남의 말을 끝까지 잘 들어주고자하는 경청의 능력이다. 그런데 우리는 강한 교육열을 바탕으로 많은 시민들이 대부분 고등학교 졸업 이상의 학력을 갖추게 되는 과정에서 첫 번째 능력은 갖추게 된 반면에, 두 번째 능력은 갖추지 못한 채 서로를 괴롭히고 있다. 어떻게 해서든지 극복해야만 하는 문제이다.

혜초는 왜 조국으로 돌아오지 않았을까?

그 어려운 유학길에 올라 중국을 거쳐 드디어 인도에 도착한 혜초는 이미 어느 정도 무너져가고 있는 인도불교의 모습을 확인하는 고통과 마주해야 했다. 서기 8세기에 80세를 넘도록 살았던 혜초는 인도에 가서 이전 세기 세계 최고의 대학이자 사원이었던 날란다 사원이 이미 무너져가고 있는 모습을 목격해야 했다. 그는 남아있는 많은 불교경전을 가지고 와서 중국의 오대산에 50년 이상 머물면서 한문으로 번역해내는 큰일을 해냈다. 그 자체로도 한 사람의 학자이자 승려로서는 충분히 행복한 삶을 살았다고 말할 수 있지만, 한국인인 우리로서는 그가 조국으로 돌아와 유학을 통해 배운 것들을 나눠주면서 한국적인 상황에 맞는 불교와 철학을 정립해줄 수 있었으면 더 좋았을 것이라는 아쉬움을 갖게 된다.

지금부터 10여 년 전에 불교공부의 스승인 가산지관 스님과 함께 장안의 여러 절들을 순례한 기억이 난다. 지금은 적멸에 드신 그분이 동국대학교 총장을 마치고 가산불교문화연구원이라는 연구원 안에 불교원전을 읽을 수 있는 능력을 갖춘 사람을 길러내기 위해 설립한 불교원전전문학림 삼학원(三學院)에 1기생으로 입학한 것이 인연의 시작이었다. 5년제 과정인 그곳을 1996년 3월에 입학해서 2001년 2월에 수료했고, 그 후에는 가산불교문화연구원 전문연구위원이라는 직위를 부여받아 스승이 돌아가시는 2012년 1월까지 함께했다. 그 짧지 않는 시간 동안 이미 박사이자 교수이기도 했던 내가 배우고 익힌 것들은 이전 학부와 대학원 과정에서는 좀처럼 얻기 어려웠던 공부 자체의 즐거움과 사람들 사이 인연의 기꺼움, 그리고 그 과정 자체의 소중함 등이었다. 지금 이 순간 경상도 사투리가 섞인 그분의 음성이 문득 들려오는 듯해서 잠시 옷깃을 여민다.

장안 순례길에 동행했던 불교사학자인 숙명여대 정병삼 선배와 함께 혜초의 흔적이 남아 있는 어느 호숫가에서 '왜 혜초는 귀국하지 않았을까'를 놓고 토론을 벌인 기억이 난다. 그중 누군가가 만약 우리가 미국에 유학해서 하버드 대학이나 예일 대학의 석좌교수직을 얻었다면 그것을 버리고 쉽게 귀국할 수 있겠는가라는 반문을 하자 더 이상 이야기는 진전되지 않고 조금은 어색한 침묵이 흘렀다. 어느 시대든지 당대의 문화를 이끄는 중심이 있고, 그 문화는 높은 데서 낮은 데로 흐르는 자연스런 속성을 지니고 있음을 모르지 않는다. 그러면서도 항상 중국이나 인도, 일본, 미국 등을 중심에 두고 생각하고 살아왔던 이른바 '변방의 지식인'인 나는 이제는 그 흐름을 거꾸로 돌릴 수도 있는 시대를 살고 있지 않을까 하는 생각을 멈출 수 없다.

오늘 아침, 10여 일 동안 머물며 오랑주리, 오르세, 로댕, 루브르, 뽕삐두 등으로 발음되는 미술관들과 소르본느, 콜레주 드 프랑스, 에콜 노르말(고등사범학교) 등으로 떠올려지는 대학 순례를 마치고 드디어 근대 이후 철학자의 나라라는 명예를 얻은 독일을 향해 출발한다. 그 독일 또한 프랑스나 영국과 같이 그리스 사상과 그리스도교신앙이라는 두 사상적 뿌리에서 출발해서 자신의 고유한 철학을 이루는데 성공한 나라로 평가받는다. 그 고유성과 차별성은 과연 무엇이고 어떻게 해서 가능했을까? 함께 식탁에 앉아 노트북 너머로 단골이 된 가까운 빵집에서 사온 크루아상과 바게트로 늦은 아침을 삼고 있는 둘째 딸과 본격적인 철학자의 길 순례에 나서는 이 순간이 행복하고 뿌듯하다(2016.7.5. 화요일 아침, 파리 16구 지하철 8호선 하넬락 역 근처 아파트숙소에서).

한국 철학과 독일 철학, 우리들의 철학

서둘러 파리 드골 공항에 나와 독일 뮌헨행 항공편을 기다리며 출국장 카페에 있다. 꽉 채운 사람들로 소란스럽고, 비행기 뜨고 내리는 윙윙거림이 기분 나쁘지 않은 소음으로 다가서는 점심녘이다. 프랑스를 떠나 독일로 향하는 이 중간 지점에서 독일인들과 프랑스인들 사이의 오래되고 복잡한 관계를 떠올린다. 마치 우리와 일본처럼 선린관계도 있었지만, 최근 2차 대전에서 적으로 싸웠고 처음에는 히틀러가 프랑스 점령에 성공해 '오페라 가르니에' 극장 발코니에 나와 그 승리감을 만끽하지만, 이내 레지스탕스와 연합군의 반격으로 패퇴한 역사를 우리는 기억하고 있다. 특히 그 전쟁이 독일과 동맹을 맺은 일본의 패망과 우리의 광복이라는 역사와 겹치기 때문에 각별한 느낌으로 다가온다. 국경을 맞댄 나라들 사이의 긴장과 갈등은 어쩔 수 없는 면도 있고, 이들 두 나라의 관계와 사람들 사이의 감정은 우리만큼 긴 역사는 아니지만 꽤 오랜 시간 주고받은 복잡한 관계의 그것으로 자리하고 있을 것이다.

독일인들과 프랑스인들을 비교하는 말이 여럿 있지만, 대체로 무뚝뚝한 독일인들을 상냥한 프랑스인들과 비교하기도 하고 이성적인 독일인들과 감정이 우세한 프랑스인들을 비교하기도 한다. 아직 독일에 가지 않았지만, 프랑스인들이 수다스러울 만큼 자신의 감정을 잘 드러내면서 이야기하는 것을 좋아한다는 사실은 여러 곳에서 확인했다. 그 많은 카페가 그 수다를 담아내는 공간인 듯했고, 심지어 우리를 이곳까지 실어다준 프랑스인 운전기사는 운전하는 내내 누군가와 휴대전화로 수다를 떨기도 했다. 물론 한 사람의 사례를 성급하게 일반화할 수는 없겠지만, 여러 다른 증거들이 있어 '수다스런 프랑스인'이라는 평가를 바꿀 이유는 없을 것 같다.

그런데 철학적으로는 꼭 그렇게 말하기 어려운 점이 있다. 우선 근대 이성 중심의 철학을 연 철학자 르네 데카르트가 프랑스인이라는 점이 걸린다. 그는 생각한다는 것을 존재한다는 것과 거의 동일시하는 이성에 근거한 논리적인 생각을 중시했고, 그의 이런 생각은 '방법론적 회의'라는 이름을 얻을 정도로 확산되었을 뿐만 아니라 철학사에서 합리성을 중시하는 사상의 흐름을 카르테시안이라고 부를 만큼 이성적이고 합리적인 사유의 대표자가 되어 있다. 그 외에도 프랑스 철학자들의 책을 읽다보면 그들이 감정적이라고 느낄 수 없는 경우가 대부분이다.

독일 철학자들 하면 떠오르는 칸트나 헤겔 같은 사람들이 이성을 중시했다는 사실은 확실해 보이지만, 니체 같은 철학자는 그들과는 상반된 모습을 지니고 있었다는 사실 또한 분명하다. 그의 책 곳곳에는 감탄사가 거리낌 없이 나오고, 심지어 그는 이성적이고 합리적인 질서의 신인 아폴론과 대비되는 열정과 혼돈의 신인 디오니소스를 적극적으로 옹호하기도 한다. 이런 점에서 보면, 특정한 나라들을 쉽게 비교하는 일은 삼가야만 한다. 만일 유럽 사람들이 우리와 일본인, 중국인을 어느 하나의 특징 또는 특별한 사람이나 자신의 제한된 경험만을 가지고 마음대로 비교하면서 평가한다면, 우리가 쉽게 동의할 수 없을 뿐만 아니라 기분이 나빠질 수도 있을 것이다.

어찌되었건 20세기 유럽철학의 주도권을 확보한 것은 프랑스라기보다는 독일이었다. 후설의 현상학과 하이데거의 존재론, 프랑크푸르트학파의 사회비판이론 등이 20세기 서양철학사의 중심축을 형성해왔다는 점에서 그러하다. 프랑스 철학도 싸르트르로 상징되는 실존철학과 레비나스의 타자철학, 미셸 푸코 등의 철학을 통해 상당한 위상을 지속적으로 확보해왔지만, 주도권을 따지자면 독일에 밀린다는 느낌을 떨치기 어렵다. 물론 이러한 유럽철학은 영국과 미국이라는 다른 축의 사상에 의해 지속적인 견제의 대상이 되었고, 21세기로 접어들면서부터는 미국이 서양철학의 중심지로 떠오르는 현상마저 나타나고 있음을 주목하지 않을 수 없다. 이제는 유럽에서 활동하더라도 영어로 된 글을 써내는 사람이 더 많은 관심을 모으는 시대가 된 것이다. 담론윤리학을 이끌어온 독일 철학자 칼 오토 아펠과 위르겐 하버마스가 그러하고, 내 또래의 독일 철학자 비트리오 회슬레가 그러하다.

독일 튀빙겐 대학에서 공부하고 활동하다가 영어권으로 그 범위를 넓혀 이제는 아예 미국 노터데임 대학에서 교수를 하고 있는 회슬레는 여러 분야의 실천철학에 관심이 많은데, 과학기술과 생태문제 등이 그 대표적인 주제들이다. 얼마 전에는 그가 '독일정신이라는 것이 있는가'라는 도발적인 물음으로 독일철학사 전반을 반성적으로 검토하는 책(『독일철학사: 독일정신은 존재하는가』, 이신철 옮김, 에코리브르, 2015)을 낸 적이 있고, 내 관심사와도 연결되어 있어 흥미롭게 읽은 기억이 있다. 이 책의 한국어판 서문을 통해 그는 자신이 한국인 아내와 살고 있고, 박사학위를 준 두 명의 제자가 있다는 인연을 강조하면서 한국이 '세계를 위한 하나의 등대 같은 나라'로 생각하며 소중히 생각한다는 애정을 보내고 있다. 그러면서 자신의 책이 한편으로 독일 전통의 심오한 사상에 대한 관심을 높이고 다른 한편으로는 한국의 고유한 철학적 자기 해석을 북돋우게 되기를 진심으로 바란다고 강조하고 있기도 하다.

이 책을 통해 그는 독일정신이라는 것이 과연 있을까 하는 물음에 대해 대체로 부정적인 결론에 도달하고 있다. 독일만의 고유한 정신이나 철학은 존재하기 어렵다는 것인데, 그렇다고 해서 독일철학 자체가 가능하지 않다거나 불필요하다고 말하는 것은 결코 아니다. 각자 자신이 처한 상황을 중심으로 사유의 세계를 펼치는 일은 철학의 실천성을 확보하기 위한 기본 전제조건이기 때문이다. 다만 그것이 철학이 될 수 있기 위해서는 다른 상황 속에서도 일정하게 유지될 수 있는 보편성을 획득해야만 하고, 이때 보편성은 완전한 것이거나 다른 것들을 배제하는 것이 아니라 지속적으로 검증의 대상이 되는 한계를 지닌 것일 수밖에 없다는 지적 겸손함 속에서 추구되어야 한다.

현재 우리가 처한 문제는 그 보편성을 주로 서구에 근거를 두고 찾는데 익숙해져 있을 뿐만 아니라, 특히 미국적 기준을 보편적 기준과 동일시하는 편협성까지 가지게 되었다는 데서 생긴다. 이른바 '아메리칸 스탠더드(american standard)'는 단순히 화장실 변기의 표준을 넘어서서 모든 문화와 정신, 학문의 표준이자 절대적 기준인 것처럼 받아들이는 경향이 나타나고 있다. 내가 경험한 것 중에서 가장 황당한 일은 미국 학교에 도덕 교과가 없다는 이유로 없애야 한다고, 아무런 거리낌 없이 말하는 이른바 교육학자라고 하는 사람들을 만났던 경험이다. 도덕 교과는 학교 도덕교육을 독립된 교과를 중심으로 해서 해야만 한다고 생각한 19세기 중반 일본에서 수신(修身) 교과로 시작되어, 우리와 중국이 서구식 교과목 체제로 학교교육을 바꾸면서 받아들인 도덕교육의 핵심적인 접근의 하나이다.

각 문화권이나 나라마다 그 전통과 상황의 특수성에 따라서 각각 다른 도덕교육적 접근법을 갖고 있다. 프랑스에서는 초, 중학교에서 공민과목 등에 통합해서 도덕교육을 실시하다가 고등학교 졸업 과정에 이르면 모국어인 프랑스어 과목 대신 2년간 철학을 집중적으로 가르친다. 대학 입학 시험인 바깔로레아 철학시험에 대비하는 것도 한 목표지만, 고등학생들에게 철학을 가르침으로써 자율적으로 생각하고 판단하면서 실천할 수 있는 시민으로 길러내는 것이 주된 목표다. 이곳 독일은 주마다 다르기는 하지만, 대체로 종교 또는 윤리 과목 중에서 하나를 필수로 선택해서 배울 수 있도록 하고 있다. 종교도 처음에는 그리스도교로 정해져 있었는데, 점차 이슬람, 불교 등을 허용해 주면서 종교가 없거나 종교 과목을 듣고 싶지 않은 학생들을 위한 과목으로 윤리(ethik)를 들을 수 있도록 한 것이다. 이처럼 각 나라와 상황에 따라 다른 도덕교육적 접근을 갖고 있을 뿐 도덕교육을 하고 있지 않은 나라는 없고, 미국의 경우도 사회교과 안에서 가치교육을 다루고 생활지도나 동아리 활동 등을 통해서 체험을 통한 인성교육이 가능하도록 하고 있다. 이제는 더 이상 '미국에 없는 교과'라는 식의 몰상식한 이야기는 나오지 않았으면 한다.

남부 독일을 대표하는 도시인 뮌헨 중앙역에서 멀지 않은 곳에 자리 잡은 새 숙소는 깔끔하면서도 왼편 창문으로 내다뵈는 서재용 책상과 의자까지 갖추어져 있어 마음에 든다. 이곳에서 일주일간 머물면서 뮌헨 대학과 뮌헨을 상징하는 자유의 철학자 프리드리히 요제프 셸링의 자취를 찾아보려고 한다. 물론 이곳에서도 '철학자의 길'은 그런 이름이 붙어있는 길만이 아니라 그와 만날 수 있는 모든 공간과 시간을 의미한다. 뮌헨은 우리에게 전혜린이라는 선구적인 여성으로 기억되는 곳이기도 하고, 뮌헨 올림픽으로 떠올려지는 곳이기도 하다. 어제 도착해서 숙소 주변의 가게와 중앙역까지 다시 걸어가 보았는데, 그런 흔적들 보다는 이슬람 식재료를 주로 파는 가게의 난민인 듯한 무슬림들과 중앙역 안에 자리한 다국적 커피점 스타벅스의 관광객들이 묘한 조화를 이루는 모습이 인상적이었다. 그것이 바로 뮌헨이 처한 현실이자, 메르켈 총리가 이끄는 독일과 유럽연합이 처한 현실일 것이다. 브렉시트라는 이름으로 유럽연합에서 탈퇴를 결정한 영국과 그를 이어서 프랑스마저 탈퇴 움직임을 보인다면, 독일 중심의 유럽연합 체제는 무너질 가능성도 높다.

오늘 독일의 철학자라면 이런 현실을 외면할 수 없을 것이지만, 그렇다고 해서 자신들의 철학적 전통에 관한 탐구를 소홀히 할 수도 없을 것이다. 그들은 가까운 시기의 현상학이나 사회비판이론에 관한 공부를 하기도 하고, 더 멀리 칸트나 헤겔, 니체 등의 근대철학에 관한 탐구를 할 수도 있다. 더 나아가 그 뿌리를 이루는 고대 그리스 철학이나 그리스도교 신학에 관련된 오래된 텍스트들을 경시하지 않을 것이다. 거기에 21세기에 들어오면서 세계적으로 확산되기 시작한 유교나 불교 같은 동양사상에 관한 공부를 더할 수 있고, 더 나아가 서양 중세신학과 근대철학 사이의 공백을 이어준 이슬람의 역사와 사상에 관한 탐구를 해감으로써 자신의 나라에서 현실적인 문제로 떠오른 이슬람 문제를 철학적으로 해석하고 대안을 모색하는 작업을 해갈 수도 있을 것이다.

이런 독일 철학의 맥락을 우리 한국 철학의 맥락에 적용해볼 수 있다. 21세기 초반 한국사회는 한편으로 신자유주의를 근간으로 삼는 자본주의라는 이념이 삶의 원리로까지 작동하고 있고, 다른 한편으로는 어느새 70년을 넘긴 북한과의 분단구조가 자리 잡고 있다. 그러면서도 그 북한과 공유하고 있는 전통사상, 즉 유교와 불교라는 사상적 배경이 우리의 무의식이나 가치관 속에 여전한 흔적을 남기고 있다. 최근에는 베트남이나 필리핀 출신의 여성들과 결혼하는 사례가 늘어나고 일자리를 찾아 우리나라에 온 많은 동남아시아인이 있어 다문화현상이 두드러지게 나타나고 있기도 하다. 한국 철학은 이처럼 우리 한국과 한국인들이 직면하고 있는 문제들을 직시(直視)하는 데서 출발해야 한다. 이 문제들을 제대로 볼 수 있기 위해서는 민주주의와 자본주의 관련 연구를 축적해 오고 있는 서양 근현대철학을 공부하지 않을 수 없고, 우리의 전통적인 의식구조를 이해하기 위해서는 유교와 불교 공부를 해야만 한다. 더 나아가 인도네시아와 말레이시아의 이슬람을 이해하기 위한 노력 또한 필요하고, 그 바탕 위에서 어떤 만남과 대화가 가능할지를 고민해야 한다.

그런데 우리 철학계는 대체로 서양철학을 소개하는 데 그치거나 전통철학의 문헌에만 몰입하여 현재적으로 해석해내지 못하는 한계를 여전히 극복하지 못하고 있다. 물론 '누가 철학을 하는가'와 같은 실천적인 물음을 던지면서 영미철학적 전통과 불교철학 사이의 대화를 시도하는 소흥렬이나, 칸트의 주요 저서들을 우리말로 새롭게 번역해 낸 백종현, 우리의 실천적 쟁점을 중심으로 우리 철학의 길을 모색하는 신승환의 경우와 같이 현대 한국사회를 중심으로 서양철학을 재해석하고자 노력하는 실학(實學)의 사례도 있고, 유교철학을 전공한 이승환이나 이철승의 경우와 같이 전통철학이 어떻게 현대한국과 만날 수 있을지를 고민하는 철학자가 없는 것은 아니지만, 여전히 주류는 자신의 틀 안에 갇혀 서양철학의 주요 흐름을 쫓아가는데 급급하거나 전통 문헌을 뒤적이는 데서 그치고 있다. 이제 우리 철학은 우리의 문제를 우리말로 사유하고 성찰해서 주체적으로 해석해내는 데서 시작해야 한다. 그 해석이 제대로 되면 문제 해결을 위한 실천방안 모색이 자연스럽게 뒤따라 올 것이고, 그것이 곧 실학(實學)으로서의 철학을 오늘에 되살리는 첩경이기도 하다.

|2부|
철학자의 길에서 삶의 방향을 묻다

6. 우리는 왜 자유롭고자 할까
: 뮌헨에서 '자유의 철학자' 셸링과 의상을 만나다

아침 산책으로 다녀온 뮌헨 중앙역은 일찍부터 살아 숨쉬고 있었다. 독일의 많은 지역으로 가는 열차들은 물론 유럽의 다른 나라로 이어지는 열차들이 줄줄이 기다리고 있고, 커다란 여행용 가방을 끄는 여행객들과 가볍고 경쾌한 가방을 든 출근자들이 함께 어우러져 삶의 한 풍경을 이루고 있었다. 다양한 잡지와 최근 많이 읽히는 책들을 전시해놓은 작은 책방에도 끊임없이 사람들이 들락거리면서 신문을 사거나 책을 사들고는 자신의 목적지를 향해 사라져 갔다. 나도 독일어를 영어로 풀어주는 여행용 회화책을 하나 사들고 근처 커피점에서 잉글리쉬 브랙퍼스트라는 이름의 홍차 한 잔을 마시고 들어오는 길이다. 아침에 홍차를 마시는 일은 드문데 아무래도 온 가족을 고생시키고 있는 목감기 바이러스가 내게도 마수를 뻗친 것 같아 따뜻한 차 한 잔으로 달래보려 한 것이다.

사실 비교적 긴 여행길에 오르다보면 몸 상태가 고르지 못하게된다. 낯선 곳으로서의 여행이 가져다주는 긴장감을 몸이 잘 견디지 못하기 때문이기도 하고, 고국에서와는 다른 바이러스가 들어와 몸의 면역 기능이 제대로 작동하지 못하기 때문이기도 할 것이다. 이럴 때는 의연하게 받아들이는 방법 말고는 없다. 대신 몸을 조금 쉬게 하면서 자신과의 느긋한 대화를 나누다보면, 면역 기능이 되살아나 어느 순간 회복되곤 한다. 물론 나이 들어가는 것이 면역력 약화와도 일정한 관련성이 있어 쉽게 극복하지 못할 수 있지만, 그러면 시간을 더 길게 잡으면 될 일이다. 일상으로부터 자유를 얻은 여행자가 누릴 수 있는 낭만적 감기앓이라고 할 수 있을까?

내 삶의 자유와 자율의 문제

우리는 누구나 자유롭기를 원한다. 평상시에는 느끼지 못하다가도 어느 순간 나에게 구속과 속박이 다가올 경우, 우리는 당혹스러워하면서 그 굴레로부터 자유로울 수 있기를 꿈꾸며 발버둥 친다. 사실 이러한 자유의 추구는 인간만의 속성이 아니다. 짐승을 잡아 작은 공간에 가둬놓으면 몸부림을 치면서 벗어나려고 한다. 숲속에서 올무에 걸린 짐승들도 그것으로부터 벗어나려고 하다가 오히려 더 깊은 상처를 입고 탈진한다.

살아있는 모든 생명은 본능적으로 자유를 갈망한다. 그 이유는 아마도 자신만의 생명의 움직임을 지니고 있기 때문인 것으로 보인다. 태어나는 모든 것들은 유전자 속에 자신만의 고유한 궤적을 그릴 수 있는 생명력을 지니고, 그 궤적에 따른 흔적을 남기면서 살다가 사라져 간다. 그렇게 본다면 자유의 추구는 모든 살아있는 것들의 본능이자 특성이라고 말할 수 있을 것이다. 그런데 가축들의 경우 인간에게 길들여지는 과정을 거치면서 그 자유를 향한 본능적 갈망을 잃어버리고 예속된 생명의 여정을 살다가 인간을 위해 몸을 바치고 사라지는 것일 뿐이다.

뮌헨 공과대학 학생식당에 있다. 공과대학답게 성기게 지어진 듯한 건물에 포스트모던한 설계자의 의도가 숨어있다. 천정에 매달린 물고기 모양의 철근 구조물과 그 위로 비를 막고 햇빛을 받아들이기 위해 설치된 듯한 유리 창문 사이로 하늘이 보인다. 뮌헨에는 뮌헨 대학과 뮌헨 공과대학이 있는데, 남학생들의 숫자가 더 많아 보이고 거칠고 투박한 건물들이 연이어 있는 캠퍼스가 오래된 역사와 미적 구조를 강조하는 프랑스 대학의 그것과 비교되어 다가온다. 앞자리에는 각각 두 여학생이 노트와 임시로 제본한 교재를 펼쳐놓고 공부하고 있고, 뒤편으로는 서너 명의 남녀 학생들이 음식을 나누며 열심히 무언가를 토론하고 있다. 전형적인 대학의 여유와 자유로움이 느껴진다. 아내와 딸은 미술관으로 가고, 나는 대학에 들어와 있다. 어디를 가든 그곳 대학부터 찾아 도서관에 들르고 카페에 들어와 책을 읽거나 학생들의 표정을 지켜보는 일을 빼놓지 않는다. 대학교수라는 직업에서 비롯된 일종의 직업병인지도 모르지만, 언제든 이런 시간은 참 마음에 든다.

국립사범대학을 졸업하면 국가에서 책임지고 발령을 내주던 시기에 나는 졸업하자마자 서울 북쪽 어느 여자중학교 교사로 발령받았다. 함께 발령받은 모든 학과동기들이 고시를 하거나 회사 취직을 위해 발령지에 부임하지 않았지만, 대학원에 진학하고 결혼도 서둘러야 했던 나는 혼자서라도 부임해야 했다. 한 학년에 20학급이 넘는 거대학교였던 그곳은 다행히 젊은 교사들과 눈을 반짝이는 학생들이 있어 견딜 만했고, 한때 평생을 교사로 살아갈 수 있을 것 같다는 생각을 하기도 했다. 그러나 어느 순간 견딜 수 없는 구속감이 느껴졌는데, 그 원천을 찾아보니 두 가지였다. 하나는 당시 전두환 정권의 폭력성과 부당성에 아무런 문제의식 없이 굴종하는 듯 보이던 교장과 교감 등 학교 관리자와 선배 교사들의 행태였고, 다른 하나는 놀랍게도 반드시 지켜야만 하는 출퇴근 시간이었다. 수업이 없는 데도 아침 8시까지 꼭 출근하고 5시까지 일이 없어도 학교에 있어야 하는 생활은 대학생활을 통해 굳어진 내 몸의 습관 때문에 커다란 부담감으로 다가왔다. 그때는 토요일까지 근무할 때여서 더 견디기 힘들었는지 모른다.

어느 시대든지 대부분의 사람들은 먹고살기 위해 자신의 시간과 자유를 누군가에게 내맡겨야 하는 경우가 많았지만, 근대 산업사회에서 회사나 공장 시스템에 종속된 노동자들은 그 강도와 집중도에서 이전의 농부들과는 비교할 수 없을 만큼 강한 부담을 안게 되었다. 농부들은 농사를 끝내고 나면 쉴 수 있는 계절이 있었고, 바쁘게 일하는 중에도 모여앉아 새참을 먹거나 한숨 낮잠을 잘 수도 있었다. 그러나 기계 앞에 서 있어야 하는 공장 노동자들은 기계의 속도와 자본가의 요구에 자신의 몸과 시간을 맞추지 않으면 안 되는 강한 속박 속에 놓이게 되었다. 이런 흐름에 뒤늦게 뛰어든 우리는 왜곡된 가족주의 문화까지 더해져 상관이 퇴근하지 않으면 일이 없어도 제 시간에 퇴근하지 못하는 생활을 할 수밖에 없는 상황으로 내몰렸다. 오죽하면 어떤 정치인이 '저녁이 있는 삶'을 내세웠을까?

모든 일하는 사람은 노동자다. 굳이 카를 마르크스의 명제를 동원하지 않더라도 우리는 움직이고 무언가를 위해 일하면서 살아 있음을 느낄 뿐만 아니라, 삶의 보람도 느끼는 존재이다. 그런 점에서 모든 인간은 노동하는 존재인 것이다. 그런데 다른 한편 인간은 노는 존재이기도 하다. 특별한 목적 없이 그저 마음껏 놀거나 쉬면서 살아가는 존재이기도 하다. 이 일 또는 노동과 놀이 사이의 변증법적인 조화, 다시 말해서 각각의 영역이 지니는 가치를 그대로 존중하면서도 자신의 삶 속에서 주체적으로 통합해냄으로써 비로소 진정한 행복을 얻을 수 있는 것이 인간의 삶이다. 우리 모두가 원하는 삶이기도 하다. 그 바탕에는 자유와 그 자유를 스스로 만끽하면서도 적절하게 조절할 수 있는 자율의 능력과 책임이 깔려 있다. 그렇게 보면 자유에 기반을 둔 자율적인 삶은 우리 모두의 목표이자 이상적인 삶의 모습이라고 할 수 있다.

'자유의 철학자' 셸링과 자유론의 역사

뮌헨 대학이 생기면서 철학교수로 초빙되어 이곳 뮌헨을 상징하는 철학자로 꼽히는 프리드리히 빌헬름 요제프 셸링은 사실 동시대에 활동했던 헤겔과 비교하면 우리에게는 별로 알려져 있지 않은 철학자이다. 일제강점기부터 본격적으로 받아들이기 시작한 독일 철학은 칸트와 헤겔에 집중하는 경향이 있었고, 셸링은 큰 관심을 끌지 못한 탓이다. 헤겔과 같이 18세기에 태어나 19세기 초, 중반에 주로 활동했던 셸링은 그 관심분야가 매우 넓었던 탓에 어느 한 분야로 주목받지 못했는지도 모른다. 그럼에도 그는 모든 분야의 관심을 자유라는 동일한 기반 위에서 전개하고자 노력했고, 결국 '자유의 철학자'라는 별명을 얻었다.

자유에 대한 독일 철학자들의 주목은 유별나면서도 독특하다. 그것을 특히 인간다움의 근간을 이루는 것으로 받아들이면서 칸트는 인과법칙에 의해 움직이는 자연의 세계와 대비시키며 인간의 자유의지의 세계를 강조하고자 했고, 셸링은 그것을 다시 자아의 세계와 연결시키면서 확장하고 심화시키고자 했다. 셸링에게 자아는 자유의 토대 위에서만 온전히 성립할 수 있고, 그 바탕 위에서 자연 및 우주와 연결될 수도 있다. 그에게는 자연과 우주조차도 하나의 자아를 갖고 있는 자유로운 존재였던 셈이다. 그는 또한 이 자아 속에서는 인간의 이성과 함께 자연적 충동도 중요한 역할을 담당한다고 주장했다. 인간이 이성적 존재이기만 한 것은 아니라는 이러한 주장은 20세기 이후 인간의 본능에도 주목하는 사상의 흐름에 일정한 영향을 주기도 했다.

파리 드골 공항에서 뮌헨행 에어프랑스를 타고 공항에 내렸을 때, 처음 든 느낌은 참 아담하고 조용한 곳이라는 것이었다. 공항버스를 타고 뮌헨 시내로 들어오는 길에도 누렇게 익어가는 밀밭과 푸르른 바람결을 이룬 옥수수 밭이 동양 산수화처럼 펼쳐지면서 마음을 편안하게 했다. 그런데 뮌헨 시내로 들어서면서 마주해야 했던 무표정한 회색빛 건물들과 무언가에 쫓기듯 분주한 사람들의 표정은 여기도 어쩔 수 없는 도시인들의 일상이 펼쳐지는 곳이라는 느낌으로 바뀌게 했다. 그러다가 오늘 오전 뮌헨 공과대학 돔형 강의실 1층에 자리한 카페테리아에서 바라본 대학 건물은 실용성과 함께 무언가 표현하기 힘든 추상화되고 관념적인 설계가 숨어있다는 느낌으로 다가온다. 칸트나 헤겔, 셸링의 글을 읽어가면서도 가끔씩 이런 느낌을 받곤 한다. 그들은 자신들만의 상상속 세계로 끊임없이 빠져드는 글쓰기를 좋아하고, 이런 글쓰기 방식은 사실 읽는 사람들을 피곤하게도 한다.

대학 4학년 때부터 고등학교 독일어 교사 출신이면서 같은 독일어권인 오스트리아 빈 대학에서 박사학위를 받은 지도교수는 독일어로 된, 이른바 '제대로 된 원서'를 읽어야 한다고 강조하시곤 했다. 대학원에 진학하자 급기야 매주 토요일에 그분 댁 거실에 함께 모여 앉아 독일어로 된 윤리학 책을 읽는 고통스런 과정을 몇 년이나 견뎌내야만 했다. 졸기도 하고 내 순서가 돌아오면 쩔쩔매며 겨우 넘어가던 순간의 곤혹스러움이 이제는 아련한 그리움을 불러오기도 하지만, 점점 더 늘어가는 독일어 실력을 확인하는 순간의 기쁨 또한 잊을 수 없다. 그런데 어느 정도 읽을 수 있게되었다고 생각하는 데도 여전히 어떤 책은 도저히 그 뜻을 온전히이해할 수 없어 망연해하던 기억도 있다. 지금 생각해보면, 바로 그 부분들이 독일 철학자들의 특유하면서도 뜬구름을 잡는 듯하는 관념론의 세상에 들어섰을 때인 듯하다.

독일인들의 이러한 특유한 생각들은 '독일 관념론'이라는 이름으로 자리 잡았고, 그것을 상징하는 세 명의 철학자를 탄생시켰다. 피히테와 헤겔, 셸링이 바로 그들이다. 피히테는 프랑스군에게 점령당한 독일의 곤경을 국민적인 힘으로 극복해내야 한다고 역설한 「독일 국민에게 고함」이라는 연설로 더 알려져 있지만, 사실 그의 주된 관심사는 자아 문제였다. 헤겔의 친구이자 헤겔이 죽을 때 그 옆에 묻히기를 원했고 실제로 그렇게 되기도 한 특별한 관계였던 피히테는 자유로운 자아만이 온전한 인간을 위한 전제 조건이고, 그 이외의 것들은 신이든 윤리학이든 자유로운 자아를 위해 존재하는 것들일 뿐이라고 보았다. 예를 들어 우리가 식탐을 부리지 않고 금욕을 하면서 먹어야 하는 이유도 이 땅의 굶주리는 사람을 위한 윤리적인 원칙 때문이 아니라, 자아의 자율성을 유지하기 위해서라고 생각한 것이다.

셸링은 이러한 피히테의 자아 개념을 계승하면서 자유 개념을 좀 더 확장하고 심화시키고자 했고, 피히테의 천재성에 열등감을 느끼기도 했다는 헤겔은 특유의 끈기로 관념론 자체의 방대한 체계를 완성하는 데 성공함으로써 그를 뛰어넘었다는 평가를 받는다. 특히 헤겔은 절대정신이라는 이름으로 시민사회와 국가까지도 그 정신의 구현으로 묘사하면서 자신의 관념론을 펼쳐간다. 절대정신의 구현으로서의 시민사회와 국가는 다시 가족으로 연결되면서 그 체계를 드러내고, 그 체계는 절대정신의 정점으로 신을 설정함으로써 헤겔의 '철학적 신론'으로까지 확대된다. 인간의 역사를 절대정신의 전개과정으로 전제하는 헤겔의 생각은 사실 위험한 면도 없지 않다. 그 절대정신을 이끌어가는 주체가 누구 또는 어떤 민족인지 하는 논쟁으로 이어질 수 있고, 실제 역사 속에서도 유대인의 선민의식과 독일인들의 민족적 우월감이 교차하면서 결국 아우슈비츠의 비극으로 나타나기도 했기 때문이다. 피히테와 헤겔, 하이데거는 이러한 독일 관념론을 상징하는 인물들이자 대학 총장을 지낸 사람들이라는 점에서 공통점을 지닌다. 그 중에서도 하이데거는 나치 시대에 총장을 지냄으로써 최소한 간접적으로라도 그 나치 정권에 부역했다는 비판으로부터 자유롭지 못하다. 20세기에 들어와서도 독일 관념론 전통을 재해석한 카를 마르크스의 혁명론에 기반을 둔 역사가 전개되었고, 그 중에는 나치와 일본 군국주의, 스탈린의 대량학살이라는 어두운 그림자가 드리워져 있다는 점에 대해서 우리는 충분한 경계심을 가질 필요가 있다. 다만 피히테의 자아와 셸링의 자유, 헤겔의 절대정신을 통해 일차적으로 완성된 독일 관념론 철학이 개인이 중심이 되어 펼쳐가는 현대 시민사회의 정신적 기반을 마련하는데 결정적인 영향을 미쳤다는 사실은 객관적으로 평가받아야 마땅할 것이다.

셸링의 자유와 자아 개념은 그와 독일 관념론의 독특한 사유세계 속에서 창조해낸 것들이다. 과연 우리의 자아라는 것이 셸링이 생각했던 것처럼 그렇게 확고한 것으로 존재할 수 있는지에 대해서는 쉽게 동의할 수 없다. 내 삶의 초기에 중요한 의미를 지니며 존재했던 수없이 많은 사람들의 시선 속에서 세상을 바라보는 창으로서의 자아가 형성되고, 점차 많은 사람들의 시선과 자신의 경험세계에 의존하여 확장되거나 변화되어 간다. 나이가 들수록 그 자아가 굳어지고 경직되기도 하지만 자칫 편협해져서 더 이상 세상이나 다른 사람의 모습은 물론, 자신의 모습까지도 제대로 비추지 못하는 쓸모없는 거울로 변하기도 하는 것이 우리들 자아의 실상일 뿐이다. 그것이 자연과 우주의 자아로 연결된다는 생각은 이미 도가의 사유 속에서도 충분하게 펼쳐졌고 하나의 이론적인 틀로서는 여전히 유효하지만, 그렇다고 해서 누구나 받아들일 수 있는 보편적인 틀은 아니다.

서양철학사 속에서 자유 개념이 더 적극적으로 논의되는 것은 정치적 자유와 관련되면서부터다. 우리는 그 흐름 속에서 존 로크와 존 스튜어트 밀, 장 자크 루소 등을 떠올리게 된다. 그 중에서 로크는 자유를 누릴 수 있는 전제조건으로서의 '로크적 단서' 개념으로 우리에게 알려져 있다. 그는 허공에 내 팔을 휘두르는 것은 온전히 자유지만, 그 팔이 일으키는 바람이 다른 사람의 코끝에 닿는 순간 더 이상 온전한 자유일 수 없다는 중요한 주장을 했다. 자유주의가 일찍 정착했다고 평가받는 프랑스와 독일을 여행하면서, 가장 실망스러운 일은 길거리 흡연자들이 너무 많을 뿐만 아니라 나 같은 비흡연자를 전혀 배려하지 않는 점이다. 그들은 길거리에서 담배를 피우는 것이 자신들의 온전한 자유라고 생각할 테지만, 로크적 단서를 떠올리면 그들의 행위는 자유의 기본 원칙을 위배하고 있는 것이 된다. 참 후진적인 행태이다. 사실 런던이나 파리, 뮌헨 등을 여행하면서 가장 먼저 느끼게 되는 것은 이들이 생각만큼 선진적이지 않다는, 특히 최소한의 시민윤리 영역에서 실망스럽다는 점이다. 그것은 아마도 우리가 이 나라 사람들을 과대평가해온 탓이 클 테지만, 점점 더 사는 게 힘들어지면서 시민윤리 영역이 쇠퇴하고 있는 세계적인 현상이라고 보는 것이 더 타당할 듯하다.

같은 영국의 철학자인 존 스튜어트 밀은 『자유론』이라는 제목의 책으로 우리에게 더 잘 알려져 있는 정치철학자이자 윤리학자이다. 그는 모든 자유 중에서도 자신의 생각을 자유롭게 펼칠 수 있는 사상과 토론의 자유가 핵심이라고 주장하면서, 이 자유가 제대로 실현되기 위해서는 개개인의 고유한 영역인 개별성 또는 개체성이 존중받아야 하고 그것은 행복을 결정짓는 주된 요소이기도 하다고 이 책을 통해 강조하고 있다. 따라서 사회적으로 통용되는 권위도 개인의 자유와 만날 때는 신중하게 적용될 필요가 있고, 이러한 자유는 법적·제도적 장치를 통해 보장되어야 한다는 주장으로까지 이어지게 된다.

중세 교회의 절대적인 권위와 귀족과 영주들의 속박 속에서 살아야 했던 새로운 상인 계층, 즉 부르주아들의 정치적 자유와 경제적 사유재산권 확보를 목표로 삼았던 이러한 사상가들의 주장은 이후 시민사회를 형성하는 정치경제적 기반으로 자리를 잡아 오늘의 우리에게까지 이어지고 있다. 세계화를 적극적으로 해석할 경우에는 민주화와 시민사회의 확산으로 볼 수 있는 여지가 없지는 않지만, 세계 시민사회의 또 다른 이념적 기반을 이루고 있는 자본주의의 거대한 힘 속으로 자유의 이념 또한 서서히 함몰되고 있는 것이 세계화의 핵심이다. 다시 말해서 우리나라뿐만 아니라 미국과 유럽 등 이른바 선진국이라고 평가받아온 나라 사람들도 자본주의가 세계화되면서 가져온 빈부격차의 확대와 그로 인한 중산층의 몰락 등으로 먹고사는 문제의 부담과 비중이 너무 커진 탓에 목숨 건 시민혁명을 통해 얻은 자유의 소중함이나 그 자유를 지키기 위한 최소한의 에티켓으로서의 시민윤리에 대해서는 점점 더 무시하거나 무관심해지는 현상이 나타나고 있다는 것이다. 파리에서 흔하게 볼 수 있는 길거리 흡연과 함께 아침이면 도로 곳곳에 놓여 있는 개똥들이 그러한 퇴화의 증거들이고, 뮌헨이라고 해서 그다지 나아 보이지 않는다.

걸림 없음으로서의 자유와 의상의 화엄철학(華嚴哲學)

우리 삶은 누구에게나 통속적이라는 말이 있다. 여러 가지로 해석될 수 있는 말이지만, 오늘날 사회에서 가장 적절한 해석으로 볼 수 있는 것은 우리 모두가 먹고사는 문제로부터 자유롭지 못하다는 사실과 연결 짓는 해석이다. 우리는 누구나 자신의 먹고사는 문제를 스스로 책임져야 한다. 어떤 부모를 만나느냐와 같은 운의 요소가 작용하기는 하지만, 대부분의 사람들은 그 누구에게도 의존하지 않고 혼자의 힘으로 세상을 살아가야 하고 그 살아가는 것의 핵심이 곧 먹고사는 문제다. 어느 시대든 그러했지만, 자본주의 사회가 되면서 공동체적 연결망이 급속히 사라지기 시작함으로써 그 압박감의 강도가 이전과 비교할 수 없을 정도다.

우리는 우선 이 명령을 받아들일 수밖에 없다. 어떻게 해서든 혼자 힘으로 먹고살 수 있는 준비를 해야 하고, 그렇게 하기 위한 계획과 능력을 길러가야만 한다. 대학이 직업준비기관으로 전락했다고 비판하는 사람들이 있고 그런 주장들이 지니는 진정성을 의심하지 않지만, 정작 그 대학을 다니고 있는 우리 둘째의 입장을 생각해보면 대학이 취업 준비라도 제대로 해주기를 기대하는 것은 당연하다는 생각이 든다. 그런데 문제는 지금과 같은 상황 속에서는 더 많은 수의 학생들이 취직할 수 없는 구조에서 생긴다. 아무리 노력해도 취직할 수 있는 사람은 한정되어 있어 다수의 학생들은 계속 취업준비생으로 남거나 포기하는 수밖에는 없는 이 엄정한 현실을 제대로 바라보지 않는다면, 대학이나 학생들 모두에게 큰 비극이 반복될 수밖에 없다.

또 한 가지 꼭 생각해보아야 하는 것이 있다. 그것은 먹고사는 문제가 해결되었다고 해서 완결되지 않는 우리 삶의 다른 차원이다. 짐승들의 삶은 배부르게 먹고 편히 잠들 수 있는 둥지나 보금자리를 마련하면 그것으로 완결된 것으로 볼 수 있겠지만, 인간은 불행히도 그것만으로는 온전한 만족감을 얻지 못하고 불안해하거나 다른 것들을 계속해서 추구하고자 한다. 그것이 바로 가치의 차원이다. 사람들이 갖고 싶어 하거나 추구하고 싶어 하는 것이 가치인데, 이 가치에는 돈과 같이 구체적인 형체를 가진 것도 있고 사랑이나 우정과 같이 형체가 없는 것도 있다. 가치를 크게 보면 물질적 가치와 정신적 가치, 내면적 가치와 외면적 가치 등으로 나눌 수 있다. 우리는 주로 돈과 같은 외면적 가치를 통해 먹고사는 문제를 해결하고, 사랑이나 우정 같은 정신적이면서 내면적인 가치를 통해 삶의 의미와 보람을 찾는다. 모든 가치가 그것을 얻었을 때 충족감으로서의 행복을 느낄 수 있게 해주지만, 대체로는 정신적 가치 같은 내면적 가치를 충족했을 때 얻는 행복감이 더 깊고 오래간다.

우리 삶은 물질적 가치와 정신적 가치라는 두 날개를 통해 날 수 있다. 만약 그 중 어느 하나가 없으면 짐승 같은 삶을 살거나, 발을 허공에 디딘 채 뜬구름 잡는 삶을 살게 될 가능성이 매우 높다. 그런데 이 두 차원의 가치가 서로 충돌할 수 있다는 데서 많은 사람들이 혼란과 고통을 겪는다. 돈을 버는데 치중하다 보면 사람들 사이의 사랑이나 우정 같은 정신적 가치들을 소홀히 할 가능성이 높고, 반대로 정신적 가치들만 추구하다 보면 경제적 토대가 약해져 자신도 모르는 사이에 추락할 수도 있다. 그렇다면 우리에게 주어진 문제는 이 두 차원을 어떻게 연결시키느냐 하는 것인데, 이 지점에서 떠오르는 우리 철학자가 있다. 그는 앞에 원효를 말할 때 함께 떠올렸던 의상이다.

원효와 함께 중국 유학길에 나서 온갖 고초를 겪으면서 중국에 도착한 의상은 지금으로부터 약 1,500년 전인 서기 7세기 신라 사람이자 왕족 출신 승려였다. 그는 특히 화엄종(華嚴宗)이라는 중국 불교의 한 흐름에 관심을 갖고 깊이 공부해서 중국 사람들로부터도 인정을 받는 경지에 올랐지만, 혜초와는 달리 조국으로 돌아오는 길을 택했다. 그가 공부하고 더 심화시킨 화엄사상은 생각보다 우리의 삶과 가까운 곳에 있다. 우리는 어떤 어려운 상황에 처했는데도 포기하지 않고 계속해서 시도할 때, '이판사판'이라는 말을 사용한다. 이 말은 이판(理判)과 사판(事判)이라는 화엄의 개념을 합해놓은 것이다. 사판은 먹고사는 문제와 직접적인 관련이 있는 세계를 의미하는 개념이고, 이판은 그것과는 일정한 거리를 두는 진리의 세계를 일컫는 개념이다. 화엄은 이 둘 사이의 관계를 어떻게 맺어가야 하는지를 불교적 관점에서 정리해놓은 삶의 철학이다.

우리는 기본적으로 사판의 세계에서 살아간다. 돈을 벌어야 하고 그것을 위해 일을 해야 하며, 그 과정에서 사람들과 경쟁을 하기도 하고 싸움을 벌이게 될 때도 있다. 세상일도 마찬가지다. 대학으로 따지면 총장이나 교무처장, 학생처장 같은 보직교수들이 하는 일이 바로 사판의 일이다. 그들은 주로 행정을 통해 교수와 학생들이 만나서 좋은 교육을 주고받을 수 있도록 도와준다. 그에 비해 일반 평교수들은 대체로 돌아가면서 맡는 학과장을 맡지 않는 한 그런 일들로부터 자유를 얻어 학문을 하는데 집중한다. 인간의 삶과 사회, 세계를 어떻게 이해하고 해석할 수 있을지를 주로 이론적 탐구 과정을 전제로 해서 공부하고 연구해서 세상에 그 결과를 내놓은 의무를 부여받은 사람들이다. 이 평교수들의 일은 화엄의 기준에 따르면 이판의 세계에 속한다.

스님들 중에도 사판승이 있고 이판승이 있다. 사판승은 절 살림을 맡아하는 주지스님이 대표적이고, 이판승은 선원(禪院)에서 참선만 하는 스님을 일컫는다. 그런데 중요한 것은 수행만 하는 스님도 할 만한 상황이거나 해야만 하는 경우라면 주지를 해서 절 살림을 챙기기도 해야 하고, 거꾸로 사판승도 임기가 끝나면 선원에 들어가 외부와 연락을 끊고 수행을 해야만 온전한 스님으로 살아낼 수 있다는 사실이다. 대학교수도 사정이 되고 차례가 되면 학과장이나 학장, 총장 같은 번거로운 일을 해야 하지만, 그 임기가 끝나면 다시 연구실로 돌아와서 연구를 계속해야만 제대로 된 교수라고 할 수 있다. 문제는 이 두 영역을 넘나드는 일이 쉽지 않다는 데서 생긴다. 주지로 살면서 편안함과 돈에 익숙해지다 보면 춥고 더운 계절에 집중적으로 수행하는 결제에 참여하기가 싫어지고, 학장이나 총장이 되어서 비서가 타주는 커피에 익숙해지다 보면 혼자서 커피를 타 마시고 잔까지 씻으면서 괜한 열패감이 들 수도 있다. 사실 교수가 연구실에서 혼자서 커피를 마시거나 누군가 찾아와 함께 마시는 일만큼 행복한 것이 별로 없음에도 말이다.

의상의 화엄은 이러한 사판과 이판의 세계를 걸림 없이 넘나들 수 있어야만 비로소 행복하고 온전한 삶을 살 수 있음을 가르친다. 그것을 이사무애(理事無碍)라는 조금 어려운 말로 표현하는데, 사실 무애가 없을 무(無)에 걸릴 애(碍)를 붙여놓은 말임을 알게 되면 특별히 어려울 것도 없다. 이 걸림 없음이 곧 자유이다. 동아시아인들의 사유 전통 속에서 걸림 없음은 특히 도교와 불교의 공통된 목표이자 지향점이었다. 선진유교의 경우에는 춘추전국 시대라는 극도의 혼란 속에서 살아야 했던 공자와 맹자가 확고한 윤리적 질서를 중시함으로써 이러한 걸림 없음보다는 사람들에 대한 사랑[仁]에 기반을 둔 도덕을 더 앞세우는 경향을 보였다. 그것이 송과 조선의 성리학으로 이어지면서 시(詩)와 음악을 더하는 풍류를 추가함으로써 일정 부분 걸림 없음의 추구라는 목표에 동참하지만 우리의 경우는 조선 중기 이후에 다시 예(禮)를 절대시하는 예학 중심으로 흐르면서 굳어지게 된다.

의상은 이판과 사판의 관계를 이사무애로 규정지은 중국 화엄의 이론을 받아들이면서도 그 위에 그 진리의 세계 안에서도 걸림이 없어야 한다는 이이무애(理理無碍)의 경지를 추가함으로써 자신의 철학에 독창성을 더한다. 우리가 진리의 세계라고 볼 수 있는 것은 부분에 불과한 것이거나, 그나마도 제대로 보지 못한 채 진리라고 믿을 수 있는 가능성도 늘 열려 있다. 따라서 진리들 사이의 관계에서도 걸림이 없는 경지는 꼭 필요하며, 이것은 불교철학의 다른 흐름인 중관철학에서는 법공(法空), 즉 법이라는 진리도 고정되어 있지 않고 끊임없이 변화하는 과정 속에만 있는 것이라고 규정하는 것과 통한다. 그런 점에서 의상은 불교철학의 중요한 흐름인 동아시아 화엄철학의 영역에서 독자적인 경지를 이룬 탁월한 철학자라고 평가받을 만하다. 특히 그는 우리나라 곳곳에 자신의 생각을 펼칠 수 있는 화엄종 사찰을 건립한 실천가이기도 했다. 지금도 영주 부석사에 가면 의상의 인격에 반한 당나라 처녀 선묘가 평생 의상을 흠모한 이야기가 설화가 되어 전해지고 있는데, 그 부석사가 우리나라의 대표적인 화엄 사찰이다. 전라도로 가면 남원 실상사가 대표적이고, 이 절에는 의상의 화엄정신을 계승하고자 하는 화엄학림(華嚴學林)이 설치되어 있기도 하다.

이처럼 자유는 걸림 없음이다. 세상 살아가는 일이나 진리를 추구하는 일 모두를 소중히 여기면서도 그 중 어느 하나에 걸려 넘어지지 않고자 하는 열망이 동아시아적 의미의 자유를 향한 열망이고, 그 열망은 나 자신의 것이기도 하다. 외부의 어떤 속박으로부터의 자유인 소극적 자유와 그 자유를 적극적으로 실천하고 누릴 수 있는 적극적 자유 등으로 나뉘기도 하는 서구적 자유론이 지니는 의미가 주로 정치적인 맥락 속에서 해석되는 경향이 있다면, 우리의 걸림 없음으로서의 자유론이 지니는 의미는 주로 어떻게 사는 것이 바람직한 삶이고 그것이 어떻게 가능한지를 묻는 철학적이고 윤리학적인 맥락 속에서 해석될 필요가 있다. 이 두 맥락이 우리 삶에서 다 필요하지만, 어느 정도의 정치적 자유가 확보된 21세기 초반 한국사회에서는 철학적이고 윤리적인 의미의 자유에 관한 성찰이 더 요구되고, 그 과정에서 우리는 의상이 갖는 이론적 위상에 관한 재평가와 실천적 재해석을 위해 끊임없이 노력해야 한다.

오늘(2016.7.7. 목) 오전부터 이곳 뮌헨 대학에 와서 캠퍼스와 강의실을 둘러보고, 이곳 학생들만 학생증에 함께 달린 신용카드로 먹을 수 있는 학생 식당에서 뒤에 줄을 선 여학생이 자신의 카드를 찍어주어 맛있는 점심을 먹기도 했다. 어디에나 곤경에 처한 사람을 돕고자 하는 친절한 사람들을 만날 수 있음을 확인하는 따뜻한 순간이었다. 지금은 '자유의 철학자' 셸링의 이름을 딴 오래된 카페인 '셸링 살롱'에서, 대학본관 뒤편 책방에서 사온 '철학적 방법론'에 관한 독일어 책과 푸른 빛 도는 도자기 잔에 담긴 에스프레소를 연이어 음미하며 옆자리와 앞자리를 차지하고 각자의 일에 몰두하고 있는 둘째와 아내를 바라보고 있다. 신에게 종속된 인간의 이성을 되찾고 주어진 자연적인 충동도 잘 활용해서 스스로의 삶을 자유롭게 끌어가는 것이 인간에게 주어진 과업이라고 생각했을 셸링의 음성이 들려오는 것 같다. 비록 지금은 젊은 학생들은 거의 찾지 않는 한적하고 낡은 카페로 변했지만, 20세기 초중반까지만 해도 후에 러시아혁명을 주도한 레닌이나 역사적으로 부정적인 방향의 혁명을 시도한 젊은 나치당수 시절의 히틀러가 자주 들렀던 곳이라고 한다. 서울 대학로에 자리한 '학림다방'처럼, 이곳도 시간의 흐름을 견디지 못하고 늙어가는 것이겠지만, 이제는 상식이 되어버린 자유로운 자아를 추구했던 정신적 혁명가 프리드리히 빌헬름 요제프 셸링의 흔적은 쉽게 지워지지 않으리라 (2016.7.7. 목요일 오후 2시경, '셸링 살롱'에서).

7. 우리는 꼭 정의로운 삶을 살아야 할까

: 뮌헨 중앙역에서 이슬람 난민을 보며, 롤즈와 남명을 만나다

뮌헨 중앙역은 독일 전역은 물론 스위스 취리히까지 가는 열차도 있는 크고 혼잡한 역이다. 이슬람임을 나타내는 표식을 지닌 여행자와 역시 같은 모습의 노숙인들이 공존하기도 하고, 가까운 곳에는 할랄음식을 전문으로 파는 가게가 있을 만큼 숫자도 적지 않다. 이 가게 주인은 이미 오래 전에 이민 와서 자리를 잡고 있는 사람이겠지만, 더 많은 사람들은 최근에 난민으로 들어와 아직 뿌리를 내리지 못한 경우일 것이다. 어제도 고급스런 차림을 한 이슬람 관광객들이 전세버스에서 내리는 바로 그곳에 같은 복장의 허름한 사람이 구걸하는 모습과 마주했다.

파리에서도 난민으로 생각되는 사람들이 개별적으로나 가족 단

위로 나와 구걸하는 모습을 여러 곳에서 목격했다. 최근에는 주로 시리아 같은 내전 지역을 탈출하여 유럽으로 온 난민이 많다고 한다. 그들을 어떻게 하느냐가 유럽연합이 직면하고 있는 시급한 과제로 떠오르고 있지만, 사실 그 이전부터 유럽 사람들이 하기 싫어하는 허드렛일이나 위험하고 더러운 일을 하는 사람들의 상당수가 터키 등에서 온 이슬람이었다. 특히 프랑스는 근래의 역사 속에서 백인과 흑인, 아랍인, 아시아인 등이 섞인 다인종 국가가 되었지만, 여전히 이들 사이의 관계는 차별과 비관용으로 이루어지고 있어 똘레랑스가 필요한 나라임을 앞에서도 확인한 적이 있다. 독일의 경우도 사정은 크게 다르지 않다. 최근에는 신나치주의 같은 극우단체가 등장해서 백인 이외의 사람들에게 테러를 가하는 일까지 생기는 것을 보면, 상황은 쉽게 나아질 것 같지 않다.

이슬람은 우리에게 누구일까?

우리는 이슬람을 낯설어한다. 서울 이태원 쪽에 가면 이슬람 사원인 모스크가 있고, 전철에서 그들을 보는 일이 이제 일상이 되어감에도 여전히 이슬람은 낯설고 무언가 불길한 느낌으로 다가오는 경우가 많다. 저들은 왜 저런 복장을 하고 저런 기도를 하는 것일까, 뉴스를 보면 세계 곳곳에서 저들이 테러를 일으키고 있는데 혹시 우리도 당할 수 있는 것 아닐까... 이런 생각을 하면서 그들의 얼굴을 바라보면 정말 그럴 것 같다는 두려움이 솟기도 한다.

학교를 다니면서도 이슬람을 제대로 배워본 기억이 없다. 역사에서 고려 개경으로 들어온 아라비아 상인들이나, 회교도라고 불리는 사람들이 있었다는 정도의 지식에다가 그들이 '한 손에는 꾸란을, 다른 손에는 칼을' 들고 자신들의 종교를 폭력적으로 받아들이게 한다는 막연한 이야기만 들었을 뿐이다. 그런데 정작 그들의 경전이라는 '꾸란'은 본 적도 없을 뿐만 아니라, 그 안에 어떤 내용들이 담겨있는지 전혀 모르는 경우가 대부분이다. 우리 교육이 주로 미국이 주도하는 서구적 시각에 의해 이루어져 왔고, 언론 또한 서구의 자본으로 무장한 거대 통신사들의 기사를 그대로 베껴 쓰거나 아예 그 자체로 전달하는 수준에 그친 탓이다.

우리와 이슬람 사이의 역사적인 관계까지는 아니더라도, 비교적 최근에 관계를 맺어온 것이 있기는 하다. 그것은 바로 사우디아라비아나 리비아 같은 이슬람 국가에 우리 산업인력을 파견하여 이른바 '오일 머니', 즉 그들이 석유를 팔아 번 돈을 우리가 노동과 건축기술 등을 수출하여 벌어온 기억이 있다. 내 주변에도 그런 사람들이 적지 않고, 그들은 베트남전 참전을 통해 말 그대로 피와 땀을 흘려 벌어온 군인들과 함께 우리 경제가 이만큼 성장하는 데 결정적인 역할을 했음을 잊을 수 없다. 그런데 그들을 통해서도 이슬람은 우리에게 제대로 소개되지 못했다. 그저 참기 힘든 더위와 함께 찾아오는 고독과 싸우며 돈을 벌어온 '아라비아 사막' 정도의 인상만을 전해 받았을 뿐이다.

이제는 우리나라에서도 이슬람의 비중과 역할이 무시할 수 있는 수준을 넘어섰기 때문에라도 이슬람을 제대로 알고자 하는 노력을 하지 않을 수 없게 되었다. 중동 지역에서 온 사람들과 국제

결혼을 통해 다문화가정을 꾸린 사람들뿐만 아니라, 세계 어느 곳을 가더라도 늘 있는 한국인 여행객들이 만나는 이슬람 사람들까지 생각하면 그들에 관한 관심과 이해는 더 이상 미룰 수 없는 시급한 과제가 되었다. 그런 노력은 다방면에서 이루어지는 것이 좋을 것이다. 우선 개인들이 각자의 상황 속에서 좀 더 많은 관심을 갖기 위해 노력해야 하고, 교육 차원에서도 체계적인 접근이 필요하다.

교육부가 주관하는 '2015 도덕과 교육과정'은 2015년 9월에 고시되었고, 그 개정연구의 총괄책임자를 맡았던 내가 이슬람에 관한 체계적인 교육을 위해 주변의 여러 반대와 우려를 무릅쓰고 끝까지 관철시킨 것도 이런 상황인식에 근거한 것이었다. 크게 두 가지 방향에서 이슬람에 관한 체계적인 교육이 가능할 수 있도록 개정하고자 했는데, 하나는 기존의 '생활과 윤리'라는 과목에서 종교윤리를 다루면서 이슬람에 관한 인식과 공존의 문제를 집중적으로 보완한 것이고, 다른 하나는 이번에 새로 만들어진 '고전과 윤리'라는 과목에서 다루는 고전 속에 이슬람 경전 '꾸란'을 포함시킨 것이다. 12개 주제에 총 15권을 다루는 '고전과 윤리'에 그리스도교의 성서(신약성경)와 함께 꾸란을 배치함으로써 그리스도교와 이슬람 사이의 공통점과 차이점을 직접 비교해가면서 공부할 수 있는 토대를 마련하고자 한 것이다. 그런데 이 과목은 진로 선택과목이어서 얼마나 많은 고등학교에서 선택해줄지 걱정이 앞서기도 한다. 그럼에도 이제 공식적인 교육과정 안에 이슬람을 제대로 배울 수 있는 기회를 주었다는 점 자체에서 어느 정도의 안심과 함께 연구책임자로서의 자부심도 일정 부분 느끼고 있다.

이슬람은 '꾸란의 백성'이다. 이슬람 창시자인 무함마드는 지금은 사우디아라비아가 관리하는 성역인 메카에서 유일신 알라의 음성을 듣고 부유한 상인으로 살고 있던 자신의 삶을 온전히 그 신을 위해 바치기로 한 사람이다. 그러나 알고 지내던 사람들이 그를 알라의 음성을 들은 자로 인정해주기는커녕 박해하려고 하자 멀지 않은 메디나로 피신해서 자리를 잡는다. 그가 알라의 음성을 듣고 나서 가르침을 편 내용이 담긴 경전이 『꾸란』이다. 꾸란에는 알라가 유일신임을 믿어야 한다는 종교적 가르침이 많은 부분을 차지하지만, '종교는 강제할 수 있는 것이 아니다.', '손님을 환대하라.' 같은 윤리적 가르침 또한 풍부하게 포함되어 있다.

세상에 오직 하나의 신만이 있다는 유일신 신앙을 갖고 있는 종교는 이슬람과 함께 개신교와 가톨릭을 포함하는 그리스도교, 유대교 등이 있고, 이 유일신앙의 공통된 출발점은 그리스도교와 유대교가 모두 인정하는 『구약 성서』에 나오는 믿음의 조상 아브라함이다. 그는 늦게까지 자식이 생기지 않다가 기도 끝에 얻은 아들 이삭을 제물로 바치라는 여호와의 명령을 듣고 온전한 믿음으로 그렇게 했던, 말 그대로 절대적 믿음의 화신이었다. 인간의 머리로 이해할 수 없는 일도 여호와 하나님의 뜻이 깃들어 있을 것이라는 확고한 믿음 말이다. 그 아브라함에게는 하녀에게서 얻은 서자가 하나 더 있었는데, 그가 이스마엘이다. 그 이스마엘은 본부인의 자식인 이삭이 태어나자 결국 집에서 쫓겨나는데, 이를 불쌍히 여긴 하나님이 사막에서 번창하는 종족의 조상이 되게 해주겠다고 약속했고 그들이 이슬람 종족이라는 해석이 있다.

그리스도교와 이슬람, 유대교는 이스라엘 백성의 유구하면서도 고난의 역사를 기록한 성경의 구약을 인정하는 데서는 일치한다. 다만 예수의 위상을 두고 그리스도교는 하나님의 아들이자 구원자라고 하는 데 비해, 다른 두 종교는 구약 성서에 등장했던 여러 선지자 중의 하나로만 인정하는 데서 차이가 있다. 어찌되었건 이슬람은 믿음의 조상 아브라함에 뿌리를 두고 있는 세 개의 유일신 신앙 중 하나이고, 이슬람을 믿는 무슬림의 숫자로만 보아도 그리스도교나 불교 못지않은 세계적인 종교임에 틀림없다.

그 이슬람은 우리가 함께 살아가야 하는 동료들이자, 고유의 윤리체계를 갖추고 있는 세계시민이기도 하다. 이른바 선진국을 다니면서 깨진 그들의 시민의식과 윤리에 대한 믿음은 거꾸로 우리 자신과 동남아에서 온 이슬람의 시민의식이 특별히 결여되어 있거나 부족하다는 생각이 잘못된 것임을 깨닫는 계기가 된다. 뮌헨 사람들이 자동차를 함부로 몰고 내 얼굴을 향해 아무렇지도 않게 담배 연기를 뿜으면서 무단횡단을 하는 것처럼, 이슬람이나 우리나라 사람, 더 나아가 시끄러운 중국인들도 정도의 차이만 있을 뿐 특별히 시민의식이 부족하다고 말할 수 있는 근거는 박약하다는 것이다. 그들도 우리처럼 먹고사는 문제를 힘겨워하고, 그러는 와중에 가끔씩 다른 사람을 불편하게 하는 행동을 하는 보통 인간들일 뿐이라는 상식적인 생각이 빨리 우리에게도 자리 잡았으면 한다.

사적 영역(프라이버시)의 존중과 롤즈의 정의론

우리가 받아들여 상당 부분 자신의 것으로 만든 시민사회의 주인공은 당연히 시민이다. 그 시민은 자유로운 상태에서 자율적으로 결정한 삶을 살아갈 수 있는 권리를 가지고 있고, 그 권리는 타인의 권리를 침해하지 않는 범위까지는 온전히 보장받는다. 타인의 권리를 침해할 가능성이 생기면, 공적인 토론의 장을 거쳐 조정하거나 타협함으로써 해결해 나간다. 그런 과정에서 보장받아야만 하는 것이 사적 영역이다. 만약 공공의 목적으로 그 사적 영역을 침범하고자 한다면, 먼저 공론의 장을 열어 그 정당성을 인정받을 수 있어야 하고 그 정당성에 기반을 두어 비로소 법적, 제도적으로 강제할 수 있게 된다.

이번 여행에서 둘째 딸과 함께 나눈 여러 이야기 중에 이와 관련된 주제가 포함되어 있다. 그는 길거리에서 파리와 뮌헨 사람들이 거리낌 없이 담배를 피워대는 것을 보고 불편해 하면서도 나와는 조금 다른 해석을 했다. 서양 사람들은 사적인 영역의 자유를 중시하기 때문에 우리나라처럼 법적으로 강제하는 것에 대한 저항이 강할 수 있다는 것이다. 우리는 학교에 들어가면서부터 공공의 영역에 대한 집단적인 존중을 강제하는 분위기 속에 놓이게 되고, 특히 남자들은 대체로 군대경험을 쌓으면서 집단적인 사고를 자신도 모르게 내면화한다. 전쟁이라는 특별한 상황을 위해 존재하는 군대가 명령에는 무조건 복종하는 문화를 갖는 것은 이해가 되지만, 우리의 경우는 일본군 대장이 총독이 되어 압박을 가한 일제 강점기부터 시작해서 그 교육의 충실한 이수자 박정희와 광주 민주화 운동을 군홧발로 짓밟고 대통령 자리를 차지한 군부독재자 전두환 등으로 이어지면서 전 국민의 마음 속에 군사문화가 자리 잡게 된 것이 문제다. 이런 획일화되고 집단화된 문화 속에서 개인은 제대로 존중받을 수 없고, 창의적인 생각을 하는 것도 어려워질 수밖에 없다.

학생 인권에 대한 관심이 높아지기 시작한 시기에 주로 진보교육감이 자리를 지킨 경기도 도시권에서 유치원부터 고등학교까지 마친 둘째는 중학교 1학년 때까지 음악시간 준비물을 몇 아이가 챙겨오지 않았다는 이유로 학급 전체가 책상 위로 올라가 무릎을 딱딱한 단소로 맞아야 했다고 기억하고 있다. 그러면서도 큰 문제의식 없이 그저 재수가 나쁜 하루라는 생각으로 넘겼다는 말로 덧붙였다. 그런데 불과 10년도 안 되는 짧은 시간 안에 학교 체벌문화는 거의 극복된 것으로 보고되고 있는 것을 보면, 마치 공중 화장실이 가장 더러운 곳에서 가장 깨끗한 것으로 바뀐 것만큼이나 큰 진전을 이룬 셈이다. 바로 이 점이 우리 시민사회의 문화가 지닌 장점이자 단점이기도 하다. 그렇게 바뀌는 과정에서 흡연자의 목소리나 교사의 권위는 제대로 존중받지 못했다는 점이 단점이다. 소수자의 목소리가 다수의 집단적 목소리에 묻혀 늘 들리지 않거나 때로 적대적인 공격의 시선을 받는 방향으로 흐르곤 하는 집단주의 문화가 있기 때문이다.

이러한 집단주의 문화는 한 집단 또는 조직에 속한 개인이 정의롭지 못한 일을 목격하고 고발하고자 할 때도 그대로 표출된다.

우리 사회가 여전히 부패지수가 높은 이유 중에서 가장 중요한 것이기도 한 이러한 온정주의는 정의로운 삶을 어렵게 택한 한 개인의 삶을 송두리째 무너뜨리기도 한다. 그럼에도 우리는 정의로운 삶을 살아야 한다고 우리 아이들에게 말할 수 있을까? 이슬람 난민들을 대하는 서구의 적대적인 시선을 몸으로 느끼면서 그들의 시민사회 속에 숨어있는 집단주의 문화를 떠올린 것은 우연이 아니다. 이곳 독일이 지니고 있는 치명적인 역사적 아킬레스건인 유대인 학살 경험은 불과 100년도 지나지 않은 최근의 일이고, 자신들의 일상을 상당 부분 지탱하고 있는 이슬람 이민자들에게 자신들의 땅에서 사라지라고 외쳐대는 프랑스인들의 성난 눈빛에서도 그런 어두운 그림자가 늘 자신의 몸을 드러낼 준비를 하고 있는 것을 엿볼 수 있다. 그것이 정말 올바른 삶과 정의로운 사회를 목표로 삼아온 서구 시민사회의 어두운 그림자인 것일까?

이런 물음들은 우리들로 하여금 올바름[義]이 무엇이고, 올바른 삶은 무엇이며 정의로운 사회는 어떤 사회인가 같은 연속되는 물음을 불러온다. 이런 물음을 다루는 윤리학과 정치철학의 영역이 바로 정의론이고, 우리는 이 정의론을 최근에 미국 하버드 대학 정치철학자인 마이클 센델의 『정의란 무엇인가』라는 책을 통해 접할 기회를 가졌다. 전문성이 담긴 책 치고는 '너무 많이' 팔린 이 책은 서양철학적 배경 속에서 정의가 무엇이고, 그것이 구체적인 현실 속에서 구현될 때는 어떤 모습과 양상을 지닐 수 있는지를 대학생들과의 대화 형태로 풀어내고 있다.

마이클 센델은 20대에 영국 옥스퍼드 대학에서 당시 정의론을 주도하고 있던 하버드 대학교수 존 롤즈의 자유주의적 기반의 정의론을 비판하는 박사학위 논문을 쓰면서 유명해진 사람이다. 1971년에 초판이 나온 롤즈의 『정의론』은 베트남전에 대한 반대 분위기와 점차 악화되고 있던 당시 미국의 상황을 적극적으로 수용하면서 새로운 정의 원칙을 세우고자 노력한 역작이다. 그는 모든 시민들이 자신이 태어난 배경이나 교육 정도 등을 고려하지 않는 무지의 베일을 쓰고서 바람직한 분배정의의 원칙을 찾을 필요가 있다고 제안한다. 자유주의를 표방하는 미국사회에서 가능한 범위 안에서 최대한 자유와 권리를 누릴 수 있어야 하고 모두가 공정하게 분배받아야 하지만, 그 공정의 기준은 사회에서 혜택을 덜 받는 사람에게 더 많은 분배를 하는 것이라고 강조하고 있다. '최소 수혜자에게 최대의 혜택을'이라는 말로 표현되는 이 정의의 원칙은 자유주의를 기반으로 하는 시민사회가 유지되기 위한 기본 요건이기도 하다는 것이 그의 주장이다.

마이클 센델은 이러한 롤즈의 정의론이 우선 각 개인들을 고립되고 이기적인 존재로 전제함으로써 현실 속 인간들이 지니고 있는 관계적 맥락 또는 공동체적 맥락을 경시하게 만드는 결과를 초래했다고 비판한다. 현실 속의 인간은 모두 어떤 관계나 공동체 속에서 존재하고 있고, 각각 특수한 위치와 위상 속에서 존재하고 있기도 하다. 그런데 롤즈의 무지의 베일에 관한 가정은 이러한 현실에 눈을 감게 하는 결과를 초래할 수 있고, 그 결과는 실제적인 이기성과 고립성의 강화로 나타날 수 있다는 것이다. 더 나아가 공동체 속의 인간이 지니는 그 공동체에 대한 헌신이나 충성 같은 정신적 요소들을 경시하게 만드는 결과를 초래할 수도 있다. 이러한 센델 같은 공동체주의자들의 반론에 대해 롤즈는 자신의 전제가 각 개인들의 삶이 지니는 공동체적 맥락을 배제하고 있지 않는 정치적 자유주의라는 재반론을 펼쳤다. 이들을 중심으로 펼쳐진 자유주의와 공동체주의 논쟁은 계속 확대되면서 20세기 윤리학과 정치철학의 대표적인 논쟁으로 자리 잡았다.

이러한 롤즈의 재반론에도 불구하고 그가 자유주의의 가치를 더 중시하면서 가능하면 개인의 자유와 권리, 프라이버시를 최대한 존중해주는 정치체제가 바람직하다는 생각을 계속 가지고 있었던 것은 확실한 것 같다. 이러한 롤즈의 자유주의적 정의론은 정의 문제를 주로 분배의 절차와 원칙의 문제로 보게 하는 경향이 있고, 공동체의 이름으로 어떤 사람에게 특정한 가치를 강요할 수 없는 다원화된 시민사회의 정의론으로서 중요한 의미를 지닌다. 어떻게 살 것인가는 궁극적으로 각 개인들의 몫일뿐이고, 부모나 교사의 이름으로 간섭할 수 있는 경계선은 그 개인이 가치를 선택하는 과정에서 보다 논리적이고 적절한 선택을 할 수 있도록 가치 선택 능력을 길러주는 일까지다. 다만 그 자유로운 개인이 몸담고 살아갈 수밖에 없는 사회가 유지될 수 있게 하는 최소한의 정의가 확보되어야 하고, 그것을 롤즈는 정의의 원칙이라는 이름으로 우리에게 제안하고자 한 것이다. 그에 대해 센델 같은 공동체주의자들은 우리 삶이 기본적으로 공동체적 맥락의 기반 위에서 이루어지고 있는 현실을 직시하면서 그 공동체가 건강하게 유지되고 발전할 수 있는 최소한의 가치들은 가르칠 수 있어야 한다는 반론을 제기한다.

우리 사회는 어떨까? 20세기에 자유주의에 기반을 둔 민주주의와 자본주의를 받아들여 새로운 국가와 시민사회를 형성하는 데 성공한 대한민국은 그럼에도 여전히 공동체라는 이름으로 강요하는 것들이 너무 많은 문제를 지니고 있다. 작년에 국회를 통과해서 이미 발효되고 있는 인성교육진흥법이라는 독특한 법에서는 효도와 예절을 비롯한 여덟 개의 가치를 꼭 가르쳐야만 한다고 못 박고 있다. 이 효도와 예절은 주로 우리 전통에 기반을 두고 강조되어온 것들인데, 시대상황이 바뀐 21세기 초반 한국사회에서도 여전히 효와 예가 강조될 수 있는지, 또 그렇다고 해도 구체적으로는 어떤 효와 예가 강조될 수 있을지와 같은 무척 중요한 논란거리들을 건너뛴 채 그저 가치와 덕목들을 나열하는 오류를 범하고 있다. 그렇게 보면 자유주의의 폐해가 나타나고 있는 미국을 비롯한 서구사회에는 공동체적 관점의 비판이 더 필요하고, 가족 중심의 폐쇄된 집단주의 문화가 일정하게 남아 있는 우리에게는 여전히 자유주의적 기반의 정의론이 더 필요하다고 말할 수 있을 것이다.

어제 뮌헨 슈바빙 지역에 위치한 뮌헨 대학을 찾아간 길에 들른 대학서점에서 오랜만에 독일어로 된 책을 두 권 샀는데, 그 중 하나가 오트프리트 회페의 『정의론』이다. 2001년에 초판이 나오고 작년(2015년)에 5쇄를 찍은 스테디셀러인 이 책은 서양철학사 속에서 정의 개념이 어떻게 정착해왔는지를 살핀 후에, 각각 정치적 정의, 사회적 정의, 지구 정의 등에 이르기까지 구체적인 논의로 넘어가고 있는, 작지만 알찬 책이라서 여행자 짐이 계속 늘어난다는 아내의 지청구에도 별 망설임 없이 집어 들었다. 오늘 어젯밤 이곳 뮌헨 국립극장에서 푸치니의 오페라 투란도트를 온 가족이 관람하느라 늦게 들어온 탓에, 느긋하게 일정을 시작하는 하루의 여유를 되짚어 숙소 가까운 커피전문점 '커피펠로우'에 와서 접하는 회페의 음성이 그윽하면서도 정겹게 다가서는 점심녘이다. 이제 일어서야할 시간이다(2016.7.8. 점심녘, 뮌헨 중앙역 '커피펠로우'에서).

남명의 선비정신과 시민윤리

올바름이라는 말은 쉽게 정의될 수 있을 것 같으면서도 실제로 그 구체적인 내용이나 실천 상황과 마주하게 되면 애매해지거나 모호해지는 말이다. 사실 우리가 일상 속에서 쓰고 있는 많은 말들이 구체적인 정의를 내리고, 그것을 특징짓는 핵심 요소[內包]나 포함하는 범위[外延]를 따지다보면 갑자기 어려운 말인 것처럼 느껴진다. 20세기 서양철학을 대표하는 두 흐름으로 꼽히는 분석철학과 현상학 중에서 특히 분석철학이 이런 작업을 철학의 주요 영역이자 역할이라고 규정한 이후에, 우리가 사용하는 언어에 관한 분석은 철학의 주요 방법론이자 과제가 되었다. 그 출발점에는 루트비히 비트겐슈타인이 있다.

올바른 삶이란 어떤 삶일까? 이 물음에서는 먼저 '올바름'이라는 말이 먼저 제대로 정의되어야만 제대로 된 답을 찾을 수 있을 것 같은데, 그게 쉽지 않은 일이다보니 망설이게 되는 것이다. 그렇다면 이 '올바른'을 사용하는 다른 경우들을 생각해 보는 방법을 택해보자. 우리는 올바른 정치, 올바른 사람이라는 말을 사용한다. 올바른 정치란 정치의 본래 목표가 잘 드러날 수 있도록 운영되어 사람들에게 진정한 이득이 돌아갈 수 있도록 하는 것을 뜻하고, 그런 정치를 하는 사람을 올바른 정치인이라는 말로 높이 평가한다. 이 올바름이라는 우리말에 상응하는 한자어는 의(義)이다.

의에 대해서는 특히 공자와 맹자 시대부터 유교철학이 깊은 관심을 가져왔다. 다른 사람과 관계를 맺어갈 때 마음 속에 두어야 하는 두 윤리 원칙으로 인(仁)과 의(義)를 꼽았다. 인이란 어질다는 뜻이고, 그것은 친절함과 따뜻함으로 다른 사람을 대한다는 뜻을 지니고 있다. 그런데 사람이 살아가면서 항상 따뜻할 수만은 없고, 때로는 엄격한 원칙을 지키면서 잘못된 것을 고쳐가고자 하는 올바름이라는 의의 윤리가 필요하다고 생각했던 것이다. 이러한 의의 윤리를 가장 잘 구현한 조선의 선비는 남명 조식이다, 그는 16세기 조선에서 퇴계 이황과 같은 해에 태어나 지금의 경상남도를 중심으로 학문을 하고 제자를 길러내면서 평생 벼슬길에 오르지 않았다. 당시 시대가 자신이 생각하는 의를 실현할 만한 시대가 아니라는 판단 때문이었다. 그는 의를 구현하기 위해서는 먼저 자신의 마음을 경건하게 하고 경(敬)의 수양이 전제되어야 한다고 생각했고, 그런 그의 윤리관을 '경의(敬義)의 윤리'라고 부른다.

우리는 선비라는 말을 더 이상 긍정적인 의미로 사용하지 않는다. '선비충'이라는 말이 상징하는 것처럼, 위선적이거나 꽉 막힌 사람을 지칭하는 말로 선비가 사용되고 있는 것이다. 물론 한편에서는 여전히 선비정신을 오늘에 맞게 되살려야 한다고 주장하는 사람들이 있지만, 그들은 대체로 보수적인 노년층이거나 유교를 전공하는 전문학자들이다. 경북 안동에 있는 한국국학진흥원이라는 곳에서 작년부터 올해까지 큰 뜻을 가지고 하는 일 중에, 청년 선비 프로젝트가 있다. 20대 대학생과 대학원생들을 대상으로 청년선비단을 모집하여 여러 가지 활동을 하는 기획인데, 작년부터 나도 추진위원 자격으로 참여하고 있다. 이 모임을 통해 다시 확인하게 되는 것은 선비를 바라보는 기성세대와 젊은 세대 사이의 인식의 차이다. 우리 기성세대들은 주로 선비의 긍정적인 면에 주목해 오늘에 되살리고자 하는 데 비해, 젊은 세대들은 아예 관심이 없거나 있더라도 주로 부정적인 차원에 주목한다.

선비는 공자와 맹자, 주희 등 유교철학의 핵심사상가들이 공통적으로 내세운 선진유교와 성리학의 이상적인 인간상인 군자(君子)의 한국판이다. 선비에 해당하는 사(士)라는 중국의 한자어가 있다. 그런데 그것이 사대부(士大夫)라는 벼슬자리 중에서도 중하위 계급을 뜻하는 말이었던데 비해, 우리의 경우에는 선비정신이라는 말에서 알 수 있는 것처럼 평생 공부와 수행을 통해 뜻을 세우고 그 뜻을 정치를 통해 실현하고자 하는 수기안인(修己安人)의 실천적 지식인을 의미하는 개념으로 자리 잡았다. 그가 벼슬을 하는가의 여부는 그 시대정신이 자신의 뜻과 맞는가에 달려있을 뿐, 벼슬이 선비의 필수요건은 당연히 아니다. 이러한 이상적인 인간상으로서의 선비는 조선이라는 구체적인 현실 속에서 일정 부분 그 모습을 나타내기도 했고, 더 많은 부분에서는 좌절하거나 아예 부패의 상징이 되기도 했다.

그러나 우리는 임진왜란이나 일제침략기 선비들의 저항에서 보는 것처럼, 자신의 나라가 위험에 처하면 온몸을 던져 의병을 일으키거나 자결로 항의하는 모습을 보여주기도 했고, 조선 중기에는 퇴계 이황과 율곡 이이, 남명 조식 같은 대표적인 선비들이 나타나 정치를 이끌거나 교육에 힘쓰는 이상적인 모습을 보여주기도 했다는 사실에도 충분히 주목할 수 있어야 한다. 그렇지 않을 경우 우리는 선비의 부정적인 측면만을 부각시키고자 했던 일제강점기 교육의 영향을 온전히 벗어날 수 없고, 더 나아가 현재 우리의 모습과 미래를 그리는 과정에서 활용할 수 있는 중요한 철학적이면서도 문화적인 토대 중 하나를 스스로 버려온 지금까지의 오류를 반복하게 될 가능성이 높다.

선비정신의 핵심은 인(仁)과 의(義)라는 윤리적 토대에 기반을 둔 수기안인(修己安人)의 지향이다. 선비는 자신의 삶이 타자와의 관계 속에서만 비로소 가능하다는 사실을 분명히 인식하고 있어야 하고, 그 인식의 토대 위에서 항상 어짊의 모습을 보여줄 수 있어야 한다. 그 어짊의 대상은 자신의 자식이나 집에서 부리는 노비, 동네 사람들이지만, 이들에게는 관계의 맥락에 따라서 각각 다른 형태로 나타난다. 먼저 자신과의 관계를 잘 맺어가기 위해서 수양의 일상화를 통해 확립한 경(敬)의 자세를 갖추고 있어야 하고, 그것은 마음의 중심을 잡는 충(忠)으로 이어져 다시 그 마음을 주변의 관계로 확장해가는 서(恕)의 윤리로 구현될 수 있어야 한다. 이런

가운데 자신에게 주어져 있는 역할에 맞는 도덕성을 갖추고 있어
야 하고, 이것을 선비들은 임금은 먼저 임금다워야 하고, 아버지도
아버지다워야 한다는 역할도덕성으로 구현해내고자 했다.

이러한 관계에 따른 차별을 전제로 하는 선비정신은 모든 관계
의 평등을 전제로 하는 시민윤리와 충돌한다. 바로 이 지점을 정확
하게 받아들이면서 선비정신을 시민윤리로 재해석하지 않으면 자
칫 시대착오적인 주장이나 행동으로 나타날 가능성이 높다. 실제
로 21세기 초반 시민사회로서의 한국사회에도 그런 오류를 범하
고 있는 일부 학자들이나 관료들이 없지 않다. 이곳 뮌헨 중앙역
2층 커피전문점에서 어제오늘 와이파이를 통해 접할 수 있는 우리
나라 뉴스거리 중에서 뜨겁게 인터넷 공간을 달구고 있는 소식이
바로 그런 사례와 이어진다. 한 고위관료가 시민을 폄하하는 발언
을 해 물의를 빚고 있다는 그 소식은 어처구니없는 일이지만, 가만
히 돌아보면 조선시대의 과거와 같은 고시를 통과해서 일찍 고위
공무원이 된, 이른바 엘리트의, 시대에 뒤떨어진 의식구조가 잘못
표현된 한 사례라는 해석이 가능하다. 그는 결코 올바른 시민이
아닐 뿐만 아니라, 조선시대를 기준으로 삼아도 온전한 선비일 수
도 없다. 왜냐하면 선비의 기본 출발점인 자기 수양, 즉 수기(修己)
가 되어 있지 않은 것으로 보이기 때문이다.

오늘 저녁까지 이곳 뮌헨에 머물고 내일 오전에는 이곳 중앙역
으로 와서 뉘른베르크행 열차(ICE)를 타야 한다. 뮌헨은 우리에게
곳곳에 자리 잡은 바이에른 왕국의 궁궐들이 보여준 처연한 아름

다움과 국립극장에서 본 오페라 투란도트의 창연한 아리아, 이곳 중앙역 주변 노숙자들과 이슬람 복장으로 구걸하는 사람들의 무심한 눈길로 남게 될 것 같다. 이곳을 대표하는 철학자 셸링은 쇠락해가는 '셸링 살롱' 희미한 불빛으로만 남을 듯하고, 뮌헨 대학이나 뮌헨 공과대학 교정에서 만난 젊음들과 우리 둘째가 공유하고 있는 가능성과 현실이 주는 압박감의 확인도 중요한 기억이 될 것이다. 이들에게 각자 먹고사는 문제를 스스로 책임지면서도, 때로는 삶의 의미 물음도 떠올리면서 '이렇게 살아도 괜찮은가'라는 물음도 던져볼 수 있어야 한다고 간곡히 호소하고 싶지만 쉽게 입이 떨어지지 않는다. 특히 이곳에서 부랑아들처럼 무리지어 다니면서 적대적인 눈빛을 보내기도 하는 이슬람 청년들에게 그런 이야기를 할 엄두가 나지 않는다.

그럼에도 우리는 옳음을 끝까지 포기할 수 없다. 왜냐하면 그것이 곧 각 개인들에게는 삶의 의미로 연결되고, 사회적으로는 공정하고 각자의 역할에 대한 책임을 지는 정의의 문제와 연결되기 때문이다. 자본주의의 세계화와 인터넷 기반 기술의 급속한 발전으로 인해 양질의 일자리가 줄어든 오늘의 현실은 특히 젊은이들에게 큰 타격을 준다. 세계 자본주의의 중심부를 이루고 있는 프랑스나 독일, 영국 등에서 청년실업이 문제가 되지 않는 사례가 없는 것이 그 구체적인 증거들이지만, 그곳에서 주변부로 밀려난 사람들이나 주변부 국가의 청년들이 겪어야 하는 취업난과 경쟁은 차원을 달리할 정도의 강도로 나타나고 있다. 바로 그런 이유 때문에 우리는 정의 중에서 아리스토텔레스가 강조한 분배정의에 대해 깊은 관심을 가져야 한다. 한 나라 안에서 분배가 제대로 이루어지는 것도 중요하지만, 세계적 범위 안에서 공정한 분배가 이루어질 수 있도록 노력을 모아가지 않으면 안 된다. 그런 노력을 할 수 있고 또 해야 하는 사람들이 정해져 있지 않다는 것이 우리가 살고 있는 시대의 가장 큰 특징이자 장점이기도 하다. 왜냐하면 그 주역들은 다름 아닌, 나 자신과 둘째 딸을 포함하는 시민들이기 때문이다. 이들이 각자의 삶을 올바른 방향으로 이끌어나가겠다는 생각을 사회적이고 세계적인 차원의 정의와의 연계성 속에서 지속적으로 해내는 길만이 우리에게 남은 희망이다.

왼편 통유리 문으로 내다뵈는 1층 통로로 동남아시아에서 온 듯한 승려 둘이 지나가고 있다. 어제는 아프리카 출신인 듯한 수녀 둘을 이곳에서 만나기도 했다. 이들 말고도 정말 다양한 사람들이 끊임없이 오간다. 나와 가족들도 저 행렬을 구성하는 세계인이자 한국인이다. 비교적 많은 사람들이 찾지는 않는다는 이곳에서도 우리나라 사람을 곳곳에서 만나다보니 특별히 말을 걸고 싶은 마음조차 나지 않는다. 상대방들도 마찬가지고, 오히려 오늘 이곳 님펜부르크라는 왕궁에서 만난 중국 할아버지가 내게 중국어로 말을 걸어왔다. 시끄럽던 중국인들도 많이 점잖아졌음을 느낀다. 이곳을 떠나는 아쉬움이 담긴 저녁의 여유 속에서, 둘째의 사랑스런 눈망울을 마주하면서 세상을 즐기기도 하면서 열심히 살아가야 하지만, 그러면서도 가끔씩은 내가 잘 살고 있는가를 돌아보는 이런 철학적인 여행도 필요하다고 말하고 싶어진다(2016.7.10. 일요일 저녁, 뮌헨 중앙역 2층 커피전문점 '커피펠로우'에서).

8. 우리는 무엇을 믿을 수 있을까

: 뉘른베르크로 가며, 포이어바흐와 지눌을 만나다

　　세상이 점점 더 숨쉬기 힘들어진다는 느낌이 들 때가 있다. 결혼 후 처음으로 마련한 서울 북쪽 작은 아파트에서 새로 만들어진 수도권 신도시 가운데 수리산 자락 감싸 안고 지어진 산본신도시에 마음이 끌려 이사한 지 25년 만에 다시 서울로 돌아오며 처음 만나야 했던 것이 바로 이 심각한 미세먼지였다. 물론 그 신도시도 가까운 곳에 공업단지가 있고 해서 아주 맑은 공기는 아니었지만, 아파트로 바로 이어지는 수리산의 회복력에 몸을 기댈 수 있었고, 아침이면 새소리와 함께 내려오는 산바람으로 하루를 시작할 수 있었다. 그런데 지난 가을 서울로 이사 온 후 어느 순간 바라본 남산자락에 뿌연 안개 같은 것이 있었는데, 그것이 바로 미세먼지로 인해 생긴 도시안개라는 날씨보도를 보며 갑작스럽게 가슴이 답답해지기 시작했다.

원자핵발전소가 가장 촘촘히 배치되어 있는 곳 중 하나로 꼽히는 한반도 남쪽은 이웃나라 일본과는 달리 지진으로부터 자유로운 곳이라는, 근거 없는 믿음이 여전히 우리 주변을 떠돌고 있다. 그러다가 얼마 전 멀리 떨어진 곳에서도 충분히 감지할 수 있을 만큼 강한 지진이 원자핵발전소로부터 멀지 않은 곳에서 생긴 후부터 조금씩 불안해하는 사람들이 늘고 있다. 그런데 여전히 우리는 그 발전소 폐쇄와 내가 쓰고 있는 전기의 절약이 밀접한 관련이 있다는 사실을 제대로 받아들이고 있지 못할 뿐 아니라. 이 정부는 발전소 숫자를 줄이기는커녕 더 늘려가는 계획을 세워 발표하고 있다. 이 무감각과 무신경은 우리 미래를 어둡게 만드는 가장 위험한 요소들이다. 이웃나라에서 후쿠시마 원전사고로 인해 얼마나 큰 피해를 보고 있는지를 지켜보고 있고, 우리도 수산물이나 여행지 선택에서 직접적인 피해를 보고 있음에도 끄떡없다.

한국과 미국 사이에 사드(Thaad)라는 이름을 가진 첨단무기를 한반도에 배치하기로 했다는 소식도 들려온다. 높은 고도의 미사일 방어체계라는 뜻을 지닌 이 무기체계는 북한뿐만 아니라 중국과 러시아까지도 영향권 안에 들어오는 것이어서 이들 국가들의 반발이 만만치 않고, 특히 우리와 최근 긴밀한 관계를 유지하고 있는 중국의 반발이 크고 그 영향력도 무시할 수 있는 수준이 아니다. 그런데 더 문제가 되는 것은 혹시 이것이 빌미가 되어 우리 한반도에서 전쟁이 일어날까 하는 우려다. 북한이 이미 핵을 보유하고 있고 남한은 미국의 핵우산 속에 있는 상황 속에서, 한반도 전쟁은 곧 핵전쟁으로 이어질 가능성을 지닌 것임과 동시에 미국과 중국, 일본, 러시아 등과 연결되면서 3차 세계대전으로 커질 가능성도 있다. 만약 그렇게 된다면 인류가 이 지구상에서 영원히 사라질 수도 있다.

넬 나딩스라는 미국 스탠포드 대학의 교육철학 교수는 20세기와 21세기 교육의 가장 큰 차이를 바로 이러한 인간과 지구의 멸망 가능성에 대한 위기의식과 책임 공유에서 찾고자 한다. 그 외에도 많은 미래학자들이 인류의 미래를 예측하는 과정에서 이러한 절대적인 위기를 반드시 고려해야만 한다는 말을 잊지 않는다. 그런데 그 중에서도 더 위험한 지역에 속하는 한반도에서 살고 있는 나와 우리들의 딸과 아들들은 그 위험과 고통에 둔감해져 있다. 문제를 문제로 제대로 인식할 수 있어야만 해결책도 찾을 수 있다는 것이 석가모니 부처의 핵심 가르침임을 떠올려보면, 우리는 정말 심각한 위기 상황에 처해있는 셈이다. 우리가 가정과 학교 교육을 통해 시급하게 해내야 하는 우리 시대의 과업이 바로 이러한 위기에 대한 민감함과 객관적인 인식 능력 함양이다.

그런데 우리가 희망을 버리지 않을 수 있는 또 하나의 통로가 있다. 그것은 누구 또는 무엇인가에 대한 믿음을 가져보는 일이다. 종교(宗教)라고 불리는 영역의 핵심인 이러한 믿음은 절대자에 대한 그것에 한정되지 않는다. 그 대상은 진리일 수도 있고, 돈일 수도 있다. 아니면 어떤 사람의 사랑일 수도 있다. 우리가 종교라고 할 때 먼저 떠오르는 것은 불교나 그리스도교 같은 제도종교, 즉 성직자가 있고 함께 종교행위를 하는 공간이 있으며 이 과정을 체계적으로 관리할 수 있는 제도가 있는 종교를 가리킨다. 그러나 종교에는 이러한 제도종교 말고도 우리가 갖는 일상으로부터의 초월 욕구도 포함된다. 이렇게 살다가 갈 수만은 없다는 생각을 하는 순간 우리는 넓은 의미의 종교적인 영역으로 들어서게 될 가능성이 높은 것이다. 그래서 울리히 벡이라는 독일 사회학자는 '제도종교'와 '종교적인 것'을 구분하면서, 21세기에 제도종교는 쇠퇴할 가능성이 높지만 사람들의 종교적인 것에 대한 갈망은 더 커질 것이라고 예측했는지 모른다. 그런데 우리 시대에도 과연 어떤 것에 대한 믿음을 갖는 일이 가능할까?

뉘른베르크의 철학자, 루트비히 포이어바흐

뮌헨에 이어 찾은 뉘른베르크는 같은 바이에른 지역에 속하는 크지 않은 도시이다. 이 도시는 역사와 자연 모두에서 돋보이는 곳이라지만, 내가 관심을 주로 갖는 것은 이 지역의 철학적 상징인 루트비히 포이어바흐다. 대학 신입생 시절, 당시에는 누구나 가입하던 이념동아리(언더써클)에 나도 철학과 선배의 권유로 들어간 후에 접했던 리영희나 한완상 같은 국내 지식인들의 책과 함께 읽은 카를 마르크스의 사상적 배경에 헤겔과 포이어바흐가 있음을 알게 된 것은 시간이 조금 지난 후의 일이다. 그리스도교의 유일신 여호와가 자신의 형상을 본떠서 인간을 만든 것이 아니라, 인간이 자신의 형상을 본떠서 신을 만들었다는 이야기를 19세기에 해서 결국 대학교수도 될 수 없었던 사람이 바로 포이어바흐다. 뉘른베르크에는 그를 기리는 광장과 철학자의 길이 있다고 하니, 벌써부터 설레기 시작한다(2016.7.10. 일요일 밤).

지금은 박물관이 되어버린 서울역사 건물을 닮은 뉘른베르크 중앙역이 오른편 격자무늬 창문으로 내다뵈는 오래된 호텔 편안한 의자에 앉아 있다. 조금 느리긴 하지만, 와이파이를 통해서 인터넷에 접속할 수도 있고 무엇보다도 글을 쓸 수 있는 책상과 의자가 편안하여 마음에 든다. 동행하는 둘째 딸에게 가장 먼저 포이어바흐와 관련한 흔적을 찾아보라고 했지만, 포이어바흐 카페와 포이어바흐 거리 밖에는 찾을 수 없다고 한다. 분명 먼저 이곳을 찾은 사회학자 김덕영은 중앙역에서 트램을 타고 일곱 정거장을 가면 '철학자의 길'이 있고 계속 공원으로 올라가면 기념비도 있다고 했는데, 구글지도를 통해 찾기는 쉽지 않은가 보다. 이번 여행을 떠나오면서 들고 온 책은 두 권이다. 하나는 숭실대학교 정외과 조홍식의 『파리의 열두 풍경』(책과함께, 2016)이고, 다른 하나는 막스 베버 전문가인 김덕영의 『사상의 고향을 찾아서-독일지성 기행』(도서출판 길, 2015)이다. 김덕영의 글은 한겨레신문에 연재한 것을 책으로 묶은 것인데, 이미 신문에서 부분적으로 본 경험이 있어서 작년에 책이 나오자 구입해 관심이 가는 장을 중심으로 읽고 있는 중이다.

내일 일단 포이어바흐 카페를 찾아가 보기로 했다. 인터넷 검색을 통해 알아본 바로는 카페 안에 그의 사진이 있고, 몇 가지 관련 정보들이 있는 것으로 보인다. 그곳에 들러 차라도 마시면서 물어

보면 그 '철학자의 길'도 찾을 수 있으리라는 기대를 해본다. 사실 이번 여행에서 내게 구체적인 철학자의 길 자체는 큰 관심사가 아니다. 물론 하이델베르크에 있는 널리 알려진 그 길은 꼭 확인해보고 싶지만, 그렇다고 해서 그 길이 구체적으로 땅 위로 나 있는 길에 한정되지는 않기 때문이다. 철학자의 길은 내 마음 속에 있고 나와 딸이 나누는 대화 속에 있으며, 더 심오한 그 길은 그와 내가 함께하는 이 모든 시공간 속에 있다. 파리와 뮌헨, 하이델베르크 등에서 나와 딸이 함께하고 있거나 하게 될 모든 철학함의 과정이 곧 철학자의 길이다. 그 길은 이번 대화에서도 뉘른베르크라는 장소를 전제로 하는 루트비히 포이어바흐와 이 장소에서 멀리 떨어져 있지만 동시에 정신적으로 연결되어 있는 한반도 남쪽 조계산 송광사의 지눌에게로도 이어져 있다. 이 전혀 다른 배경의 두 사람을 연결시키는 끈은 당연히 21세기 초반의 한국인인 나와 둘째의 삶과 사랑 자체이다.

우리에게 종교란 무엇일까: 포이어바흐와 지눌의 대답

포이어바흐와 지눌을 연결시킬 수 있는 공통된 주제는 종교이다. 우리의 종교는 대체로 불교와 그리스도교로 대표된다. 그리스도교는 다시 개신교와 가톨릭으로 나뉘어 전체 인구의 3분의 1 가량을 차지하고, 불교는 4분의 1가량을 차지하는 것으로 나타나고 있다. 이러한 특정한 종교를 갖고 있지 않은 국민도 절반 가까이에 이른다. 불교는 서기 4세기에 중국을 통해 들어와서 전통종교로 자리를 잡았지만, 그리스도교의 경우도 이제 단지 서양의 종교라고만 말할 수 없을 정도의 역사를 갖게 되었다. 가톨릭은 200년의 역사를 지니고 있고 개신교의 경우도 100년이 넘는 역사를 지니고 있다. 그 외에도 천도교나 원불교, 증산교 등 전통에 기반을 둔 신흥종교도 있고 이슬람 사원인 모스크도 있기는 하지만, 신도 숫자로만 보면 큰 비중을 차지하지는 못한다.

이런 통계를 염두에 두면, 우리가 특정 종교를 가진 사람과 만나지 않고 사회생활을 하는 일은 거의 불가능하다고 말할 수 있고, 우리들 스스로가 특정 종교를 가진 사람일 가능성도 50%에 육박한다고 말할 수 있다. 그런데 이런 가능성은 거꾸로 특정 종교를 갖지 않은 사람과 만나지 않는 일도 불가능할 뿐만 아니라. 그 중에는 특정 종교에 적대적인 사람이 포함되어 있을 가능성이 높다. 불교와 가톨릭, 개신교 중에서는 개신교에 대한 적대감이 가장 높아져 있고, 그 다음이 불교와 가톨릭 순이다. 이런 비율과 가능성은 우리들로 하여금 종교에 관한 보다 적극적인 관심을 요청하는 것으로 해석될 수 있다. 내가 좋아하건 좋아하지 않건 특정 종교를 가진 사람과 관계 맺지 않으면 안 되거나, 자신이 특정 종교인인 경우 무종교인과 만날 가능성이 높다는 사실은 불교와 그리스도교로 상징되는 종교에 관한 최소한의 지식과 인정이 필요함을 말하는 근거로 받아들일 필요가 있다는 것이다.

이곳에 도착해서 잠시 휴식을 취한 후에, 가까운 거리를 돌아보기 위해 산책을 나섰다. 아내와 둘째는 이미 나간 후라서 혼자서 천천히 쾨니히 문이라 불리는 중세 성벽의 흔적으로 남아있는 원형의 문에서 출발해서 카페와 레스토랑이 있는 거리를 걸었다. 여느 도시의 모습과 비슷하면서도 바닥이 작은 돌로 되어 있고 꽤 오래된 듯한 고색창연한 건물이 곳곳에 있어 오랜 역사의 도시임을 자랑하는 듯했다. 그러다가 불과 몇 백 미터 거리에서 역사와 웅장함을 자랑하는 성당을 세 개나 만나는 행운이 찾아왔다. 가장 가까운 성당은 성 클라라 성당으로, 네 칸짜리 카툰과 인상적인 조각상으로 사람을 끄는 곳이었고, 두 번째 성당은 그 자체로 성스러운 느낌을 갖게 하는 웅장한 성 로렌츠 성당이었다. 15세기에 완공되었다는 이 성은 전형적인 고딕양식으로, 끌리듯 들어간 예배당에서는 마침 전자 오르간 연주가 울려 퍼지며 자신도 모르게 옷깃을 여미게 했다. 마지막 세 번째 성당은 이름을 기억하지 못했지만, 그 나름의 역사와 웅장함을 갖고 있는 것은 앞의 두 성당 못지않았다. 이 뉘른베르크는 가톨릭 전통을 유지해오고 있는 독일 중에서도 특히나 가톨릭의 전통이 살아있는 곳임을 확인할 수 있는 증거들이라고 할 만하다.

이런 곳에서 포이어바흐는 신이 자신의 형상을 본떠서 인간을 만든 것이 아니라, 인간이 자신의 현재의 행복을 위해 스스로의 모습을 본떠 신을 만들었다고 선언했고, 그것도 19세기 초반인 1830년대에 그랬으니 그 파장을 짐작할 만하다. 그는 결국 교수가 되지 못하고 사강사라고 하는, 우리로 하면 비교적 안정된 시간강사 정도에 그치고 만다. 우리가 잘 아는 칸트도 사강사를 오래 하다가 50세 즈음에야 교수가 되었으니, 교수자격을 얻어서 사강사로 있는 것이 그리 부끄러운 일은 아니지만 포이어바흐의 경우는 파문이 일어난 후에는 아예 대학에서 강의할 수 있는 기회를 제대로 얻지 못했다는 점에서 당시 분위기를 짐작할 수 있다.

신과 모든 종교적 표상은 현세에서 인간의 고뇌와 바람, 이상의 관
념적 반영이며, 인간의 자기소외의 형상 이상의 것이 아니다. 인간은
이 소외된 자신을 다시 받아들임으로써 현세의 행복을 취하려 한다.
▶▶▶ 포이어바흐, 강대석 옮김, 『기독교의 본질』, 한길사, 2008

신과 종교를 인간이 만들어낸 것이라는 포이어바흐의 혁명적인
선언은 이제 상식이 되었지만, 그런 신과 종교는 21세기 초반인
현재에도 사라지지 않고 그 나름의 굳건한 뿌리를 유지하고 있다.
동서양의 전통종교들은 자신의 지역에서는 관심의 대상에서 멀어
지거나 비판의 대상이 되는 경우가 많은 반면, 다른 지역에서는
오히려 환영받으면서 확장되는 경향이 나타나고 있다. 서양의 불
교와 중남미와 아시아, 아프리카 대륙의 그리스도교가 그러하다.
파리와 뮌헨에서 만난 아프리카계의 수녀들과 곳곳에서 볼 수 있
는 불상들이 그런 현상의 근거일 수 있다. 이런 현상은 물론 파리
의 중국음식점에서 불상을 볼 수 있는 것과 같이 그런 전통종교를
가진 사람들이 다른 지역으로 이주함으로써 나타난 현상이기도
하지만, 그것 못지않게 프랑스인들의 불교에 관한 관심이나 미국
인들의 티벳불교에의 심취 같은 새로운 현상으로 나타나고 있기
도 하다.

우리의 경우에는 전통종교인 불교에 대한 인식이 그다지 긍정
적이지 않은 데 비해, 그리스도교, 그중에서도 가톨릭에 대한 인식

이 좋은 편이다. 각 종교를 이끌어가는 성직자들에 대한 평가에서도 늘 신부님이 가장 높은 점수를 받고, 그 다음이 스님, 가장 낮은 것이 목사님으로 나온다. 같은 그리스도교 안에서 가톨릭과 개신교가 이렇게 다른 평가를 받는 이유를 여러 곳에서 찾을 수 있겠지만, 가장 큰 것은 역시 세계적으로 보아도 가장 빠른 속도로 개신교가 자리를 잡는 과정에서 나타난 교회 대형화와 물질 중심주의, 교회권력의 세습 같은 부정적인 측면이다. 거기에 '예수천국 불신지옥'으로 상징되는 일부 개신교도들의 극단적인 배타의식이 더해져 현재와 같은 반기독교 분위기가 조성된 것이다. 그에 비해 가톨릭은 200년 역사를 통해 우리 문화와 조화를 이루고자 노력해왔을 뿐만 아니라, 특히 민주화 과정에서 천주교정의구현사제단이 결정적인 역할을 한 예에서 확인할 수 있는 것처럼 민중의 고통과 함께하고자 하는 노력을 계속해왔기 때문에 좋은 평가를 받고 있고 그 결과로 지속적으로 신도가 느는 거의 유일한 제도종교가 되어있기도 하다.

도대체 종교가 무엇이기에 이렇게 오랜 시간 동안 사람들의 마음과 삶을 지배할 수 있었던 것일까? 그리고 뇌과학과 알파고로 상징되는 인공지능 관련 기술이 우리 삶 곳곳을 지배하고 있고 그 발달 속도 또한 예측하기 어려울 정도가 된 21세기에도 여전히 인간은 종교를 붙들고 있을 것인가? 사실 19세기에서 20세기에 걸쳐 많은 미래학자들이 종교는 곧 없어질 것이라는 예측을 내놓았고 그런 예측을 뒷받침하는데 포이어바흐도 일정한 기여를 했지만, 현실은 그 예측과 거리가 있는 것으로 나타나고 있다. 전통에 기반을 둔 제도종교는 건재하고, 다만 그 종교 양상이 개인화되는 사회적 경향으로 말미암아 각자의 삶 속에서 종교적인 것을 추구하는 방향으로 변화되고 있을 뿐이다. 물론 다른 한편 유일신과 같은 전통적인 신을 더 이상 믿지 않고 인간의 정신적 영역조차도 물질적인 뇌세포의 상호작용으로 설명가능하다고 생각하는 자연주의자들이 점차 늘어나고 있음에 유념할 필요도 있다. 어쩌면 이런 입장들이 21세기 초반의 대표적인 관점일 수 있겠지만, 여전히 종교에 대한 열망 또한 쉽게 사라지지 않을 것으로 보인다.

포이어바흐의 생각처럼 신이나 불상 같은 모든 종교적 표상은 인간이 현재의 삶에 만족하지 못하고 죽음을 두려워하면서 만들어낸 환상에 불과한 것일까? 그것이 사실이라고 해도 종교는 그래서 필요 없는 것이라고 말하기는 어려울 듯하다. 우리는 여전히 현재의 삶에 온전히 만족하지 못하고 죽음 또한 두려워하기 때문이다. 특정 제도종교를 갖고 있지 않은 둘째 딸은 자신의 주변에는 이른바 독실한 기독교인이나 불교도가 없어서 별다른 관심을 가진 적이 없다는 말로 이 주제에 대한 응답을 한다. 그래서 나는 넌 죽음에 대해 생각해 보거나 두려워한 적은 없느냐고 되물었더니 그런 적은 몇 번 있었다고 말한다. 특히 자신의 죽음보다도 부모님의 죽음이 너무 무섭게 느껴져 치안이 불안한 곳에 긴 여행을 가면 말리고 싶었단다. 그러나 부모님은 늘 조금 피곤해보이기는 하지만 재충전된 얼굴로 돌아오시곤 해서 곧 그 두려움은 사라졌다는 것이다. 그래서 나는 지금은 어떠냐고 묻는다.

우리 일상은 대체로 평온하다. 아침에 일어나 세수를 하고 식사를 대충 챙겨먹고는 일터에 나가고, 일하다가 점심을 먹고 또 일하다가 퇴근해 저녁을 먹거나 야근을 하기도 한다. 목요일 즈음이면 휴일이 기다려지고, 휴일이 되면 느지막하게 일어나 아침 겸 점심을 먹고 쉬다가 가까운 공원으로 산책을 나간다. 어쩌다 가족들과 함께 먼 곳으로 여행을 떠났다가 돌아오는 길에 짜증나는 교통체증과 만나고 나서는 당분간 길을 나서지 말아야지 하고 다짐하기도 한다. 이렇게 이어지는 우리 일상은 대체로는 평안하지만, 그렇다고 늘 만족스러운 것도 아니다. 특히 마음먹은 일이 뜻대로 되지 않을 때나 만나는 사람이 마음에 들지 않을 때 평온은 쉽게 깨지고 마음도 요동을 친다. 그것이 반복되면 무언가 불안해지고 불만이 치솟기도 한다. 우리 동아시아인들에게 종교는 우선 이런 불안과 불만을 누그러뜨리거나 잠재워주는 통로였다. 종교의 첫 번째 기능이자 역할이 안심(安心), 즉 마음을 편안하게 해주는 것이었던 셈이다. 두 번째 기능은 삶의 의미를 찾아주는 것이었다. 입명(立命)이라는 말로 표현되는 이러한 기능은 내가 왜 살고 있는지, 내 삶의 의미는 과연 무엇인지 같은 물음에 대한 확실한 답을 주는 통로로서의 종교가 해내는 과업이다.

고려 중기를 살았던 우리 승려 지눌은 '내 마음이 곧 부처다(卽心是佛)'이라는 알쏭달쏭한 말로 종교가 무엇일까라는 우리의 물음에 대한 답을 대신한다. 내 마음이 부처라니, 도대체 무슨 말일까? 여기서 부처는 인도의 한 왕자로 출가해서 깨달음을 얻는 그 부처가 아니라, '우리 모두가 깨달음을 얻으면 곧 부처가 될 수 있다.'고 말할 때의 그 부처다. 그리스도교에는 신이 하나밖에 없지만, 불교에는 수많은 부처가 있을 수 있고 나도 깨닫기만 하면 부처가 될 수 있다는 믿음이 전제되어 있다. 지눌은 바로 이러한 사실을 말하고 싶었던 것이다. 내 마음 속에 부처가 있기 때문에 제대로 바라볼 수만 있으면 누구나 부처가 될 수 있고, 그렇게 되면 일상의 불안과 불만은 물론이고, 삶의 의미에 관한 물음도 한순간에 해소될 수 있다는 것이 지눌의 응답이다.

여전히 알쏭달쏭하다. 지눌은 불교가 주도하던 고려에서 승려로 출세할 수 있는 기반을 닦은 사람이었다. 어린 나이에 승과시험에 합격해서 시간만 지나면 수도인 개경의 큰 절에서 주지도 하고, 편안하게 살 수 있는 가능성을 갖춘 전도유망한 승려였던 것이다. 그런 길을 걷던 그가 어느 날 이렇게 살기위해 출가한 것은 아니라는 생각을 했고, 마침 뜻을 함께할 수 있는 동료들이 있어 저 먼 남쪽 지리산 자락 송광사까지 내려가 오직 수행만 하는 이판승으로서의 삶을 살고자 했다. 쉬운 일 같지만 우리가 한다고 생각해보면 결코 쉽지 않은 일이다. 그런 과정을 통해 그가 깨친 진리가 바로 '내 마음이 곧 부처이다.'였고, 그 말은 내 일상 속에 진리가 다 담겨있다는 말이기도 하다. 내가 지금 만나고 있는 시간과 사람, 공간이 모두 내 삶 자체를 이루는 것들이고, 그것들과의 관계를 얼마나 잘 맺어나가는가가 내 삶을 좌우하는 것들일 수밖에 없다는 깨달음이다. 그런 의미로 불교에서 가장 좋아하는 꽃이 진흙 속에서 화사한 꽃망울을 피워 올리는 연꽃이다. 내 고향 전주에 가면 덕진연못이라는 아담한 공원이 있고, 이 연못에 한여름에 가면 연꽃이 어우러져 전혀 다른 세상에 온 듯한 환상을 불러일으킨다. 진흙탕에 뿌리를 내리고 있으면서도 그 진흙에 물들지 않고 고고한 꽃을 피워 올리는 연꽃이야말로 일상 속에 있으면서도 그 일상이 가져다주는 어리석음과 탐욕, 화냄과 같은 것들에 물들지 않는 불교의 표상이 될 만하다.

지눌은 우리 일상 속에서 깨달음을 얻는 것만으로는 모든 문제가 완전히 해결되지는 않는다고 강조한다. 내 마음이 곧 부처라는 사실을 깨달았다고 해도, 일상에 익숙해진 우리 몸의 습관이 원래대로 돌아가야 한다고 끊임없이 유혹하기 때문이다. 그래서 그는 깨달음을 거울에 비유하면서 거울을 얻는 것으로 끝나는 것이 아니라, 그 거울에 때가 끼지 않도록 끊임없이 닦아가야 한다고 덧붙이고 있다. 지눌의 이 말을 오늘 우리가 사용하고 있는 거울과 관련지어 생각하면 잘 이해가 되지 않는다. 고려 시대 거울은 대체로 청동거울이거나 아라비아 지방에서 건너온 귀한 유리거울이었다. 유리공예 기술이 지금처럼 발달하지 않았던 당시에 거울은 쉽게 깨지기도 하고 때도 잘 끼었다. 청동거울은 잘 닦지 않으면 아예 얼굴을 비추는 기능마저 쉽게 잃어버릴 정도였다. 그런 거울을 갖는 일도 중요하지만 그에 못지않게 중요한 일이 그렇게 얻은 거울을 끊임없이 닦고 관리하는 일이었고, 이런 일상 속 물건인 거울의 비유를 통해 지눌은 진리가 저 멀리 있는 것이 아니라 오늘 내가 만나는 사람이나 일을 어떤 마음으로 만나고 해내느냐에 달려 있고, 그것을 가능하게 하는 것이 바로 불교라는 종교임을 깨우쳐주고 싶었던 것이다. 그는 이러한 자신의 생각을 『수심결(修心訣)』이라는 제목의 작은 책을 지어서 널리 알리고자 했다. 이 제목은 자신의 마음을 닦는 가장 좋은 길이라는 의미를 갖는다.

그럼 종교에 관한 포이어바흐의 생각은 지금 우리에게 어떤 의미를 줄 수 있을까? 뮌헨에서 셸링을 도로명이나 카페 이름 정도로 기억하는 수준인 것과 마찬가지로, 이곳 뉘른베르크의 포이어바흐도 별로 나은 대접은 받고 있는 것 같지 않다. 구글지도로 포이어바흐 카페로 가는 길과 카페 내부를 검색해본 딸이 내게 보여준 사진은 그냥 도시 변두리 길에 있는 허름한 카페일 뿐이어서 좀 더 정확한 흔적이 있는 곳을 찾기로 하고 중앙역 건너편에 위치한 커다란 정보센터에 아내와 딸이 함께 다녀왔다. 그런데 그곳에서도 한참만에야 지도 한 쪽을 표시해주면서 그의 동상이 있을 지도 모르겠다는 답변밖에 얻을 수 없었다고 말해 나는 한동안 망연한 느낌으로 앉아 있어야 했다. 서양 중세의 신 중심 세계관에서 근대의 인간 중심 세계관으로 전환하는 데 결정적인 영향력을 행사한 철학자이자, 이데아나 이성 같은 추상적인 이야기들 말고 인간의 현재 존재 상황과 실제 경험에 비추어서 모든 것을 생각하고 판단하고 행동해야 한다고 말함으로써 현대 인간학의 새로운 장을 연 철학자에 대한 대우가 이 정도인가 하는 회한 때문이었다.

하기야 우리 시대가 어디 철학자나 사상가를 제대로 대우하는 시대인가? 모든 것이 돈의 가치로 평가되는 시대에 철학은 돈이 되지 않는 대표적인 상품이고, 그 상품을 생산하는 철학자 역시 가치가 없거나 극히 적은 인간일 뿐이다. '돈으로 살 수 없는 것들'

이 있다고, 역시 철학자인 마이클 샌델은 힘주어 목소리를 내보지만, 제대로 들어주는 사람들은 별로 없다. 그럼에도 우리는 그 돈으로 살 수 없는 것들을 포기할 수 없다. 그럴 경우 우리 삶에서 진정 소중한 것들 또한 포기하는 결과를 낳기 때문이다. 포이어바흐는 당시를 지배하던 신조차도 인간의 눈을 통해 다시 보아야 한다고 말함으로써 종교와 철학의 새로운 장을 연 철학자이고, 이러한 그의 종교관은 그 자체로 또 다른 비판적 평가의 대상이 될 수 있어야만 그가 생각한 진정한 철학의 장이 열릴 수 있다. 포이어바흐의 종교관은 한편으로 진화생물학 같은 생명과학의 발달에 힘입어 모든 종교를 조롱거리로 만드는 방향으로 전개되고 있기도 하지만, 다른 한편으로는 인간이 피해갈 수 없는 삶의 의미 물음과 죽음 문제를 바로 그 인간의 시선으로 마주할 수 있는, 새로운 인간학적 종교의 지평을 여는 방향으로도 발전해가고 있다. 각자의 삶의 영역에서 언젠가는 한번쯤 만나게 되는 '이렇게 살아가도 괜찮은가'라는 물음을 외면하지 않고 똑바로 바라보는 순간, 우리는 포이어바흐의 종교관과 자연스럽게 만나게 되는 셈이다. 그의 음성이 글을 쓰고 있는 책상 바로 앞, 뉘른베르크 중세 성의 혼적을 상징하는 쾨니히 문의 거무스름한 돌 벽돌과 흐린 하늘 사이로 문득 들려오는 듯하다(2016.7.12. 화요일 저녁 6시, 뉘른베르크 중앙역 건너편 빅토리아 호텔에서).

9. 우리 시대 공부란 무엇일까
: 율곡에게 공부의 목적과 방법을 묻다

뉘른베르크에서의 일정이 남아있지만, 마음은 자꾸 다음 여정인 하이델베르크에 먼저 가 닿곤 한다. 이곳 여정이 주로 여유로운 여행자의 일상적인 것에 맞춰져 있어 몸과 마음이 느슨해져 있기 때문인 듯하다. 물론 오늘 다시 포이어바흐의 기념비가 있다는 곳을 딸과 함께 찾아가 보려고 하고, 아침 산책길에는 나치 국가사회주의 희생자를 기억하려고 길바닥에 새겨놓은 글을 발견하며 이런저런 상념에 잠기기도 했다. 그것 말고도 참회의 문 같은 푸른 대문 형상 조각물이 있기도 하고, 이들이 자신의 죄과를 일본과 비교하면 확실히 기억함으로써 되풀이하지 않으려는 노력을 하고 있는 것은 분명해 보이지만 과연 유사한 상황으로 내몰렸을 경우 그런 이성적 판단이 통할 수 있을지에 대해서는 확신이 서지 않는다. 그런 노력마저 제대로 하지 않는 일본의 재무장에 대한 경계는 당연한 것이다. 그런데 사드 배치를 기회로 삼아 일본 자위대 창설기념식을 서울에서 여는 것을 허용했고, 그 기념식에 우리 국방부 관계자도 참석한다는 소식을 들으니 착잡할 따름이다. 과거에 대한 성찰이 없는 일본은 여전히 경계의 대상이어야만 한다.

한 달 정도 집을 떠나있다 보면, 여행길에도 그 나름의 흐름과 굴곡이 있음을 몸으로 느끼게 된다. 처음에는 긴장과 불안, 설렘이 동시에 따라다니다가 조금씩 편안해지면서 비로소 그 여행지의 속살들이 보이기 시작하고 그러면 긴장이 풀어지고 즐길 수 있게 된다. 그러나 조금 더 지나면 집이 아닌 곳에서 감내해야만 하는 불편이 살아나 약간의 짜증과 함께 집과 두고 온 사람을 향하는 그리움도 솟는다. 그러다가도 막상 여행을 마무리해야 하는 시점이 되면 미련과 아쉬움으로 귀국길에 다음 여행을 기대하며 구체적인 계획을 세우기도 한다. 집을 떠나온 지 보름을 넘긴 지금은 긴장이 풀어지고 즐기는 단계에서 약간의 불편함과 그리움이 솟는 단계로 넘어가는 시점인가보다. 남겨두고 온 큰아이가 보고 싶어지기 시작했다. 여기 있는 동안 박사학위 논문 최종심사가 끝나 이제 학위를 받는 일만 남겨두고 있는데, 최종 인쇄를 하기 전에 마무리하는 것을 가까이서 지켜보고 싶다는 생각도 든다. 잘 해내겠지.

큰딸은 그렇게 본격적인 학문의 길로 접어들고 있고, 둘째 딸은 대학입시를 위한 공부라는 수험생활을 끝내고 막 대학 한 학기를 마친 상태에서 나와 동행하고 있다. 다음 여행지 하이델베르크에 자꾸 마음이 먼저 가는 것은 아마도 그곳을 상징하는 막스 베버의 학문론이 계속 떠오르기 때문인 것 같다. 그는『직업으로서의 학문』이라는, 강연원고를 묶은 책을 통해 학문이 무엇인지에 대해서뿐만 아니라 그 학문을 직업으로 삼는 일에 대한 진솔한 이야기를 잘 담아내고 있는 학자이자, 하이델베르크를 상징하는 인물이기도 하다. 그의 강연 내용 중에서 가장 마음 속 깊은 곳으로 다가왔던 것은 두 가지이다. 하나는 교수가 된 사람들은 누구도 자신이 교수가 되는 과정을 얘기하고 싶어 하지 않을 뿐만 아니라 떠올리고 싶어 하지도 않는다는 말이고, 다른 하나는 자신의 제자들은 먼저 자신의 인정을 받아야 하지만 그것으로는 불충분하고 다른 사람에게도 인정받을 때에야 비로소 자신도 온전히 인정한다는 말이다. 벌써 20년도 더 된 일이지만, 처음으로 전임이 되는 과정을 나도 별로 떠올리고 싶지 않다. 무언가 자존심에 큰 상처를 입는 일이 꼭 하나쯤은 있기 마련이기 때문이다.

베버의 두 번째 말은 현재의 대학으로 옮겨 여러 명의 박사학위 과정 제자들과 동행하면서 그 의미를 제대로 새길 수 있었다. 우선 내가 인정할 수 있을 정도가 되어야만 학위논문 심사과정에 올리고 가능하면 심사위원을 그 분야 최고의 전문가들로 초빙하고자 하는데, 그러다 보면 심사를 받아야 하는 제자들과 심리적인 긴장감을 감내해야만 한다. 그럼에도 이 지점에서 쉽게 물러서지 않고자 하는 것은 나를 지도교수로 삼아 학계에 나오는 제자들이 나뿐만 아니라, 다른 사람들에게도 인정받을 수 있어야만 한다는 신념 때문인데, 이 신념의 정당성을 막스 베버의 학문론을 접하면서 확인할 수 있어 기뻤던 기억이 있다. 큰딸의 지도교수도 나와 같은 신념을 갖고 있어 딸이 마음고생을 심하게 하는 모습을 지켜보아야만 했지만, 제대로 된 학자가 되려면 감내해야만 하는 일이라는 말로 딸을 서운하게 하다가 여행길에 올라야 했다.

공부가 도대체 무엇일까?

우리 사회에서 공부란 말은 아이들이 엄마에게서 가장 듣기 싫어하는 말이 되어 버렸다. '공부해라', '공부해서 남 주냐? 다 너를 위해서 하는 말이다.'... 이런 류의 레퍼토리들은 한국의 아이들과 부모들이 일상 속에서 가장 많이 주고받는 말이 되었고, 아이들이 가장 싫어하는 말이 되면서 대화를 가로막은 장애물로 자리 잡고 있다. 도대체 나를 포함한 우리 부모들은 자신의 아이들에게 그렇게 지독하게 공부하라는 말을 되풀이하게 된 것일까? 그리고 그 공부란 게 도대체 무엇이기에 꼭 그렇게 해야만 하는 것일까?

학력고사나 수능성적으로 가장 상위권을 독점하는 대학 중 하나를 나온 내가 그 존재만으로도 내 사랑하는 자식들에게 압박과 숨 막힘의 대상이 될 수 있다는 사실을 깨달은 것은 큰아이가 고등학교 1학년에 다닐 때였다. 수도권 신도시 중학교에서 전교 1등을 하기도 했던 그가 가까운 도시 선발학교에 입학해서 잘 다니고 있는 줄 알았고, 우리는 당연히 그가 내가 나온 대학에 가게 될 것이라는 믿음을 갖고 있었다. 그런데 어떤 계기로 아이의 성적이 그에 훨씬 미치지 못한다는 사실을 확인하게 되었고, 나는 쉽게 받아들일 수 없었다. 사실 당연한 일이었다. 딸아이 정도의 중학교 성적을 가진 아이들이 모인 그 학교에서 수위권을 차지한다는 것이 얼마나 어려운 일인지는 조금만 생각해 보아도 알 수 있는데, 나는 그 생각을 하려고 하지 않고 아이를 몰아붙이기만 하는 정신적 폭력을 행사하고 있었다. 지금 생각해도 가슴이 내려앉는 순간이다.

둘째는 첫째와 열 살 터울이 지는데다가 내가 자리를 잡고 안정을 찾은 후에 찾아와준 아이여서 훨씬 더 많은 시간을 함께했다. 아장아장 걸을 때에도 늘 두 팔로 안고 다녀 가까이 지내는 후배 교수가 '아이 발이 땅에 닿는 것을 보지 못했다.'고 놀릴 정도였다. 초등학교에 들어가서도 수영이나 피아노같이 꼭 배워두어야 한다는 생각이 드는 것조차 본인이 힘들어하거나 가기 싫어하면 즉각 그만두게 할 정도로 엄격함과는 거리가 먼 자세를 취했고, 중학교나 고등학교 때도 크게 달라지는 않아 이른바 '특수고등학교'에 갈 정도의 성적을 기대하지도, 내지도 못했지만 늘 긍정적이고 밝은 아이 모습에 그저 행복해 했다. 그러다가 고3 때쯤 처음 전국단위의 모의고사 성적을 받고는 현실의 무거운 벽 앞에서 우리는 한동안 말을 잇지 못했다. 그럼에도 아이는 주눅 들지 않으면서 수시 입학 준비를 했고, 원하는 대학의 수시에서 학교장 추천으로 1차 합격자 명단에 들기도 했다. 우리는 뛸 듯이 기뻐했지만, 그 뿐으로 최종합격자 명단에서 빠지자 재수의 길을 택할 수밖에는 다른 도리가 없었다.

집에서 멀지 않은 다른 신도시 재수 전문학원 생활은 아침 7시부터 밤 11시까지 계속되는 고행의 행군이었고, 수시모집은 거의 포기하고 정시모집을 목표로 삼으면서 결국 수능에서 몇 문제를 틀리느냐를 놓고 피를 말리는 시간들을 함께해야만 했다. 마침 연구년이어서 아침 일찍 학원에 데려다주면 씨익 웃으면서 손을 흔들어주던 아이는 여름이 가고 가을이 오면서 서서히 지쳐갔지만, 어찌되었건 현재와 같은 성과를 거두면서 그 고통의 과정을 마무리할 수 있게 된 것만으로도 감사할 따름이다. 그런 과정을 거친 그가 어느 날 책을 보며 사색에 잠겨있는 나를 지켜보다가 '아빠, 정말 공부가 그렇게 재미있으세요?'라는 물음을 던져 왔다. 제게는 고통 그 자체인 공부를 즐기는 것처럼 보이는 학자 아빠에게 그게 가장 궁금했던 모양이다. 나는 잠시 망설이다가 '그래, 아빠가 하는 공부는 하고 싶어서 하는 것이고, 그렇게 공부하면 이것만큼 즐거운 일도 많지 않아.'라고 진심을 담아 답을 주었지만, 마음속으로 받아들이기에는 그간 겪은 고통이 너무 컸으리라.

오늘(2016.7.13. 수), 드디어 안내센터에서 받은 시원찮은 정보를 바탕으로 포이어바흐의 흔적을 다시 찾아 나섰다. 찾을 수 없을지 모른다는 생각으로 나섰는데, 다행히 한적한 주택가를 지나 언덕으로 오르는 길에 작은 공원이 하나 나왔고, 그곳 벤치에서 휴식을 즐기고 있는 독일 할아버지에게 다가가 혹시 포이어바흐 기념비가 어디쯤 있는지 물어보았다. 사람 좋은 표정으로 철학자 포이어바흐를 말하는 것이냐고 반문해서 그렇다고 했더니, 손을 들어 저편 돌탑 같은 것을 가리키며 바로 저것이라고 했다. 한걸음에 달려가 확인해보니, 뉘른베르크시에서 세운 타원형 모양의 기념비였고 그 뒤편으로는 옆얼굴을 새긴 부조와 '철학자의 길(Philosophenweg)'이라는 표식이 함께 묶인 돌탑도 있었다. 자세히 보니 그 공원 곳곳에 포이어바흐의 『미래철학의 기초』라는 저서에서 따온 글귀를 새긴 작은 표지판들이 있어 가히 포이어바흐 공원이라 할만 했다. 아쉬운 것은 가끔씩 개를 산책시키기 위해 나온 듯한 사람들을 제외하고는 오는 사람이 거의 없었다는 사실이다. 그들조차 외국인들이 왜 그 앞에서 사진을 찍고 있는지를 신기한 듯 바라보며 무심한 눈빛의 개를 끌고 지나칠 뿐 관심이 없는 듯했다.

"사랑은 열정이고, 이 열정은 실존의 진리 그 자체이다.", "인간은 자신의 형상대로 신을 창조했다." 이런 문장들을 둘째와 함께 읽으면서 포이어바흐의 철학세계와 고단한 삶, 그리고 당시에는 농촌이었다는 이 지역에 죽을 때까지 머물며 공부만 했던 그의 '공부'에 대해 이야기했다. '철학자의 길'을 함께 찾아 나선 이번 순례길 같은 여행길에서 처음으로 그 팻말이 붙은 길을 걷는 감회는 예사롭지 않았고, 둘째 아이도 이제 대학 한 학기 공부를 마친 상태여서 비교적 깊이 있는 대화가 이어질 수 있었다. 이번 학기 성적이 아주 좋은 것은 아니지만, 자기가 좋아해서 열심히 한 과목은 A+를 받았다면서 씩 웃는 그의 표정에서 나는 나의 대학생활을 떠올렸다. 공식적인 교육과정보다는 비공식적인 이념동아리 공부가 우선이던 당시 분위기 탓도 있지만, 내 성적표에는 항상 A와 D 또는 F가 함께 깔리곤 했다. 철학이나 윤리 관련 과목이나 재미있게 들은 경제학개론 정도만 A였던 기억이 남아 있다. 그런 과목

시간에 교수와의 대화나 토론은 거의 없을 때였지만, 어떤 이유에서든지 내가 흥미를 느꼈기 때문에 가능한 일이었을 것이다.

그렇다면 공부란 자발적으로 하고 싶은 것만을 하면 되는 것일까? 공부와 흥미의 관계에 대해서는 교육학에서 많은 연구를 해왔고, 그 긍정적인 상관관계는 더 이상 의심할 나위가 없다. 가능하면 학생이 흥미를 가지는 분야를 공부할 수 있도록 해주고, 만약 그렇지 못한 경우에는 최선을 다해 흥미를 불러일으킬 수 있도록 노력해야 한다는 것은 교육의 상식이다. 문제는 본래부터 흥미를 가지는 분야가 제한되어 있고, 흥미를 불러일으킬 수 있는 방법도 한정되어 있는 데서 생긴다. 또 흥미를 가지는 분야만 공부할 수 있게 하면, 꼭 배워야 하는 어떤 부분을 놓치고 마는 치명적인 결과를 가져올 수도 있다. 영국의 전설적인 대안학교인 서머힐에서 그런 방식의 대안교육을 시도했지만 지속되지 못했고, 우리 대안학교의 경우도 비슷한 문제를 안고 있다. 여기서 우리는 공부란 무엇이고, 배움이란 무엇이며 그것들을 포괄하는 교육은 도대체 무엇인지에 대해 근원적으로 다시 물어야 하는 문제와 만나게 된다.

교육을 한마디로 정의하는 일은 불가능하지만 그 핵심 요소를 중심으로 개략적인 정의를 내려 본다면, 인류가 문화라는 이름으로 축적해놓은 지혜를 전달하는 가르침[敎]의 영역과 학생이 자율적으로 자신의 삶을 이끌어갈 수 있도록 도와주는 기름[育]의 영역으로 나누어 생각해볼 수 있다. 이 두 영역은 당연히 서로 긴밀하게 연결되어 있고 쉽게 선후를 따지기 어렵지만, 대체로는 가르침을 통해 읽고 쓰고 셈하는 법과 자신의 주변을 정리하고 최소한의 예의를 표현할 수 있는 능력을 갖춘 후에, 자율적인 기름의 영역으로 넘어가는 순차적 과정으로 생각해볼 수는 있다. 공부는 이 두 영역을 포함하면서도 스스로 하는 자율성이 전제되어 있다는 점에서 기름 쪽에 가깝다. 배움이라는 우리말은 다른 사람의 가르침을 받는다는 의미를 강조하는 한자어의 학(學)과 같은 뜻을 지니게 되었지만, '학이시습지(學而時習之)'라는 『논어』의 첫 구절이 가리키는 것처럼 단순히 가르침을 받아들이는 데서 그치지 않고 자신의 몸에 밸 수 있게 되는 것까지 포함하는 말로 자리를 잡았다.

공부(工夫)라는 말에 대한 사전적 풀이는 학문이나 기술을 배우고 익힘이다. 이렇게만 보면 앞의 학습이라는 개념과 큰 차이가 없지만, 우리 교육학의 학습이라는 말이 영어의 러닝(learning)의 번역어로 채택되면서 일정한 혼란이 생겨났다. 러닝은 티칭(teaching)과 대응되는 개념으로, 학습자가 중심이 되어 교수자의 가르침을 받아들이는 것에 초점을 맞춘다. 물론 이 러닝에도 교수자의 가르침을 받아들여 자신의 것으로 만들면서 점차적으로 자신의 자율성을 강화하는 내용이 포함되어 있기 때문에 번역어로서 큰 무리가 있는 것은 아니지만, 이 두 개념이 혼용되면서 혼란이 생기기도 했다. 이 혼란과 함께 전통적으로 우리가 생각해온 공부와 학습, 교육 등의 개념이 혼란스럽게 사용되면서 공부가 주로 학교에서 성적을 잘 얻기 위해 해야 하는 수동적이고 타율적인 시간 투자 정도로 해석되어 자리를 잡고 있는 중이다.

공부란 중국어 발음인 쿵푸가 뜻하는 것처럼, 몸과 마음을 함께 닦음이라는 의미를 지니고 있다. 우리는 오랜 전통 속에서 몸과 마음 사이의 관계를 긴밀하게 설정하면서 그 몸이 바람직한 습관을 지닐 수 있게 하는 반복적인 익힘[習]의 과정을 출발점으로 삼아, 점차적으로 마음을 바르게 잡아갈 수 있는 수양 또는 수행의 과정을 공부라고 생각해왔다. 그것을 불교에서는 세 가지 공부법으로 구체화시켰는데, 하나는 한 공동체가 유지되기 위해 필요한 규율을 정해 지키게 하는 계율 준수[戒]고, 다른 하나는 부처와 스승들의 가르침을 모아놓은 경전을 읽어 깨달음을 구하는 지혜의 방법[慧], 마지막은 마음을 모으고 정신을 집중하는 명상의 방법 [定]이다. 이 계정혜의 방법 셋을 합해서 삼학(三學), 즉 세 가지 공부법이라고 한다.

이러한 불교의 영향을 비판적으로 극복하면서 등장한 새로운 유학으로서의 성리학(性理學)은 공부에 대해서도 보다 깊은 관심을 보인다. 성리학의 뿌리는 중국 북송 때 등장한 새로운 학자 세력에 의해 마련되었고, 그들 중에서도 다섯 명의 학자가 돋보인다. 이른바 북송오자(北宋五子)라고 불리는 정호, 정이 형제, 주렴계 등이 그들인데, 그 중에서 정호, 정이 형제는 주희에게 가장 큰 영향을 준 스승이기도 하다. 송나라가 남쪽으로 쫓겨 내려 왔을 때를 남송 (南宋)이라고 칭하는데, 이 남송을 대표하는 학자가 바로 주희고, 그를 높여 부르는 말로 우리에게 익숙해진 것이 주자(朱子)다. 그런데 주희는 자신의 독창적인 생각보다는 스승들의 생각을 자신의 말로 잘 정리해내는데 탁월한 능력을 보여주었기 때문에, 정호,

정이 형제의 학문과 합해서 정주학(程朱學)이라고 부르는 것이 더 적절하다.

율곡 이이의 공부론과 시험공부

이러한 정주학은 우리나라로 건너오면서 주자학으로 굳어진다. 이런 현상은 그다지 바람직한 것이라고 보기 어렵다. 왜냐하면 한계가 많은 주희를 지나치게 신성시하면서 경전에 대한 그의 해석이 아니면 모두 틀린 것으로 몰아가는 경향이 생겨났기 때문이다. 조선 중기 퇴계 이황과 고봉 기대승의 사단칠정 논쟁에서는 그러한 경향이 약간 보이는 정도이다가, 우암 송시열 등이 활동하는 17세기 이후에는 상대방을 몰아세워 죽음으로까지 몰고 가는 극단적인 당쟁의 도구로 활용되는 수준에 이른다. 이러한 주류의 성리학에 지속적으로 문제 제기를 하는 선비들이 바로 퇴계와 같은 시대에 살았던 남명 조식과 율곡 이이, 화담 서경덕 등이고, 이들의 주장은 다산 정약용 같은 후기의 학자들에게 비판적으로 계승되면서 보다 확고한 모습을 지니게 된다. 이들 가운데서도 특별한 위치를 차지하는 선비가 바로 율곡 이이다. 그는 평생 높은 벼슬을 살았고 당시의 정계를 상당 부분 좌우하다시피 하면서도, 성리학의 핵심 논쟁인 이기론(理氣論)에 있어서는 주희의 주장과는 일정부분 다른 자신의 관점을 유지해냈다.

이기론은 성리학의 핵심 이론일 뿐만 아니라, 19세기말까지만하더라도 조선 선비라면 누구나 이기론에 관한 자신의 관점을 갖고 있는 것을 상식으로 받아들였을 만큼 우리와 가까운 것이기도 했다. 그러나 일제강점기와 미 군정기 등을 거치면서 자신의 전통에 대한 강한 반감을 가지고 이들 나라에 유학한 새로운 엘리트 계층이 부상하면서 일본과 미국 등 서구의 학문과 철학을 금과옥조로 삼게 되었고, 그 과정에서 이기론은 뿌리를 잘린 채 고등학교 '윤리와 사상' 교과서에나 등장하는 죽은 개념이 되어 버렸다. 그 과목을 담당하는 윤리교사들 마저 자신의 학부과정에서 주로 이들 서양철학적 배경의 학자들에게 배울 수밖에 없었기 때문에, 컴퓨터 운영체제에 비유하자면 서양철학적 운영체제를 깔고 학교에 발령받게 되었다. 학부 강의나 독학을 통해 화엄철학의 이사무애론(理事無礙論)이나 성리학의 이기론 등을 익혀 가르치기는 하면서도 운영체제가 다른 컴퓨터에서 이질적인 내용이 들어오면 튕겨져 나가는 것처럼, 가르치고 돌아서면 가물가물해지면서 자신이 없어지는 모습을 보일 수밖에 없게 된다. 이렇게 가르쳐지는 우리 철학의 개념들은 당연히 우리 삶과 연결고리가 끊어진, 죽은 것이 되고 그저 수능시험 공부의 암기 대상으로 전락한 초라한 모습을 지니게 되는 것이다.

율곡 이이의 삶에서 이기론은 당연히 살아있는 개념이었고, 그것에 따라 자신의 삶의 방향을 결정짓기도 하는 철학적인 원칙의 기반이기도 했다. 이(理)는 이치(理致)나 도리(道理) 같은 우리말에 남아 있는 것처럼, 인간이라면 누구나 마땅히 따라야 하는 어떤 것이라는 의미를 가진 개념이고, 기(氣)는 기운(氣運)이나 기질(氣質) 같은 말에 남아 있는 것처럼 역시 사람이 타고나는 것으로 몸과 마음을 움직이게 만드는 어떤 힘을 가리키는 말이다. 동아시아철학사 속에서 각각 독립적으로 사용되던 이 두 개념을 하나로 모은 것은 주희의 스승들인 정호, 정이 같은 북송의 신유학자들이었고, 이 두 개념 사이의 관계 설정에 많을 관심을 기울이면서 서로 섞이지도 않고, 그렇다고 분리되지도 않은 관계임을 보다 명확하게 밝힌 것은 주희였다. 그런데 이러한 이와 기 사이의 관계 설정은 이미 앞에서 살펴본 의상의 화엄철학에서 이판과 사판 사이의 관계 설정에서 많은 도움을 받은 것이다. 이판과 사판, 즉 일상적인 삶의 영역과 진리 추구의 영역이 둘도 아니고 그렇다고 하나도 아니라는 불일불이(不一不二)의 관계로 설정한 화엄의 논리에서 사판을 기(氣)로 바꿔 조금 변형시켜 놓은 것이다. 사실 주희의 스승인 북송오자나 주희 스스로가 불교에 상당 부분 심취한 적이 있는 사람들이어서 불교에 관한 이해의 폭이 결코 좁지 않았지만, 당시 불교계에 대한 비판적 분위기나 새로운 도덕 이념의 추구를 위해 의도적으로 왜곡한 면이 적지 않다. 우리의 경우에는 조선 건국의 논리를 제공한 정도전이 주희류의 불교 해석을 가져다가 『불씨잡변(佛氏雜辨)』이라는, 제목 자체로 불교에 관한 비아냥거림과 의도적인 왜곡을 전제로 하는 비판을 담고 있는 책을 펴냈다. 물론 불교가 그런 비판을 받을 만했던 당시 역사적 상황, 즉 고려 중기 이후 불교계의 급속한 세속화와 국가 권력에의 종속이라는 상황을 동시에 보면서 정도전의 관점을 비판할 수 있어야 할 것이다.

율곡에 대한 조선시대 선비들의 평가는 엇갈렸다. 율곡과 더불어 조선의 3대 선비로 평가받는 남명 조식과 퇴계 이황과 비교하면, 퇴계와 남명 중간 정도라고 할 수 있다. 조선 선비들은 문묘(文

廟)에 모셔진다는 의미의 배향(配享)의 대상이 되는 것을 가장 큰 명예로 생각했는데, 왜냐하면 그 문묘는 공자와 맹자, 주희 등 유교사에서 가장 훌륭한 인물들이 함께 배향되는 곳이기 때문이다. 세 사람 중에서 그 문묘에 일관되게 모셔진 선비는 퇴계이고, 남명은 부침이 심했으며 율곡은 그 중간쯤이었다. 이런 일이 벌어지게 된 배경에는 조선 선비들의 당쟁이 자리하고 있지만, 지금 기준으로 보면 그 세 분 중 가장 무난한 인물이 퇴계이고 율곡과 남명은 개성이 강하고 자기주장이 강한 분들이라는 평가가 가능한 지점이다. 소크라테스가 플라톤이라는 대단한 철학자를 제자로 두면서 서양철학을 출발시킨 철학자로서의 위상을 차지하게 된 것처럼, 대체로 학자들에 대한 평가는 그의 제자들의 향배와 함께 그가 남긴 업적이 다음 세대에서 어떻게 재평가되느냐에 의해 좌우된다. 내가 이 세 선비 중에서 가장 마음이 끌리는 인물은 율곡이다. 그 다음이 남명이고 마지막이 퇴계다. 객관적인 기준이 있는 것은 아니고, 다만 내 마음이 끌리는 순서일 뿐이다.

오늘 우리에게 공부가 무엇인지를 주제로 삼는 이 대화를 위해서도 율곡이 가장 먼저 떠오른다. 그 이유는 율곡이 『격몽요결(擊蒙要訣)』이라는, 공부법에 관한 직접적인 책을 썼기 때문이다. 남명은 실천을 중시했기 때문에 스스로 책을 쓰고자 하지 않았고, 퇴계는 많은 글을 남겼고 왕을 위한 성리학 교과서인 『성학십도(聖學十圖)』라는 책도 썼지만 공부에 관한 체계적인 글을 남기지는 않았다. 그런데 율곡은 학문을 통해 성인(聖人)이 되는 공부를 어떻게 해야 하는지에 대해 자세하면서도 실질적인 도움이 되는 책을 썼을 뿐만 아니라, 당시에 과거공부 위주로 이루어지던 공부에 대해서도 강한 비판의식을 보여주고 있다는 점에서 오늘의 공부론을 되새기는 거울이 될 수 있는 선비다.

율곡에게서 공부는 학문을 제대로 하는 것이었다. 그에게 학문(學問)은 말 그대로 누군가에게 모르는 것을 배우고 질문하여 자신의 것으로 만듦으로써 보다 나은 인격을 갖추는 것, 다른 말로 하면 성인군자가 되고자 노력하는 것이다. "학문은 매일 매일의 삶 속에서 부모와 자식, 부부, 형제, 친구로서의 역할을 다하는 데 그 목적이 있다. 다만 책을 통한 공부를 하지 않으면 마음이 막히고 식견이 어두워서 그런 관계를 어떻게 하면 잘 이끌어갈 수 있을지를 모를 수 있기 때문에, 책을 읽고 끝까지 자신이 생각하고 탐구해야만 한다." 이처럼 그는 학문을 하는 목적이 보다 인간다운 인간이 되는 데 있는 것이지 과거시험에 급제하고자 하는 것이 아님을 분명히 하면서, 유교 경전을 중심으로 책을 끊임없이 읽고 스승에게 배우면서 일상 속의 윤리를 보다 밝게 해나가야 한다고 생각했다. 그에게는 학문을 하는 것과 진정한 공부를 하는 것 사이의 차이가 없었던 것이다. 그 중에서도 율곡이 특별히 강조한 공부법은 두 가지이다. 성현들이 꼭 읽어야 한다고 정해놓은 고전을 순서에 따라 차근차근 읽어가는 방법이고, 다른 하나는 일상생활 속에서 자신의 몸가짐을 바르게 하고 마음을 다스리는 수양의 방법이다.

율곡은 책을 읽는 목적이 일상생활 속에서 어떻게 살아가는 것이 바람직한지를 알기 위한 것이라고 전제한다. 그렇게 하려면 아무 책이나 마구 읽어서는 안 되고, 앞서 간 현명한 사람들이 정해놓은 고전을 가까이 해야 한다. 그가 생각한 고전은 당연히 유교 경전들인데, 그것도 구체적으로 순서를 정해 『소학』에서 시작해서 『대학』, 『논어』, 『맹자』, 『중용』 등의 순으로 읽는 것이 좋다고 제안하고 있다. 첫 번째로 읽어야 하는 『소학』은 주희가 그 뒤의 네 권의 책[四書]에서 기본적이면서도 핵심적인 것들만을 모아놓은 청소년용 철학교과서이자 윤리교과서이다. 이렇게 책을 읽고 자신의 생각을 넓혀가면서 동시에 해야 하는 공부가 바로 일상생활 속에서 말과 행동을 삼가고, 잡기를 멀리하면서 동시에 의롭지 못한 행동을 항상 경계하는 일이다. 그것을 율곡은 마음을 경건하게 유지하고자 하는 거경(居敬)과 책을 읽으면서 바른 삶의 이치를 끊임없이 탐구하는 궁리(窮理), 그렇게 찾은 이치 또는 도리를 일상생활 속에서 힘써서 행하는 역행(力行) 등 세 가지로 요약하고 있다.

율곡의 공부론은 이처럼 이론과 실천의 두 영역 모두를 관통하면서 우리에게 어떤 공부가 바른 공부인지를 분명하게 알려주는 이정표를 담고 있다. 그에게 참된 공부란 곧 바른 학문을 하는 것인데, 그 학문은 유교의 고전을 순서에 맞게 읽으면서 바르게 하는 방향과 이치를 찾아내는 것임과 동시에 일상생활 속에서 그것을 실천하는 것까지를 포함한다. 여기까지 정리하고 마무리하면 둘째 딸은 '좋은 말씀인데, 그것이 현재 우리들의 삶 속에서 가능한 일일까요?'라고 물어오곤 한다. 그런 경험이 율곡에게도 있었는지, "요즘 사람들은 그런 공부가 까마득히 높고 멀어서 실천에 옮기지 못할 것이라고 잘못 생각하고 있다. 그러면서 공부는 다른 사람에게 미뤄버리고 자신은 쉽게 포기해 버리니, 이 어찌 슬픈 일이 아니겠는가.”고 16세기 중반 조선사회의 공부 실상을 한탄하고 있다. 어느 시대에나 참된 공부는 뒷전으로 밀리고, 시험을 위한 공부가 주인 노릇을 하고 있음을 확인하게 되는 대목이다.

그런데 율곡을 다시 생각해보면 치르는 모든 시험마다 장원, 지금말로 하면 수석을 차지했던 사람이 아닌가? 무려 아홉 번 장원을 했다니 시험을 위한 공부에서도 그는 천재적인 능력을 발휘한 셈이다. 그런 그가 진정한 공부란 시험을 위한 공부가 아니라는 점을 강조하고 있다는 사실은 두 가지 해석이 가능하다. 하나는 자신이 해보았더니 진짜 공부가 되지 못하더라는 성찰의 결과로 해석하는 것이고, 다른 하나는 시험공부를 하면서 시험만을 위한 공부를 할 게 아니라 진짜 공부도 할 수 있도록 해야 한다는 현실적인 충고로 받아들이는 해석이다. 나는 그 중에서 두 번째 해석을 택하고자 한다. 그 이유는 삶의 어느 지점에서 시험공부라는 현실적인 통로가 불가피하다면 그것을 보다 적극적으로 받아들여 진짜 공부의 길과도 연결시키고자 노력하는 것이 더 현실적일 뿐만 아니라, 율곡의 실천적인 이기론과도 일정 부분 만날 수 있는 해석일 수 있기 때문이다.

율곡은 사람이 기(氣)를 가지고 살아가고 있다는 사실을 똑바로 바라보는 것을 자신의 철학의 출발점으로 삼는다. 우리는 실제로 기운을 낼 수 있을 때 비로소 살아지는 존재다. 며칠 굶어서 기운이 완전히 소진해 버리면 그 어떤 것도 할 수 없고, 기운을 내려면 먼저 무엇인가를 먹어야 한다. 사람이 경험하는 고통 중에서 먹을 것이 없어 굶는 고통은 말로 표현하기 어려울 정도로 비참하고 서러운 것이다. 특히 이 지구상의 많은 어린 아이들이 먹지 못해 뼈를 앙상하게 드러내며 죽어가는 모습은 그것을 보는 것만으로도 처참한 느낌은 물론 분노까지 일게 한다. 그렇게 많은 식량이 그들에게는 최소한으로라도 가지 못하는 현실을 어떻게든 극복해야만 한다. 이곳에 와서, 특히 독일 사람들이 필요 이상으로 많이 먹는다는 생각을 하게 될 때가 있다. 1인분이라고 주문하면 너무 많아서 도저히 다 먹을 수 없다. 사찰에서 발우공양이라고 부르는 음식 먹는 법과 예절을 익힌 후로 나는 내가 담을 수 있는 곳에서는 음식을 남기지 않으려고 노력했고 지금은 대체로 성공한다. 그런데 이곳에서는 도저히 다 먹을 수가 없을 정도의 양이어서 미안하고 언짢은 마음으로 남겨 놓고 옆 테이블을 바라보면 훨씬 더 많은 양을 다 먹어치우고도 얼마만큼씩은 다 남기고 있다. 우리말로 '죄로 갈 일'이다.

우리는 음식을 먹고 거기서 얻은 기운, 요즘말로 하면 열량(칼로리)을 얻어서 움직이고 생각하면서 행동하기도 한다. 율곡의 기(氣)가 물론 이런 기운만을 의미하는 것은 아니다. 그는 기 안에 일곱 가지 감정이 들어있다고 생각했을 뿐만 아니라 굶주린 아이의 고통을 공감하면서 기꺼이 도움을 주고자 하는 선한 의지의 뿌리도 연결되어 있다는 생각을 했다. 다만 기에는 마음대로 하고자 하는 속성도 포함되어 있기 때문에 기운이 뻗치기 시작할 때는 반드시 공부 과정을 통해 지속적으로 확인할 수 있는 올바른 삶과 우주의 이치이자 원칙이기도 한 이(理)가 그것에 올라타야만 한다고 주장했다. 그는 이러한 생각을 '기가 발하기 시작할 때 이가 그것에 올라타서 바른 방향으로 인도하는 것'이라고 표현했고, 그것을 한문으로 옮기면 '기발이승일도설(氣發理乘一途說)'이 된다. 율곡은 만약 이런 자신의 생각이 주희의 생각과 어긋난다면, 주희의 생각이 틀린 것이라는 자신감을 보일 만큼 확고한 자세를 보였다. 바로 이 지점이 내가 율곡에 더 끌리게 되는 지점이고, 학문의 보편성과 주체성을 어떻게 조화시켜야 하는지를 고민하게 해주는 좋은 지침이 되기도 하다.

나 자신의 시험공부 인생을 돌아보면 참 많은 시험을 거쳐 여기까지 왔다는 회한이 든다. 초등학교에 들어가기 전 아버지께 처음 배웠던 한글을 얼마나 익혔는지를 확인하는 시험에서 시작해서 박사과정 종합시험에 이르기까지 무수히 많은 시험을 치렀고, 그 후에도 교수 임용과정에서 영어시험을 치르기도 하고 공개강의나 면접에서 점수로 평가받는 과정을 견뎌야 하기도 했다. 어떤 시험은 통과하거나 비교적 성공적인 점수를 받았지만, 어떤 시험은 통과하지 못하거나 낮은 점수를 받기도 했다. 가장 큰 좌절감으로 남아 있는 시험은 고등학교 입시 실패이고, 대학도 한 번 떨어지고서야 비로소 들어갈 수 있었다. 큰아이는 박사학위 과정을 최종적으로 통과하면서 한숨 돌린 셈이지만, 여전히 대학교수가 되는 '그 어렵고도 복잡한 과정'을 남겨두고 있다. 둘째 아이는 졸업을 위한 여러 과목의 시험과 함께 임용시험이라는 결정적인 관문을 남겨두고 있다. 내가 가르치고 있는 대학의 학부생들도 마찬가지다.

특히 이제는 국립사범대학 계열을 졸업해도 전혀 가산점이 없는 동등한 출발선에서 임용시험을 치러야 하기 때문에, 그 시험과 애면글면 관계를 맺으며 조금씩 지쳐가는 제자들의 눈빛과 마주하는 일이 고통스럽다.

우리 시대의 공부는, 아니 그 인간이 사는 모든 시대와 사회의 공부는 시험과 같은 구체적인 목적에 더 지배를 받는 수단적인 특성을 지니는지도 모른다. 그러나 율곡이 정확하게 지적하고 있는 것처럼, 그런 수단적인 공부만으로는 진정한 공부의 목적, 즉 어떻게 살아야 잘 사는 것인지를 아는 일과 그 앎을 실제 삶 속에서 힘써 행하는 일을 해낼 수 없다. 그렇게 되면 민중을 개와 돼지쯤으로 비유해서 많은 사람들의 분노를 산 어느 고시 출신 고위공무원의 사례처럼, 자신이 바라던 삶을 유지할 수조차 없게 될 수도 있다. 그렇다고 해서 시험이 지니는 일정한 가치를 과소평가할 필요도 없다. 만약 율곡과 같이 어떤 시험을 잘 치러서 수석을 한 사람이 있다면 기꺼이 박수를 쳐줄 필요가 있다. 최소한 그는 그 과정에는 최선을 다했고, 그 시험에 맞는 능력은 갖추고 있을 것이기 때문이다. 그러나 그 뿐이다. 만약 율곡이 수석합격자와 높은 벼슬에만 만족하고. 바른 학문을 전제로 하는 진정한 공부를 소홀히 했다면 역사의 뒤안길로 사라진 많은 수석합격자 중 하나로만 남았을 것이다.

시험을 앞두고 있으면 그 시험의 유형을 파악하고 그것에 맞는 준비를 체계적으로 해내가야 한다. 거기에 일상 속 성실이 더해진다면 일단 개인으로서 최선은 다한 셈이 된다. 그런데 대체로 시험은 합격자보다 불합격자를 더 많이 거느리는 경향이 있기 때문에, 노력해도 합격권에 속하지 못할 가능성이 늘 열려 있다는 사실도 겸허하게 받아들일 수 있어야 한다. 대학에서 평가도 마찬가지다. 평소에 가능하면 열심히 강의를 듣고 시험철이 오면 들은 내용을 정리하면서 자신의 생각을 명료하게 하도록 노력하면서, 한편으로 그 교수의 평가관에도 관심을 가질 필요도 있을 것이다. 그렇게 해도 평가자는 자신이 아니고 교수이기 때문에 의외의 결과와 마주할 수 있다. 그것이 시험이다. 객관적으로 공정성을 해칠 만한 것이 없었다면 받아들이는 수밖에 없다. 그러나 대학생활은, 고등학교 생활이 그랬던 것 이상으로 평소의 시험과 졸업 후의 임용시험 등만으로는 결코 온전히 평가될 수 없다는 사실도 엄연한 진리다. 삶에서 시험은 필요조건 중에서 중요한 하나의 조건일 뿐이다. 다른 필요조건들도 남아 있을 뿐만 아니라, 충분조건은 더 온전하게 남아있다. 진짜 공부의 영역이 남아있다는 말이고, 바로 그것이 율곡이 자신의 공부론을 통해 하고 싶은 말의 핵심이다. 남은 과제는 이제 우리의 시대와 관점으로 그의 주장을 재해석하고 현실 속에서 구현해내는 일이다.

이러한 과제와 함께 우리 모두가 함께 마음을 모아야 하는 과제가 하나 더 있다. 그것은 바로 시험이라는 제도 자체에 대한 사회구조적 차원의 반성과 끊임없는 개선 노력이다. 우리 사회가 지닌 문제 중 가장 큰 것이 시험과잉이고, 특히 그 결과를 점수화하고자 하는 사회 전반의 분위기다. 시험은 꼭 필요한 것에 그쳐야 하고,

그것도 가능하면 점수화하지 않아야 한다. 일반적으로 시험의 목적은 공부의 과정을 도와주는 것과 그 결과를 통한 선발이라고 규정되곤 한다. 모두가 원하는 대학에 들어갈 수 없는 구조 속에서 시험을 통한 선발은 공정성을 유지할 수 있는 최소한의 제도적 장치가 될 수 있음을 인정하지만, 그 경우에도 가능하면 선발 이전과 이후의 목적에 부합하는 선에서 점수화를 최대한 억제해야 한다. 그런 목적들이 숫자로 쉽게 표시되기 어렵기 때문이다. 더 나아가 사회적으로 불필요한 시험들을 과감히 폐지하고, 임용시험 같은 선발시험의 경우에도 지필식 평가의 비중을 획기적으로 줄이고, 대학생활에 관한 전반적인 평가와 추천서 등으로 많은 부분을 대체할 수 있는 방향으로 지속적인 개선이 요구된다. 그렇게 되기 위한 기본 전제 중 하나는 사회 전반적으로 신뢰를 회복하고, 교수나 교사의 전문적이고 도덕적인 권위에 대해서는 충분히 존중해 주고자 하는 분위기 조성 노력이다.

독일에서 만나는 카를 마르크스와 막스 베버: 나의 공부 이력

취업이 문제다. 그 취업이 대학생과 졸업생들에게서 더 문제로 부각되어 있지만, 사실은 고등학생과 졸업자들, 그리고 중학교, 초등학교로 내려오면서 강한 압력과 영향력을 행사하는 괴물처럼 되어 있다. 취업은 일자리를 갖게 되는 것을 말하고, 그 일자리를 넓은 의미로 직업이라고 부른다. 여러 나라를 돌아다니다보면, 대체로 어디나 의사나 법률가, 교수 같은 전문직은 좋은 대우를 받는다는 사실을 확인하게 된다. 교사 같은 직업도 대체로는 인기가 있는 편이지만, 영국이나 미국 같은 나라에서는 인기가 없다는 사실이 보도를 통해서 지속적으로 확인되고 있다. 머물고 있는 독일 뉘른베르크의 숙소가 이곳 중앙역 건너편에 자리한 쾨니히 문이라는 중세 성문과 마주하고 있어서 학생들을 이끌고 현장학습을 온 듯한 교사들을 많이 보게 된다. 초등학생은 물론이고 중학생, 고등학생까지 있다. 대체로 15명 내외의 학생들을 두 명의 교사가 인솔하고 와서 이곳 초입에서 설명을 하고 따로따로 보내거나 직접 인솔해가는 형식을 취하고 있는데, 그들의 모습에서는 자신의 직업에 대한 자부심이 담겨 있다는 생각을 하게 한다. 그만큼 당당하다는 의미다. 한 번은 포이어바하 기념비를 찾아갔다가 돌아오는 트램 정류장에서 고등학생으로 보이는 10여 명의 학생들을 인솔하는 교사를 본 적이 있는데, 가벼운 옷차림에 머리가 벗겨진 중년의 그에게 학생들이 허물없이 이야기를 하면서도 예의를 지키고 있다는 느낌을 받았다. 유럽의 전통이 교사와 같은 직업의 권위를 일정 부분 지켜주고 있는지도 모른다.

물론 유럽도 이제 그 전통을 지키는데 힘겨워하는 모습을 곳곳에서 확인한다. 지난 2010년 영국 전역을 한 달 가까이 돌면서, 런던의 살풍경한 모습이나 스코틀랜드의 주요 도시인 글래스고의 폐허가 되어가는 모습 등을 통해 이들 또한 세계화의 거친 파고 속에서 신음하고 겨우 버텨내고 있음을 확인할 수 있었다. 이번 프랑스와 독일 여정을 통해서는 영국과 유사하면서도 또 다른 문제들을 발견하게 된다. 유럽 지역에서는 통한다는 프랑스어도 예전만큼의 대우를 받지 못하는 것이 확실하고, 독일 또한 자신들이 주도하는 유럽연합에서 영국이 탈퇴하고 수많은 난민이 몰려오는 현실 속에서 방황하는 기색이 역력해 보인다. 그런 가운데 맨 먼저 신자유주의를 받아들인 영국에서 숫자로 표현되는 교사와 학교평가가 강화되고, 그 결과로 교사의 인기가 떨어져 만성적인 충원 부족 현상이 나타나기도 했다. 자신들이 종주국이라고 믿고 있는 미국의 교육정책을 무분별하게 받아들인 결과다. 우리의 경우도 더하면 더하지 결코 못하지 않다. 오죽하면 우리가 대한민국이지 대한미국은 아니지 않느냐는 말이 나올 정도겠는가?

오늘(2016.7.15. 금) 이른 아침, 동행하는 아내와 딸이 여전히 깊은 잠에 빠져 있는 시간에 혼자서 숙소 앞 뉘른베르크 쾨니히 거리 골목을 산책하고 돌아오는 길이다. 청소차들과 부지런히 움직이는 청소부들, 그리고 어김없이 보이는 노숙자의 불편한 잠과 부지런한 몸짓으로 먹이를 쪼는 비둘기들이 눈에 들어온다. 가까운 다국적 햄버거집 앞에는 저녁만 되면 구걸하는 집시 청년들이 진을 치고, 출근길에는 시간에 쫓기는 샐러리맨들이 앞만 보고 종종걸음을 친다. 우리나라로 치면 전주나 진주쯤 되는 곳이라 할 수 있는, 전통이 안타깝게 살아있는 이곳에도 세계화의 물결은 어김없이 몰려와 있는 것이다. 당연한 일이다. 자본주의가 세계적인 망을 확보하면서 지구 어느 곳에서도 이제 그 물결을 볼 수 있게 되었기 때문이다. 이 세계화는 당연히 긍정과 부정의 두 측면을 지닌다. 고국에서 인터넷으로 숙소와 기차표를 예약하고, 와이파이라는 인터넷망에만 접속할 수 있으면 어디라도 쉽게 찾아갈 수 있는 것은 당연히 세계화의 긍정적 측면이다. 세계적으로 부가 커지고 있는 것도 일단은 긍정적인 측면이지만, 동시에 지속적인 부의 독점과 빈부격차 심화와 그 부를 생산하는 과정의 치명적인 생태 위기라는 부정적인 측면을 수반한다. 그리고 가장 큰 문제는 좋은 직장이 끊임없이 사라지는 현상이고, 그것은 세계적인 실업문제로 이미 충분할 만큼 부각되어 있다.

이 문제가 대두된 배경에는 매우 다양한 요인과 구조가 얽혀있어 쉽게 그 실체를 파악하기 어렵다. 이럴 때 우리는 이 분야를 전공한 학자들의 현상 분석과 해석에 귀를 기울여보거나, 오랜 시간 이런 문제들을 관찰해온 언론인의 칼럼을 읽고 도움을 받기도 한다. 그런데 이들 전문가들도 자기들만의 한계가 있어 꼭 믿을 수 있는 것만은 아니기 때문에, 결국은 자신의 시선으로 문제를 보고 해석하면서 스스로의 대처 방안을 찾는 것이 중요해진다. 이때 우리는 사회구조와 역사의 관점에서 바라보는 거시적 시각과 자신의 개인적인 삶의 차원에 바라보는 미시적 시각을 동시에 갖추도록 노력해야 한다. 그렇지 않을 경우 사태의 중요한 어느 한 측면을 놓치는 결정적인 실수를 범할 수 있다.

사회를 바라보는 시각은 오랜 시간 철학이 독점하고 있다가 대체로 학문의 세계에 분화가 나타나기 시작하는 19세기 무렵부터 조금씩 분리되어 나가 사회과학이라는 이름으로 독립했다. 그 무렵 서구와 일본에 침략당하기 시작하는 동아시아 학계는 그 흐름에 동참하기 어려웠기 때문에, 주로 서양의 학자들이 선두에 섰는데 그들 중에서 빼놓을 수 없는 두 사람이 바로 카를 마르크스와 막스 베버다. 두 사람 모두 19세기 유럽사회의 중심에 자본주의가 있음을 직시하면서도 한 사람은 그 비판에 앞장서고 다른 한 사람은 그 현상 분석을 기반으로 삼아 일정하게 옹호하고자 했다는 점에서 차별화된다. 두 사람 모두 독일에서 태어나 공부했지만, 마르크스는 영국으로 건너가 삶을 마감했고 베버는 끝까지 내일이면 도착하는 하이델베르크를 중심으로 활동하다가 죽었다. 마르크스가 1880년대에 생을 마감한 데 비해 베버는 1920년대까지 살면서 활동했기 때문에, 베버는 마르크스를 직접적으로 비판할 수 있는 기회를 얻을 수 있었고 실제로 비판하기도 했다. 어떤 점에서 보면 우리 퇴계와 율곡 사이 정도의 연배 차이와 관계 설정을 닮기도 했지만, 퇴계는 젊은 율곡이 직접 찾아오자 최선을 다해 예우를 해주었다는 점에서 일정한 차이가 있다.

　사회과학계의 거장인 두 사람이 모두 세상을 떠난 지도 어느새 100년의 시간을 축적하고 있지만, 자본주의는 건재하다. 그 100년 동안 마르크스의 혁명 이념을 자신의 것으로 만든 러시아의 레닌과 중국의 마오쩌둥에 의해 공산주의 혁명이 시도되었고, 한때 지구촌의 한 축을 사회주의국가로 채우는 데까지 확장되기도 했다. 우리 한반도도 레닌의 후계자인 스탈린의 도움을 받은 김일성이 북쪽에 공산정권을 수립한 지 어느새 70년의 역사를 맞고 있고, 지구상에서 사회주의 정권이 거의 사라져버린 현재까지도 명맥을 유지하고 있는 몇 안 되는 정권을 그의 손자인 김정은이 이끌고 있다. 남한의 경우에는 자본주의를 이끄는 새로운 축으로 떠오른 미국의 도움을 받아 자유민주주의 정권이 들어섰고, 이후 군부독재와 민주화 투쟁을 통한 극복 과정을 거치면서 현재와 같은 위상을 지니게 되었다.

1985년은 내게 서울 북쪽 어느 여자중학교 도덕교사로 발령을 받은 해임과 동시에 대학원에서 석사과정을 시작한 해이기도 하다. 당시 우리 학계 분위기는 강단 학계의 마르크스 비난에 가까운 비판과 비공식 학계의 마르크스 추종 사이의 극단적인 대립으로 요약할 만했다. 대학원에서도 마르크스의 저서를 공식적으로는 읽을 수 없었고, 정보기관의 검열을 거친 마르크스 비판서들만 읽는 것이 허용되었다. 반면에 나 자신도 잠시 속해 있었던 이념동아리에서는 학부 1학년 때부터 일본어로 된 마르크스의 『자본론』을 접할 수 있었다. 대학원생일 때는 당연히 비공식적이고 불법적인 통로를 통해서 영어로 된 『자본론』을 구입해서 몰래 읽었고, 막스 베버의 『프로테스탄티즘의 윤리와 자본주의 정신』은 플라톤과 헤겔, 마르크스를 싸잡아서 전체주의라고 비판하는 칼 포퍼의 저서들(『열린 사회와 그 적들』, 『역사주의의 빈곤』)과 함께 대학원 공식 교재로 접할 수 있었다. 그때 내게 베버나 포퍼는 자신의 기득권을 학문의 이름으로 정당화하는 부르주아지 학자, 그 이상도 이하도 아니었다.

막스 셸러라는 독일 현상학적 윤리학자를 전공한 지도교수의 안내를 받아, 같은 계열의 니콜라이 하르트만이라는 윤리학자의 가치론을 도덕교육적 관점에서 해석하는 논문으로 석사학위를 받고 나는 더 이상 그들에게 관심을 갖기 어렵겠다는 생각을 했다. 뜬구름 잡는 가치의 왕국을 이야기하면서 현상학적 직관 능력을 갖추고만 있으면 그 왕국을 볼 수 있다고 말하는 그들이 가망 없고 시대착오적인 가톨릭주의자들이라는 생각을 떨칠 수 없었기 때문이다. 그러고는 군에 입대했고, 공군장교인데다가 근무지도 서울인 행운이 찾아와 여유 속에서 많은 고민의 시간을 가졌다. 이런 시대 상황 속에서 박사과정에 진학하는 일이 무슨 의미가 있을지, 또 시작한다면 어떤 공부와 학문을 할 수 있을지를 놓고 고민하다 때로 폭음을 하기도 했다. 그러다가 사단법인 유도회(儒道會)라는, 보수적이면서도 전통적인 유교공부 과정을 보존하기 위해 노력하는 홍찬유 선생이 이끄는 한문연수원 3년 과정에 장학생으로 입학하기도 했다. 야간 과정이어서 특별한 일이 없으면 퇴근하고 다닐 수 있는 형편이었지만, 몇 번 강의에 참여하다가 그 숨 막히는 답답함을 견디지 못하고 그만두어야 했다. 편안한 장교 생활이었지만, 꼬박 40개월을 채워야 하는 군복무는 길고 지루했고, 결국 제대를 앞두고 다시 같은 지도교수 밑으로 박사과정에 진학하고 말았다.

제대한 후 형식적인 절차 때문에 복직한 중학교에 하루 만에 다시 사표를 제출하고 몰두한 박사과정은 몇 군데 시간강의를 통해 만날 수 있는 젊음의 눈빛과 함께 행복의 공간으로 다가왔지만, 분위기가 크게 바뀐 것은 아니어서 역시 마르크스 원전은 금서였다. 대신에 나는 그의 이론은 20세기 초반 상황에 맞게 재구성해낸 프랑크푸르트학파의 책들을 접하면서 허기와 아쉬움을 달래는 한편, 비공식적인 루트를 통해 마르크스의 『독일이데올로기』, 『공산당 선언』 같은 저서들을 지속적으로 구해 읽으면서 당시 우리 사회의 혼란을 바라보는 자신의 시야를 좀 더 맑고 투명한 것으로 만들고자 노력했다. 그러던 중에 마르크스의 좌파 정치경제학에 대응하는 우파적 시각의 정치경제학을 연구하는 학자들의 모임인 한국정치경제학회가 만들어졌고, 학과 교수 한 분이 주도하는 것이어서 반 강제적으로 참여하게 되었는데, 그곳에서 프랑크푸르트학파와는 다른 관점에서 자유주의와 자본주의의 결합을 바라보는 시각을 접할 수 있었다. 특히 마르크스의 경직된 혁명론을 대체하고자 하는, 이른바 포스트마르크스주의자들의 시각에 관심이 갔다. 그러는 와중에 다시 막스 베버에게도 관심이 갔고, 이번에는 그의 유교와 도교 비판 같은 종교사회학에도 관심을 갖고 공부할 수 있었다.

이런 공부 과정을 거쳐서 나는 사회구조의 도덕성이라는 사회윤리를 박사학위 주제로 선택하게 되었고, 다행히 지도교수와 심사위원들에게도 수용이 되어 「사회윤리에 있어서 책임의 주체에 관한 연구」라는 제목의 박사학위 논문으로 1994년 2월에 학위를 받았다. 그로부터 20년 이상의 시간이 흘렀고, 나는 도중에 가산지관이라는 이 시대의 스승을 은사로 삼아 삼학원(三學院)이라는 5년제 과정에서 산스크리트어와 불교한문을 익히며 불교원전 중심의 불교철학 및 윤리를 공부하는 이력을 쌓았고, 가능한 범위 안에서는 동서양의 고전은 물론 관심 분야의 최근 학술서적들을 지속적으로 접하고자 하는 노력을 포기하지 않고 있다. 그럼에도 나는 여전히 어둡고 자신이 없다. 그런데 나이는 들어가고 좋은 편이었던 시력도 조금씩 말썽을 부려 얼마나 더 공부해낼 수 있을지 하는 두려움이 불쑥 찾아오기도 한다. 그래서 더 공부에만 집중하고 싶어 가능하면 다른 것들에는 관심을 덜 두려고 애쓰기도 하지만, 건강도 체력도 예전 같지 않아 두렵고 조바심이 나기도 한다. 그런 가운데 얻은 한 달간의 여유와 철학자들과의 대화와 간접적인 만남은 참으로 소중한 것일 수밖에 없다. 내일 하이델베르크로의 여정을 예비하면서, 그곳에서 만날 괴테와 헤겔, 야스퍼스 같은 학자들의 자취와 특히 막스 베버의 음성이 문득 느껴지는 듯하다 (2016.7.15. 금요일 점심녘, 뉘른베르크 강변 '스타벅스'에서).

10. 우리 시대 학자는 무엇으로 사는가

: 하이델베르크로 가는 길에 로자 룩셈부르크와 막스 베버,
  카를 야스퍼스에게 혁명과 학문을 묻다

　　뉘른베르크의 올 칠월 날씨는 변덕스럽기 그지없다. 섭
씨 30도 가까이 올라 한여름 더위를 느끼게 하다가도 소나
기가 한 번 지나갔다 하면 급강하해서 20도 이하의 싸늘한
날씨로 돌변한다. 오늘 아침은 10도 이하로 출발해서 오후 5시인
지금도 16도를 넘어서지 못하고 있다. 우리 늦가을 날씨쯤 되는
셈이다. 비는 그쳤지만, 어젯밤 늦게 프랑스 남부 휴양도시 니스에
서 벌어진 테러로 100여 명 가까운 사람이 죽거나 심하게 다쳤다
는 소식이 들려와 세상도 어둡고 덩달아 마음도 어둡다. 사실 이번
여행을 떠나올 때도 파리 테러가 떠올라 마음이 편치 않았다. 특히
가족을 동반하는 여행이어서 더 마음이 쓰였지만, 막상 파리에 도
착했을 때는 곳곳에 깔린 경찰과 중무장한 군인들, 까다로운 소지

품 검사를 빼면 특별한 불안감을 느낄 만한 요인은 없었다. 외국에서 우리를 바라보는 시각도 비슷한지 북한이 미사일을 쏘아 올리거나, 이번처럼 미국과 한국이 사드라는 첨단무기를 한반도 남쪽 성주라는, 참외가 유명한 아름다운 고장에 배치하기로 했다는 보도가 나올 때면 걱정이 되어 안부를 물어오는 지인들이 있다. 그럴 때면 아무렇지도 않다고, 우리는 괜찮다고 답하면서도 무언가 모를 찜찜함과 답답함이 마음 깊은 곳에서 솟아오르곤 했다.

우리 시대를 사는 누구나 이런 테러의 공포와 불안으로부터 자유롭지 못하지만, 그 중에서도 아랍 지역과 유럽, 미국 등이 더 심하고 이제는 유럽 어느 지역도 결코 안심할 수 없어 오늘 오후에 열리는 이곳 축제에도 우리는 가지 않기로 했다. 그런 정도로 피할 수 있는 일이 아님을 잘 알지만, 현재 우리가 할 수 있는 일은 그것밖에 없기 때문이다. 그러면서도 다른 한편으로는 귀하게 얻은 여행 시간들을 그냥 숙소에서 허비할 수는 없어 각자 자신이 가고 싶은 곳을 돌아다니다가 늦지 않게 돌아오기로 하고, 막 둘째가 동네 나들이를 나섰다. 내일이면 하이델베르크로 가지만, 그곳은 독일 지역에서도 여행자가 가장 많은 곳으로 꼽히고 있어 불안감이 쉽게 잦아들지 않으려 한다. 어쩌다가 우리는 이런 세상에서 살게 된 것일까? 저들은 왜 자신의 목숨을 건 테러를 감행하고, 저렇게 귀한 목숨을 내던지게 하는 마음 속 분노 또는 적대감은 과연 무엇일까? 이런 물음들에 학자라는 이름으로 살아가고 있는, 더욱이 종교의 본질과 종교 간의 대화와 윤리에 관심을 갖고 연구하는 학자라는 정체성을 갖고 있는 나는 어떤 역할을 해내야 하고 어떤 책임을 져야 하는 것일까? 이 물음은 한편으로 학자로서 나 자신의 정체성을 묻는 원론적인 물음이지만, 다른 한편으로는 내가 사랑하는 사람들을 테러의 공포로부터 지켜내야 한다는 절박한 실천성을 지닌 화두(話頭)이기도 하다.

뉘른베르크를 떠나기 전날, 저녁 산책길에 로자 룩셈부르크를 우연히 만나다

로자 룩셈부르크는 암울하고 절망적이던 나의 학부와 대학원 시절 혁명을 꿈꾸게 했던 환상 속의 혁명가이자 사상가였다. 광주 민주화 운동을 군인들의 총구로 짓밟고 집권한 전두환이라는 희대의 독재자가 꿈적하지 않고 버티던 그 시기에 우리가 할 수 있는 일이라고는 가녀린 저항의 몸짓밖에 없던 시절이었다. 그나마도 가족과 출신 지역 사람들의 과도한 기대의 시선을 온몸에 안고 올라온 '서울대생'이라는 정체성은 그런 저항에 뛰어드는 것을 불쑥불쑥 가로막는 결정적인 변인으로 작용하고 있기도 했기에, 이러지도 못하고 저러지도 못하는 무력과 절망의 일상을 보내야만 했던 그 시기에 부유한 유대인 집안을 배경으로 가진 로자는 선망의 대상이자 감히 꿈꾸기 힘든 혁명의 아이콘 그 자체였다.

러시아령 폴란드의 부유한 유대인 집안 출신으로 어릴 때 병을 앓아 다리가 불편했던 그는 스위스와 독일을 넘나들며 공부하고 혁명 동지를 찾아다니다가, 1918년 유럽에서는 가장 늦은 편에 속하는 독일 혁명 와중에 기존 권력층이 주도하는 우파에 의해 살해되어 베를린 강가에 버려졌던 혁명가였다. 시신마저 몇 개월 후에 강 하구에서 발견되었다는 불행한 이야기를 깊은 밤안개처럼 지니고 있던 그 사람은 이곳 독일에 와서 아직 혁명을 마음 속에만 두고 있던 레닌을 만나기도 하고, 베른슈타인이라는 수정주의자에 대한 강력한 비판으로 이름을 얻기도 했다. 특히 그는 자본주의 역사에서 개혁을 통해 무언가를 제대로 바꾼 일은 없고, 오히려 시간이 지나면 개혁에 대한 환멸만을 갖게 된다고 비판하면서 오직 대안은 혁명밖에 없고, 그 혁명은 모든 노동자들의 혁명의식을 모으는 과정을 전제로 실천적인 혁명을 일으켜야 한다는 다소 이상적인 혁명론과 그것의 실천을 죽음을 맞을 때까지 포기하지 않았다. 그가 남긴 저서는 주로 독일 사회민주당의 당 학교에서 강의한 초록을 후에 출판한 것인데,『정치경제학 입문』,『사회혁명이냐, 개혁이냐』등이 있다. 우리 삼일운동이 있던 1919년 1월, 혁명군을 조직하여 독일 혁명을 꾀하다가 체포되어 살해된 것이다.

일주일 정도 머물다가 떠나는 뉘른베르크가 아쉬워 덜 익숙한 거리를 골라 천천히 걷고 있던 어제(2016.7.16 금) 저녁, 상시적으로 맥주를 마시면서 공연도 볼 수 있는 문화정원(Kulturgarten) 쪽으로 길을 잡아 강가로 가던 중에 문득 눈앞에 익숙한 독일어가 스쳐 지나갔다. 그냥 무시하고 지나갈까 하다가 되돌아와서 다시 보니, 아! 로자 룩셈부르크(Rosa-Luxemburg-Platz)였다. 그 팻말 밑에는 '독일 사회주의 여성정치인이자 반전주의자: 1871-1919'라는 간단한 소개말을 단 팻말이 하나 더 붙어 있었고, 그저 작은 광장일 뿐 로자를 떠올릴 수 있는 다른 어떤 흔적도 찾을 수 없었다. 그러나 나는 한동안 그곳에 홀로 머물며 로자와의 대화가 가능해질 때까지 기다렸다. 50세를 다 채우지 못하고 혁명을 위해 차갑고 거친 총칼에 자신의 몸을 내맡겼던, 그 작고 가냘픈 여성은 쉽게 대화의 상대자로 응해주지 않았다. 하는 수 없이 나는 강가를 걸으면서 동행으로 나서주기를 기다렸고, 다행히 그는 차분하면서도 단호한 음성으로 내가 거는 말에 응답하기 시작했다. 그는 자본주의는 역사발전의 일시적인 단계에 불과한 것이라고, 그래서 조만간 무너질 수밖에 없는 체제라는 신념을 갖고 있었다. 그러나 그가 죽음을 당한지 거의 한 세기가 지난 지금은 그 자본주의가 전 세계를 장악하고 있고, 그가 꿈꾸고 실현하고자 했던 과학적 사회주의는 레닌이나 마오쩌둥, 카스트로 같은 혁명가들에 의해 현실 속에 일정하게 구현되었다가 불과 한 세기도 지나기 전에 붕괴하고 말았다. 그나마 남은 국가들이라고 할 수 있는 중국과 쿠바는 이미 자본주의 경제 운영방식을 깊이 받아들이며 투항하는 자세를 보이고 있고, 북한은 사회주의 이상과는 거리가 먼 세습독재 국가로 전락하고 말았다. 이 현상을 보며 그는 어떤 말을 해줄 수 있을까?

잠시 말을 멈춘 그는 오히려 내게 그럼 자본주의는 어떠냐고 묻는 듯했다. 그의 예측대로 쉽게 망하지는 않고 그 영역과 세력을 전 지구적으로 확장하는 데는 성공했지만, 그 많은 부를 축적하고서도 굶는 사람의 숫자는 전혀 줄이지 못하고 있고, 자신의 생산력을 늘리는 과정에서 지구의 건강한 생태계를 무너뜨렸을 뿐만 아니라 탐욕적이고 적대적인 자본 축적이 끝없이 진행되면서 서로를 죽이고 스스로 죽임을 당하기도 하는 이 처절한 테러 국면을 초래한 자본주의는 과연 성공한 것이냐고 그가 묻는 듯했다. 더 위험한 것은 그 자본주의의 역기능을 지속적으로 견제해주던 사회주의 국가들이 무너지면서 이제는 끝없는 독주를 하고만 있는 것 아니냐고도 묻는 듯했다. 미국에 비해 치안이 좋다는 평가를 받아왔던 유럽이 더 이상 안전한 곳이 아닐 뿐만 아니라, 어디를 가더라도 사람이 많은 곳이면 극도의 경계를 해야만 하는 여행자 입장이어서인지 그의 시선은 더 절절하게 다가왔다.

어떤 대안이 우리에게 남겨져 있는 것일까? 나는 이제 더 이상 혁명군을 동원한 무력적인 혁명을 대안으로 믿지 않는다. 그것으로 이룰 수 있는 일이 별로 없을 뿐만 아니라. 최근의 테러에서 확인할 수 있는 것처럼 지속적으로 적대감을 확산시키고 서로에 대한 증오를 키우는 결과 말고는 기대할 것이 없기 때문이다. 이슬람 극단주의 세력인 '이슬람 국가(IS)'가 왜 저런 극단적인 테러를 감행하고자 하는지를 충분히 이해할 수는 있지만, 그것을 대안이라고 인정해줄 수는 없다. 대안이기는커녕 오히려 문제를 더 악화시키고 있을 뿐만 아니라, 대부분의 평화적인 이슬람에 대한 불필요한 적대감을 확산시키는 요인이 되고 있기도 하다는 점에서 그들의 테러에 결코 동의할 수 없다. 더욱이 우리 같은 무고한 여행자들이나 시민들을 대상으로 삼는다는 점에서 그들에 대한 강한 적의와 심한 불안감이 함께 일기도 한다.

물론 로자는 그런 테러를 혁명과 동일시하지 않을 것이다. 오히려 자본축적으로 인해 고통 받고 있는 대다수의 노동자들이 상황을 정확하게 인식하면서 세계적으로 연대하는 혁명이 더 필요한 시기 아니냐고 반문해오는 것 같았다. 우리 사회도 이미 빈부격차가 허용범위를 넘어섰고, 세계적으로도 그런 경향이 강화되면서 만성적인 실업난과 비정규직 양산으로 이어지고 있다. 런던과 파리, 뮌헨, 심지어 여행자들 비중이 높은 이곳 뉘른베르크의 아침을 채우는 지치고 소진된 눈빛의 군상들은 곧 다름 아닌 우리 자신의 모습이자, 우리 삶의 질이 얼마나 낮아졌는지를 상징적으로 보여주는 증거들이다. 심지어 여행자들마저 인터넷을 통해 획일화된 정보들을 주고받으면서 일상 같이 바쁜 여행 일정을 잡는 경우가 대부분이다. 그들 또한 진정한 여행자가 아니라, 쉼과 휴식까지 자신들 일상 속 계획표 안에 꼭꼭 채워 넣고서 여행을 해야 한다는 강박관념으로 살아가는 불쌍한 군상들인지도 모른다. 물론 나와 우리 가족을 포함하는 말이지만, 그래서 일부러라도 계획된 일정을 과감하게 무시하고 이렇게 여유를 부리는 시간을 갖고자 노력하고 있다. 그러느라고 동행인들과의 신경전을 여러 번 감내해야했지만...

각자의 시간을 갖고 있던 아내와 둘째가 돌아와 이제 정말 뉘른베르크와 이별해야할 시간이 되었다. 우리 현실 속에서 어떤 대안이 가능한지를 학문적 차원에서 모색하고 구체적인 대안까지 제시해 주어야 한다는 책임감을 느끼는 학자이자 남편, 아버지로서 이제 하이델베르크로 옮겨가며 그 화두를 계속 들고 있어볼 생각이다. 다행히 그곳에는 조금 다른 차원의 대안을 제시해줄 철학자 헤겔과 야스퍼스, 사회학자이자 철학자이기도 한 막스 베버와 그들이 걸은 '철학자의 길'이 기다리고 있다. 그와 함께, 또 둘째와

함께 철학자의 길을 걸을 수 있다는 기대로 설렘이 시작'되었다
(2016.7.16, 토요일 점심녘, 뉘른베르크 강가 '스타벅스'에서).

하이델베르크 성 오크통과 와인, 그리고 우리들의 대화

하이델베르크 중앙로에 자리한 숙소에서 왼편으로 네카 강 카를 테로도르 교, 이곳 사람들이 옛 다리라고 부르는 다리를 건너면 '철학자의 길(Philosophenweg)'이 나오고, 중앙광장에서 오른편으로 산길을 올라가거나 트램을 타면 눈 깜짝할 사이에 하이델베르크 옛 성이 나온다. 철학자의 길은 아침 일찍 혼자서 다녀왔고, 옛 성에는 아내와 둘째가 함께해 트램을 타고 올라가기로 했다. 이미 뮌헨과 뉘른베르크, 밤베르크 등에서 고성은 볼 만큼 보았고, 마치 우리가 여러 절을 돌아다니다 보면 절마다 차이가 별로 없는 것으로 느껴지는 것처럼, 별다른 기대 없이 들어선 하이델베르크 성은 그러나 무언가 다른 정취로 우리에게 다가왔다. 마치 앙코르 유적지 따프롬 사원 벽을 장악하고 있는 거대한 나무들의 뿌리를 처음 보았을 때와 같은 전율이 온몸을 스쳐갔다. 무너져가는 성벽들, 이름을 알 수 없는 목화 닮은 하얀 꽃의 장엄함, 거대한 오크통을 보관하기 위해 지어진 듯한 동굴의 서늘한 바람까지 우리들을 휘감는 시간의 엄연한 흐름이 자리하고 있었다.

우리는 커다란 오크통 두 개가 보관되어 있는 지하 동굴 카페에서 잠시 머물기로 하고 레드 와인 한 잔과 독일 생맥주 두 잔, 그리고 소시지와 바게트를 주문하여 점심을 대신하기로 했다. 가격도 비싸지 않고 맛도 좋은데다가 먼지가 쌓여가는 하얀 벽으로 둘러

싸인 이곳이 마음에 들어 더 머물기로 했다. 동행자들은 다른 곳을 더 돌아본다고 밖으로 나갔고, 혼자 남아 노트북을 켜놓고, 방금까지 앞자리에 앉아 아침에 철학자의 길에서 만난 이곳 종달새처럼 재잘거린 둘째의 눈매를 떠올리고 있다. 유난히 나를 더 닮아 애잔한 그 아이와 독일을 대표하는 철학자 중 하나로 꼽히는 헤겔이 우리와 비슷한 경로로 이곳에 왔음을 주제로 삼아 대화를 나누었다. 헤겔은 박사학위를 받은 후 밤베르크에서 지역신문 편집장으로 일하며 자신의 주요 저서인 『정신현상학』을 출간했고, 그것을 인정받아 뉘른베르크에 있는 김나지움 교장으로 초빙 받아 8년을 머물렀다. 실제로 철학을 가르치기도 했던 그가 철학교육에 대해 남긴 소중한 말을 앞에서도 화제 삼아본 적이 있다. 그는 뉘른베르크를 떠나면서 자신의 체험을 바탕으로 청소년들에게 철학을 어설프게 가르치면 철학에 대한 혐오감만 심어줄 뿐이라는 충고를 철학계와 사회를 향해 하고 싶었던 것 같다.

헤겔은 인간이 의식, 특히 자기의식을 가진 존재라는 사실에서 자신의 철학을 출발시키고 싶어 한다. 그 자기의식은 다시 이성으로 이어지고, 이성은 관찰하는 이성과 실천하는 이성 등으로 분화되어 발달하면서 절대정신에까지 이른다. 이러한 절대정신은 세계사를 움직이는 힘이자 원동력이고, 따라서 세계사는 절대정신이 자신을 점차 드러내는 과정이라는 주장을 하는 것으로 이어진다. 인간의 이성에 관한 논의에서 데카르트와 칸트를 잇는 굵은 자취를 남긴 헤겔은, 한편으로는 헤겔 스스로 정복자 나폴레옹이 독일에 들어온 모습을 보고 역사의 획기적 사건이자 절대정신이 구현된 사례로 받아들이는 것과 같이 독재체제를 옹호하는 논리로 활용되지만, 다른 한편으로는 그 절대정신의 실천적 구현이라는 사회혁명 사상으로 이어져 카를 마르크스와 같은 후계자를 길러내는 바탕이 되기도 한다.

처음으로 한 학기 대학 철학 강의를 들은 둘째는 자신도 헤겔의 철학교육에 관한 충고에 적극 동조할 수 있게 되었다는 말로 자신의 철학교육 경험을 요약해낸다. 그가 들은 철학 강의가 어설픈 것이었다고 판단하는 것은 속단이 되겠지만, 최소한 그의 철학함을 제대로 구현할 수 있는 기회가 주어지지는 않았다는 판단은 내릴 수 있을 것 같다. 그렇게 하는 일이 결코 쉽지 않음을 나 또한 잘 알고 있고, 그런 평가를 나도 받을 수 있다는 생각을 하면 누군가에게 철학을 가르치는 일이 참 어렵고 그것이 과연 가능하기나 한 일인지 하는 생각이 들기도 한다. 칸트의 말처럼 철학 자체를 가르치는 일은 불가능하고 그 철학과 관련된 각자의 철학함을 조심스럽게 가르칠 수 있는 것이라면, 우리는 철학함을 중심에 두는 철학교육의 다양한 통로와 방법에 지금보다 훨씬 더 많은 관심을 가져야 할 것이다. 오늘 늦은 오후에 날씨가 조금 선선해지면 함께 나설 철학자의 길 동행에서 이런 주제를 가지고 다시 대화를 시도해볼 생각이다. 휠더린의 시비가 있는 나무의자에 함께 앉아 서로의 눈망울을 들여다볼 수 있는 그 시간이 기다려진다(2016.7.17. 일요일 점심 무렵, 하이델베르크 성에서).

철학자의 길은 좁은 의미의 직업철학자들만의 길은 아니다. 강단철학자라고도 불리는 전문철학자들은 20세기 이후 자신의 영역 속에 있던 많은 학문들이 모두 분가해 나가면서, 지속적으로 자신들만의 고유한 영역을 찾아야만 하는 가련한 운명으로 내몰린다. 21세기 초반 지금까지도 사정은 크게 달라지지 않아 철학의 종언을 고백하는 철학자들의 글이 끊이지 않고 있다. 그럼에도 이른바 전문철학자들은 자신들만의 리그에서 안주하거나 상당수 동양철학자들의 경우처럼 문헌에 파묻혀 한 발짝도 밖으로 나오지 못하는 퇴행성을 보이기도 한다. 그럼에도 그들은 존중받을 필요가 있는 존재들이다. 인간이 살아가는 세상에서는 때로 그런 학문주의자들, 즉 자신의 학문 자체에서 즐거움과 삶의 의미를 느끼고 찾는 사람들의 삶이 세상을 구원하는 역할을 해내기도 하기 때문이다. 혹시 거기까지 미치지 못한다고 해도 그런 영역쯤 하나 남겨두는 것이 인간과 사회, 역사의 여유 공간을 확보하는 일이 될 수 있을 것이다.

대학이 획일화되어가고 있다는 평가와 비판 속에는 학생들도 비슷해져 가지만 교수들도 비슷해져 가는 현상에 대한 비판이 담겨 있다. 박사학위를 하고 논문을 쓰고 인연이 닿아 교수가 된 사람들이 매년 꼭 몇 편의 논문을 써내야만 생존할 수 있는 구조가 점차 강화되면서 그만그만한 논문을 써내는 비슷한 교수들로 대학이 채워지고 있다. 물론 아직까지도 교육부의 대학 통제에 항의하면서 투신자살하는 교수도 있고, 그 항의에 공감을 표시하면서 뙤약볕에서 데모를 하는 교수들도 있다. 업적평가 자체를 포기하고 가장 낮은 등급을 자임하면서 뚜벅뚜벅 자신의 길을 걸어가는 교수도 없지는 않다. 그렇지만 점점 더 통제는 강화되고, 숫자로 표시되는 서열로 교수들을 줄 세우기 하고자 하는 정부의 의도가 먹혀들면서 임용된 지 얼마 되지 않은 교수들은 점수매기기 식 경쟁을 당연하고 공정성조차 확보된 것으로 받아들이는 경향이 강화되고 있다. 나는 어떨까? 어정쩡하다고 표현하는 게 가장 적절할 듯하다. 대학에서 공동으로 관리하는 업적평가에 이른바 그 업적을 제대로 입력하지 않아 입는 손해는 기꺼이 감수하고 있지만, 그렇다고 해서 업적평가 자체를 거부하지는 못하고 있기 때문이다. 그런 가운데 교수 또한 그런대로 괜찮은 연봉과 비교적 높은 사회적 대우를 받는 직업으로 받아들여지고 있고, 학문 또한 직업이 되어가고 있다. 그 학문으로서의 직업이 무엇인지에 대해 가장 많은 이야기를 해줄 수 있는 사람이 바로 이곳 하이델베르크를 상징하는 막스 베버다.

네카 강가 막스 베버 하우스와 '철학자의 길'에서 학문과 학자의 삶을 묻다

하이델베르크 중앙로를 걷다가 왼편으로 접어들면 어떤 골목이든 네카 강과 이어진다. 파리 세느 강보다는 크고 물의 양도 풍부한 이 강은 남강이 진주를 감싸고 전주천이 전주를 감싸 안고 흐르는 것처럼 도도한 듯하면서도 정겹다. 옛 다리를 건너면 바로 만날 수 있는 철학자의 길과 막스 베버 하우스가 있기 때문이고, 오른편으로 무너져가는 성벽을 그대로 간직한 채 시간의 중심을 흐르는 하이델베르크 성이 있기 때문일 것이며, 오늘 같은 날 중앙로를 가득 채우며 몰려들어 연신 카메라를 들이대는 세계 곳곳에서 온 사람들의 호기심어린 눈망울과 땀 냄새 때문이기도 할 것이다.

하이델베르크 성에서 내려와 잠시 숙소에 들러 휴식을 취한 다음, 이제 아내와 둘째를 동행해 옛 다리를 건너보려고 한다. 철학자의 길을 함께 걷기도 하고, 그 근방에 있다는 막스 베버 하우스도 찾아가 볼 생각이다. 막스 베버는 주로 베를린에서 공부했지만, 1897년 1월 이곳 하이델베르크 대학 경제학 및 재정학 교수로 초빙되면서 이주하여 이곳에서 내내 살다가 이곳에 묻혔다. 평소 신경쇠약이 있던 베버는 정교수가 된 지 불과 몇 년도 지나지 않아 강의를 할 수 없는 상황까지 내몰렸고, 결국 몇 년 후에는 이름만 남은 명예교수로 물러서는 고통의 시대를 맞아야 했다. 그럼에도 그는 곤경에 굴하지 않고 몸의 사정이 나아지는 대로 책을 읽고 글을 썼고, 죽은 후에는 아내의 헌신적인 내조로 방대한 분량의 베버 전집을 가질 수 있게 되었다. 내 연구실 서재에도 어김없이 꽂혀 있는 이 전집을 어쩌다 기회가 되면 펼쳐들곤 하는데, 최근에는 그의 종교사회학 관련 글들을 볼 일이 생겼다. 작년과 올해, 우리 한국사회 현실 속에서 종교의 위상과 역할이 무엇일지를 규명해달라는 글 요청을 몇 번 받았기 때문인데, 그때마다 벌써 백년도 더 지난 그의 글이 지니는 힘과 깊이에 흠칫 놀라곤 했다.

막스 베버는 현재 학문 분류 기준으로 사회학자이고, 사회학이라는 학문의 초석을 다진 대표적인 학자 중 하나로 꼽히기도 한다. 따라서 그를 사회학자로 분류하는 일은 한편으로 당연한 일이지만, 그렇다고 해서 그가 단지 사회학자이기만 하다고 주장한다면 결코 받아들일 수 없다. 우리나라 사회학이 주로 미국사회학의 지배를 받으면서 어느 순간 과학으로서의 사회학이라는 정체성을 강하게 갖게 되었지만, 사회학이 인간이 모여살고 있는 사회 자체를 분석 대상으로 삼는 학문이라는 점에서 인문학적 성격을 도외시하는 일은 불가능할 뿐만 아니라 결코 바람직하지도 않다. 사회학자가 자신이 속한 사회를 연구대상으로 할 때 지닐 수밖에 없는 편견과 선입견을 극복하기 위해 최대한 가치중립성을 유지해야 하지만, 자연과학 같은 비교적 온전한 중립성은 불가능하다는 점을 받아들이는 것이 바람직할 뿐만 아니라 현실적인 자세이다. 그렇게 본다면 사회학은 사회과학인 동시에 인문학이고, 넓은 의미의 철학이기도 하다. 막스 베버는 그런 의미의 사회학자이자 철학자이다. 오늘 오후는 둘째와 막스 베버 하우스와 철학자의 길을 함께 찾아 걸으며, 철학자 막스 베버에게 누구나 피할 수 없는 고통과 함께하는 삶과 학문의 의미, 직업으로서 학문이 지니는 위상과 역할을 주제로 함께 이야기를 나누고 싶어진다.

드디어 오늘(2016.7.17) 오후, 막스 베버 하우스와 철학자의 길을 딸과 함께 다녀왔다. 옛 다리를 건너 오른편으로 2, 3분 걸으면 강변도로 건너편에 베버 하우스가 나오고, 다리 건너 왼편으로 바로 건널목을 건너면 철학자의 길 입구다. 팻말이 작게 붙어 있고 늘 그 입구에는 차들이 주차되어 있어 자칫하면 지나치기 쉽지만, 그 팻말을 보고 좁고 구불구불한 길로 들어서면 돌로 된 바닥과 양 편 돌담이 보이면서 철학자들이 산책할 만하다는 생각이 들게 한다. 막스 베버 하우스는 일요일 오후에 찾았기에 당연히 문을 열지 않았지만, 정문은 활짝 열어놓아 꽃들이 화사하게 핀 정원과 아름드리나무가 반기는 뒤뜰을 볼 수 있었다. 지금은 외국학생을 위한 독일어 및 독일문화 교육센터로 이용하고 있음을 팻말을 통해 확인할 수 있었는데, 현관으로 올라가는 계단 옆 벽에도 막스 베버 하우스임을 알리는 큰 글씨가 써 있어 베버를 기리는 마음을 확인할 수 있다. 이곳을 먼저 다녀간 김덕영(2015, 『사상의 고향을 찾아서』 20장)에 따르면, 이 집은 본래 베버의 외할아버지가 지은 것인데 신경쇠약으로 명예교수로 물러난 뒤에 평생을 살다가 세상을 떠난 곳이라고 한다. 막스 베버 전공자이기도 한 김덕영은 하이델베르크를 상징하는 학자로 베버를 꼽으면서 그의 묘비에 새겨져 있다는 '그 만큼 큰 그릇을 다시는 볼 수 없을 것이다.'는 평가를 함께 제시하고 있다.

사실 우리 사회와 학계에서 막스 베버는 카를 마르크스와 비교해 과소평가된 인물이다. 1980년대 이후 학계의 전반적인 비판의 분위기 속에서 베버의 관점은 자본주의를 옹호하거나 그렇지 않더라도 자본주의가 불러일으키는 문제는 도외시한 채 그저 하나의 분석 대상으로 삼은 학자라는 혐의 또는 일방적인 평가가 있었고, 21세기에 이른 현재까지도 큰 변화는 없다. 물론 카를 마르크스도 현실 사회주의권의 몰락과 함께 상당 부분 잊혀지거나 구시대의 담론이라는 평가를 받으면서 아예 관심의 대상에 올리지 않는 경향마저 있기는 하다. 일정 부분 이해할 만한 현상이기는 하지만, 결코 바람직한 현상이라고 할 수는 없다. 오히려 지금과 같이 자본주의가 사회 전반은 물론 세계 전역을 독점적으로 지배하고 있는 상황 속에서는 현재의 자본주의보다 좀 더 적나라하게 자신의 모습을 막 드러내고 있었던 19세기의 유럽 자본주의를 분석 대상으로 삼아 그 정신적 기반을 찾고자 했던 막스 베버나, 비판적이고 혁명적인 극복의 대상으로 삼고자 했던 카를 마르크스의 관점 속에서 심오하면서도 본질을 꿰뚫는 지혜를 얻을 수도 있다. 뉘른베르크에서 만났던 로자 룩셈부르크도 마르크스의 관점에 최대한 충실하고자 하면서 수정주의를 경계했다는 점에서, 같은 맥락의 주목 대상이 될 만하다.

일교차가 심한 이곳 기온 때문에 우리 식구 모두는 감기를 한 번씩 앓아야 했다. 다행히 가벼운 목감기와 코감기여서 파리와 뮌헨의 약국에 들러 산 약한 감기약으로 다스릴 수 있었지만, 어제 철학자의 길을 함께 걸은 시간에도 예상치 않았던 더위가 찾아와 몇 번이나 중간에 쉬어가야 했다. 경사진 길인데다가 울퉁불퉁한 돌 벽돌로 된 길이어서 평발인 아내는 발바닥에 불이 나는 것 같다고 호소했고, 둘째는 이번 여행에서 깨친 가장 큰 교훈이 체력을 키워야겠다는 생각이라는 말로 에둘러 고통을 호소했다. 다행히 중간 중간에 쉴 수 있는 작은 '철학자의 정원' 같은 곳이 있어 함께 쉬면서 네카 강과 그 건너편 하이델베르크 성을 바라보면서 이런 저런 이야기를 나눌 수 있었다. 꾸불꾸불해서 뱀의 길이라는 별명도 갖고 있다는 돌길이 끝나고 나면 다른 쪽에서 주로 운동하는 사람들이 올라오는 넓은 길과 만나는데, 그 길부터는 우리 가까운 산의 등산로와 다를 바 없다. 조금 더 올라가면 오른편으로 편안한 나무의자가 여러 개 있는 횔더린 시비 공원이 보인다. 공원이라는 말을 쓰기에는 작은 공간이지만, 우리가 그곳에 갔을 때는 독일 중년 여성이 혼자 앉아 휴대전화로 무언가를 검색하고 있을 뿐 다른 사람은 없어 꽤 오래 머물며 담소할 수 있었다. 그렇게 보면 이 길은 단순히 '철학자의 길'이 아니라 '시인과 철학자의 길'인지 모른다.

> 오래 전부터 나는 그대를 사랑하고 있다네
> 기꺼이 그대를 어머니라 부르며
> 꾸밈없는 노래를 바치고 싶네
> 그대, 내가 아는 한
> 조국의 가장 아름다운 도시여……

> ▶▶▶ 프리드리히 횔더린, 「하이델베르크」

횔더린 시비(詩碑)에는 하이델베르크를 사랑하는 그의 마음이 온전히 담긴 이런 시가 아름다운 글씨체로 새겨져 있었다. 둘째에게 이 시를 떠듬떠듬 읽어주면서 이런 시인을 가진 도시와 이런 도시를 가진 시인의 아름답고 행복한 인연을 함께 일깨워주고 싶었다. 돌이켜보면, 내가 태어난 마을은 산과 들, 바다가 어우러진 서해안의 자연마을이었고, 유독 교육열이 높은 아버지 덕분에 가까운 초등학교를 버리고 면소재지 학교를 다닌 탓에 길고도 지루한 통학 길에서 만나야 했던 자연은 내 마음을 형성하는 아름다운 토양이 되어 주었다. 초등학교 저학년 때는 두 시간 가까이 걸리는 길에서 만나는 꽃과 나무, 뱀과 풍뎅이 같은 자연물들이 친구이자 놀잇감이었고, 급기야 노는데 빠져 학교에 가는 일마저 잊어버리고 있다가 그냥 돌아왔던 기억들이 생활기록부에 '잦은 결석'으로 남겨져 있다. 멀지 않은 곳에 선운사와 소요사가 있어 소풍을 가기도 했고, 서해안 갯벌을 가득 메운 게들의 향연을 언제든지 볼 수 있었다. 고등학교 진학을 위해 간 전주 변두리 자취집도 1970년대에는 고향과 같은 느낌으로 남아있어 지금도 전주를 아련한 느낌으로 떠올리곤 한다. 그곳에는 팔순을 바라보는 어머니도 계셔서 더 그럴 것이다. 그런 느낌으로 횔더린에게 깊이 공감한, 이날 아침 홀로 들었던 철학자의 길에서 시 한 편이 내게도 찾아왔다.

오래 기다린 하이델베르크
'철학자의 길', 이른 아침 홀로
가만히 들고 싶었다. 헤겔이나
야스퍼스, 하이데거 같은 철학자
생각 끊기면 걸었을 이 길
버찌처럼 툭 떨어지는 분홍빛 자두와
재잘거리는 이국의 종달새 동행하여
횔더린 시비 건너편 나무의자
깊은 적막 같은 검은빛 사이로
네카 강 건너편 무너져가는 성
보이지 않는다. 시간이 눈처럼
내려 쌓이고 서울 종로통 뒷골목
독일어학원 계단 이런 아침 밟아
오르던 기억들 현상학의 후설이나
새로운 존재론 알아듣기 어려운 말로

내뱉는 하이데거 두꺼운 책들 깊이
빠져들고 싶던 열망이었는지 몰라...

그 즈음 태어난 큰아이 엊그제
박사논문 최종심사 통과했다는 소식
인터넷망 연결된 와이파이로 접하고
올해 대학 들어간 둘째 깊고 선선한
눈매 떠올려 햇살 좋은 오전 시간
함께하고픈 마음 내는 이곳
멀리 성당 종소리 내내 지저귀는
종달새 울음 어우러져 가득 차고 있다.

▶▶▶ 졸시, 「철학자의 길에 들다」, 2016.07.17.

철학자의 길에서 만날 수 있는 이곳 철학자에는 근대철학자인 헤겔과 함께 유신론적 실존철학자로 불리는 카를 야스퍼스도 속한다. 막스 베버도 그 둘 사이의 시기에 살았던 넓은 의미의 철학자로 분류할 수 있고, 야스퍼스는 이곳 하이델베르크 대학에서 철학교수로 활동하다가 말년에는 스위스로 망명하여 삶을 마감한 순탄치 않은 생애를 지닌 실존철학자이다. 그의 철학 개념 중에서 내게 의미 있게 다가왔던 것은 '철학적 신앙'이라는 말인데, 20세기 상황 속에서 지식인이 어떤 형태의 유일 신앙을 가질 수 있을지를 짐작하게 하는 철학적 개념이어서 흥미롭게 읽은 기억이 있다. 야스퍼스는 파리에서 만난 싸르트르와 함께 실존철학을 대표하는 철학자다. 그는 실존(實存, Existentz)을 합리적인 사유와 과학적 합리성에 따라 살아가는 상황과 대비시켜 우연과 부조리 속에서 죽음이라는 한계상황과 마주하고 있는 삶이라는 의미로 정의한다. 정신과 의사이기도 했던 그는 당시의 합리성과 과학에 대한 과도한 믿음을 비판하면서 이 실존의 한계상황과 마주해 초월할 수 있는 길을 모색하는 것이 철학의 과업이라고 생각했다.

오늘(2016.7.18. 월) 아침 산책길은 철학자의 길을 버리고 중앙로 위쪽 붉은 빛 교회가 보이는 방향으로 잡았다. 철학자의 길은 내일 아침에 다시 갈 생각이었고, 늘 하던 버릇대로 아침 일찍, 머무는 여행지의 모습을 보는 일이 이곳 사람들 삶의 속살을 살짝 들여다보는 일이라는 판단 때문이었다. 곳곳에 가톨릭과 개신교 교회가 있고, 대체로 높아야 5층을 넘지 않는 고풍스런 고딕식 건축물들이 줄줄이 이어져 있는 전형적인 독일 도시 모습이었다. 그러던 중에 교회 놀이터에서 두 명의 여자 초등학생이 놀고 있는 모습을 발견했는데, 그 옆으로 다른 친구가 지나가자 큰 소리로 부르면서 따라 나서고 있었다. 그들을 조금 떨어져서 따라가니, 초등학교와 직업학교(Realschule)가 함께 모여 있는 학교 공간이 나타났다. 반가운 마음에 양쪽 교문을 모두 찾아보았는데, 정문은 각각 다른 곳에 있고 학교는 등을 맞대고 붙은 형상으로 서 있었다.

독일의 학제는 유치원과 초등학교를 마치고 나면 직업학교와 김나지움으로 불리는 인문계학교로 각각 나뉘어 진학하는 방식으로 되어 있다. 특히 초등학교 담임교사가 아이를 오랫동안 관찰한 결과에 바탕을 두고, 이 두 학교 중 하나로 진학하도록 결정하도록 하는데 핵심적인 역할을 담당하는 것으로 알려져 있다. 부모도 중요하지만, 비교적 객관적으로 아이의 소질을 파악할 수 있는 담임 교사에게 선택권을 부여하는 것은 바람직한 일이다. 우리의 경우, 아이들의 소질이나 그에 관한 교사들의 판단에 대한 고려가 약한 것이 많은 문제를 일으키는 요인이 되고 있다. 다만 이곳도 취업난이 심화되면서 교사의 선택에 이의를 제기하는 학부모들이 점차 늘고 있다고 하고, 직업학교로 진학했다가 다시 인문계학교로 전학하는 비율도 높아지고 있다고 한다.

그런데 그 학교들과 맞닿은 길 건너편에 익숙한 이름 하나가 보였다. 가까이 가보니, '카를 야스퍼스가 살던 집'이라는 팻말이었고, 지금은 베버 하우스가 국제교육센터가 된 것처럼 하이델베르크 대학생을 위한 기숙사로 사용되고 있었다. 나치에 의해 교수직에서 강제로 물러나야 했던 야스퍼스는 전쟁이 끝나자 다시 대학으로 돌아와 정상적인 학교 회복을 위해 온 힘을 기울이지만, 전후 독일의 책임이 무엇이냐를 둘러싼 논란 속에서 결국 스위스로 망명하는 어려운 선택을 해야만 했다. 한 사람의 철학자 또는 학자가 속한 공동체가 위기에 처할 때 어떤 태도를 취하는가는 그의 지성을 드러내는 핵심적인 통로이다. 하이데거가 나치에 부역했다는 혐의로부터 자유롭지 못해 그의 철학까지 오염된 느낌을 떨쳐버리지 못하는 것은 당연한 일이다. 학자의 학문과 삶이 온전히 분리되는 것은 불가능하고, 특히 그의 실존이 어려운 상황에 처했을 때 어떤 태도를 취하는가는 그의 학문이 지니는 진정성을 보여주는 것일 수밖에 없기 때문이다. 그런 점에서 나는 미당 서정주의 시와 삶이 분리될 수 있다고 생각하지 않는다. 그는 시인으로서 천부적인 재능을 갖고 태어나 남들이 쉽게 모방할 수 없는 시세계를 보여준 시인이지만, 늘 힘 있는 자의 편에 섰던 유약하고 비겁한 기능적 지식인일 뿐이다. 고향인 고창의 선운사 입구에 서있는 그의 시비를 볼 때마다 안타깝기도 하고 그의 삶이 가련하게 다가오기도 한다. 일제강점기에는 일본 제국주의자들에게, 전두환 독재 체제에서는 그 살인마 전두환에게 찬가를 보내던 시인은 진정한 시인일 수 없다. 그저 가련한 시쟁이일 뿐...

큰아이가 학문의 길에 동참하면서부터, 부쩍 학자의 삶과 학문에 대한 생각을 더 하게 된다. 우선은 아비의 삶을 잇고자 하는 딸이 반갑고 고맙기까지 하지만, 그가 자리를 잡게 되는 과정과 평생 추구해야할 학문의 세계, 그리고 그런 것들이 모두 섞여 한 덩어리를 이루는 학자의 삶이 모두 사유의 대상으로 문득문득 떠오르곤 한다. 앞에서도 떠올린 적이 있지만, 그럴 때 베버의 학문론은 많은 의미를 지니면서 다가온다. 그는 학문을 '우리가 어떻게 생활을 잘 꾸려나갈 수 있는가, 다시 말해 어떻게 외적 사물과 인간행동을 헤아려 잘 다룰 수 있는가에 대한 기술적 지식을 제공하는 것'이라고 규정하면서, 구체적으로는 그 기술적 지식이 '사고의 방법과 도구, 사고 자체를 위한 훈련'이라고 말한다(막스 베버, 전성우 옮김, 『직업으로서의 학문』, 나남, 2006, 77쪽). 그는 학문을 주로 사고의 방법과 도구, 그 자체를 위한 훈련을 제공해줌으로써 어떻게 하면 삶 자체를 잘 꾸려갈 수 있을지에 대한 구체적인 대안을 제공해줄 수 있는 것으로 정의하고 있음을 알 수 있다. 상당히 실학(實

學)에 가까운 학문관이다.

　학문(學問)은 말 그대로 누군가 또는 무엇으로부터 무언가를 배우면서 동시에 끝없이 물어가는 것이다. 우리는 주로 책을 통해 배우지만, 직접 스승을 만나 배우거나 오늘 만난 거리의 어떤 사람들로부터 배우기도 하고 내가 만나는 학생들을 통해서 배우기도 한다. 어제(2016.7.17. 일) 하이델베르크 성에 갔을 때 일이다. 그곳 성안으로 들어가니 오래된 우물이 하나 있고 그 중간에 철망이 쳐져 있는데, 사람들이 그 사이의 구멍으로 동전을 던지고 있었다. 나와 둘째도 호기심에 함께 가서 몇 번 시도했는데, 구멍이 좁아서인지 잘 들어가지 않았다. 끼고 있는 선글라스를 벗어 왼손에 들고 오른손으로 정확히 조준하려고 노력하면서 20센트짜리 동전을 던졌는데, 마침내 그 구멍으로 쏙 들어가는 것 아닌가, 우리는 순간 환호했다. 그런데 아뿔싸, 그 순간 왼손에 있던 선글라스가 함께 던져지고 말았다. 아주 비싼 것은 아니지만, 노안이 오기 시작하면서 눈이 부실 때면 꽤 요긴하게 쓰고 있는 물건이어서 어떻게 해서든 다시 꺼내고 싶었지만, 손이 닿지 않을 거리에 있고 자칫 몸이 빠졌다간 저 아래 깊이를 알 수 없는 우물로 빠질 수 있는 위험도 있었다. 다행히 가까운 공사장에서 긴 나무막대를 하나 들고 오긴 했는데, 미끄러운 데다가 꽤 높이 들어 올려야만 손에 닿을 수 있는 위치에 있어서 계속 실수만 반복하고 있었다. 그러는 중에 우물 주변은 세계의 여행자들로 순식간에 인종전시장으로 변했고 모두 내 손과 나무막대를 주시하고 있었는데, 그 중 백인 여성 한 분이 친절하게 선글라스의 걸이를 접으면 올리기 쉽다고 영어와 몸짓으로 알려주었다. 나는 그대로 해서 어느 정도 성공가능성이 높아지고 있을 무렵 이번에는 키가 장대만한 백인 젊은 남성이 내 옆으로 와서 긴 팔을 이용해 내가 올리는 것을 손으로 잡으려고 최선을 다해 주었다. 이렇게 최소한 세 사람의 노력이 모아지면서 이내 나는 그 백인 청년의 손을 통해서 내게 건네지는 문제의 선글라스를 손에 넣을 수 있었고, 지켜보던 모든 사람들이 환호성과 박수로 그 성공을 함께 기뻐해 주었다. 우리는 이 사건을 '하이델베르크 성 선글라스 사건'으로 이름 붙이기로 했다.

우물가에서 놀고 있는 아이가 빠질 위험에 처해있는 상황을 본 모든 사람이 본성적으로 그 아이를 구하고자 할 것이라는 맹자의 이야기가 현실 속에서 확인되는 순간이었다. 누군가 곤경에 처하면, 사람들은 대체로 그 곤경에 공감하면서 도와주고자 하는 마음을 내고 그것이 모아지면 생각보다 쉽게 곤경이 극복될 수 있다는 교훈을 다시 되새기게 하는 사건이다. 이렇게 우리는 일상과 여행 속에서 만나는 사람과 상황, 자연을 통해 배운다. 그리고 그것을 책을 통해 확인하기도 하고 거꾸로 책에서 읽은 내용을 일상 속에서 다시 체험하면서 확인하기도 한다. 이처럼 학문에서의 배움은 여러 사람과 상황에 모두 열려있는 개방성을 지니지만, 그 중에서도 가장 적극적인 배움은 교육과정이 마련되어 있는 학교와 잠재적 교육과정의 영향을 훨씬 더 많이 받는 가정을 통해 이루어진다. 그렇게 보면 학문은 우선 끝없이 배우는 것이라고 정의할 수 있다.

학문은 한편으로 배우는 것이기도 하지만, 다른 한편으로는 끝임없이 묻는 과정이기도 하다. 배우는 사람에게 물을 수도 있지만, 자신에게 묻는 과정을 당연히 포함한다. 배우면서 잘 모르는 것을 묻는 것은 기본이고, 이미 알고 있다고 생각하는 것을 되묻거나 다르게 물어보는 것이 곧 학문이다. 특히 철학을 포함하는 인문학에는 단 하나의 정답이 있을 수 없기 때문에 이 물음의 과정이 중심이 될 수밖에 없다. 자연을 탐구 대상으로 삼는 자연과학도 이미 정답이고 진리라고 생각하는 것에 의심을 갖는 사람들에 의해 발달해왔다. 지구를 중심으로 하늘이 움직이고 있다고 생각한 아리스토텔레스의 천동설을 의심한 코페르니쿠스에 의해 지동설이 나왔고, 시간은 직선으로만 흐른다는 생각에 의심을 품은 아인슈타인에 의해 시간의 축소라는 타임머신이 이론적으로는 불가능하지 않다는 사실이 밝혀졌다.

이처럼 배우고 묻는 과정으로서의 학문은 당연히 학자들의 전유물이 아니다. 율곡의 표현과 같이, 학문은 일상 속에 있을 뿐만 아니라 일상 자체가 그 학문의 핵심 분석 대상이라는 점에서 누구나 학문에 관심을 가져야 하고, 또 학문을 할 수도 있다. 율곡은 당시 양반층 자제들을 주로 염두에 두고 학문하는 선비로 길러내는 목표를 일차적으로 갖고 있었지만, 시민이 주인공인 우리들의 시대에는 모두가 '학문하는 선비'가 되어야 하고, 이때의 학문은 반드시 대학에 한정되는 것이 아니라 율곡의 말처럼 일상생활 속에서 이루어져야 한다. 그래야만 진정한 시민이 될 수 있고, 그런 시민들이 있어야만 우리 시민사회가 제대로 움직일 수 있다. 사실 교육열과 교육받은 정도로만 보면 우리 시민은 세계 최고 수준이다. 대부분 고등학교 졸업 수준의 학력을 갖추고 있고, 대학 진학률 또한 세계에서 결코 빠지지 않기 때문이다. 그런데 우리 고등학교까지의 공부가 주로 시험만 준비하는 편협한 공부로 전락해 있어 공부하는 즐거움은커녕 공부에 대한 혐오감만 심어줄 가능성이 높다는 점이 문제다. 이 문제를 어떻게 해서든 해결해내야만 우리 시민사회에 미래가 있고, 그 미래가 있어야만 나와 내 자식들이 좀 더 괜찮은 사회와 나라에서 살 수 있게 될 것이다.

이제 내일(2016.7.19. 화) 아침이면 이곳 하이델베르크를 떠나 프랑크푸르트로 간다. 그곳에서 일주일 정도만 머물면 꼭 한 달을 채우는 우리들의 여정도 끝난다. 오후에 숙소 가까운 하이델베르크 대학 인문캠퍼스의 철학과 역사학 전공자들이 모여 있는 곳과 중앙도서관에 다녀왔다. 마침 철학과 건물 2층에 교수와 강사 연구실이 우리처럼 줄줄이 모여 있었는데, 세미나실 바로 옆에 있는 연구실 문이 열려 있어 양해를 구하고 잠시 대화를 나눌 수 있었다. 그가 무언가를 하고 있었고 약속이 없이 오면 시간을 내기 어렵다고 해서 잠시 인사만 나누고 말았다. 그의 연구실은 나의 연구실과 크기나 분위기에서 큰 차이가 없었다. 다만 책이 그렇게 많지 않았는데, 그 이유가 바로 지척에 중앙도서관이 있고 그곳에서 충분한 도서정보 서비스를 받을 수 있기 때문에 굳이 연구실에 책을 많이 갖다 놓을 필요가 없겠다는 생각이 들었다. 책욕심이 많아서이기도 하지만, 우리의 경우 도서관에서 원하는 도서정보를 얻는 일이 쉽지 않고, 관련 전공서적이 별로 없다보니 가능하면 많은 책을 사서 연구실 책꽂이에 꽂아 두어야 하는 우리 상황이 좀 더 좋아졌으면 하는 바람을 갖게 된다.

　막스 베버의 경우는 그 연구실을 불과 몇 년 밖에 지키지 못하고 외할아버지가 물려준 현재의 베버 하우스로 물러나 평생 공부하고 그 결과를 공유하는 모임을 몸 상태를 보아가며 지속하면서 자신의 학문세계를 구축해냈다. 하이델베르크 대학 중앙도서관에도 그의 전집이 기다랗게 한 칸을 꽉 메우고 있었고, 그 방대한 학문세계는 현재까지도 우리에게 많은 생각과 공부거리를 제공해주고 있다. 그는 직업으로서의 학문을 택하고자 하는 사람에게 우선 공부에 대한 열정과 소명의식을 갖고 있어야 한다고 충고하면서도, 다른 한편으로 학문을 할 수 있는 능력과 함께 행운이 따라주어야만 교수가 될 수 있다는 현실적인 이야기를 직설적으로 하고 있다. 맞는 말이다. 학문을 직업으로 택하고자 하는 사람은 먼저 자신이 공부를 좋아하고 그 공부를 통해 누군가에게 도움을 주고 싶어 하는지를 성찰해보아야 한다. 그것에 대한 확신이 서면 이제는 전문적인 학문을 할 만한 능력을 어느 정도라도 타고 났는지를 지속적으로 확인하는 과정을 거쳐야 한다. 만약 부정적인 결론에 도달하게 된다면, 한두 번 더 점검 기회를 가진 후에, 일상 속 공부인으로 돌아가면 된다. 그러면서 학자처럼 일상의 학문을 즐기며 살면 되는 것이다. 그것이 훨씬 더 행복한 길이다. 우리 시민들은 가능하면 자신의 일상 속에서 공부를 하고, 자기 나름의 학문을 할 수 있어야 한다.

　프랑스나 독일을 여행하다 보면 곳곳에서 각각 특색과 역사를 자랑하고 있는 작은 책방들을 발견하게 된다. 물론 파리의 샹젤리제 거리나 뮌헨의 중앙역 거리에서는 그런 책방을 찾기가 점점 어려워진다고 한다. 가게 임대료를 감당하기 어려워 뒷골목으로 물러나기 때문인 듯하다. 그곳에는 잡지 같은 가벼운 책도 있지만, 어김없이 꽤 어려워 보이는 철학이나 역사책이 소설책과 함께 눈에 띄는 곳에 배치되어 있었다. 고등학교 단계까지 자신의 전통에 맞춰 그 나름의 방식으로 진행되는 인문교육이 성공을 거둔 탓이기도 할 것이고, 사회 전반적으로 갈등 사안이 생기면 가능한 범위 안에서는 최선을 다해 공론의 장을 마련하여 해결하고자 하는 토론문화가 정착되어 있기 때문이기도 할 것이다. 우리들의 경우에는 오랜 시간 철학이자 종교이며 윤리이기도 했던 불교와 유교의 영향을 받아 오랜 시간 동안 윤리를 필수로 가르치면서 철학교육과 종교교육을 포용하고자 노력해왔다. 이 학교 윤리교육이 가정 윤리교육과 이어지면서 상승작용을 할 수 있어야하고, 철학교육적 내용과 함께 종교윤리교육의 비중이 좀 더 강화될 필요가 있다. 그렇게 함으로써 베버가 학문하는 자세로 강조한 사실판단과 가치판단의 구분과 야스퍼스가 철학함의 자세로 강조한 실존의 한계상황에 관한 인식과 초월 능력을 갖춘 시민이 탄생될 수 있을 것이다.

학문을 직업으로 삼는 학자는 이런 공부하는 시민들과 함께 자신의 공부과정을 공유할 수 있는 다양한 통로를 만들어야 한다. 다행히 우리나라에서도 교양강좌 등을 통해 전문학자와 일반시민이 만날 수 있는 기회가 많아지고 있다. 그런데 그런 강의들이 주로 학자가 일방적으로 지식을 전달하는 방식으로 이루어지고 있다. 이곳 하이델베르크 대학의 교육방식은 강의와 세미나라는 두 형식을 택하고 있고, 오늘 방문했을 때 이 두 방식의 교육이 가능하도록 꾸며진 강의실을 볼 수 있었다. 두 방식 모두 필요하고 그 목적에 따라 적절한 방식이 되기도 한다. 학자가 자신의 연구결과를 전달하고자 할 때는 강의식이 적합하고, 어떤 주제를 놓고 논쟁을 벌이며 해결책을 찾아가고자 할 때는 세미나식이 적합하다. 우리 시민강좌도 이 두 방식의 강의가 모두 가능한 방향으로 발전될 수 있기를 기대한다. 그렇게 스스로를 교양인으로 유지하고자 하는 시민이 존재할 수 있을 때에야 우리 시민사회도 성숙한 모습을 비로소 보여줄 수 있다.

11. 어떻게 해야 행복해질 수 있을까

: 프랑크푸르트로 향하며, 에리히 프롬의 존재와 법정의 무소유를
다시 만나다

하이델베르크를 떠나는 아쉬움에 아침 일찍 작곡가 슈만과 클라라의 사랑 이야기와 슈만이 살았던 집이라는 표지를 함께 갖고 있는 모로(MORO) 카페 건너편 자리한 숙소에서 네카 강으로 발길을 돌렸다. 눈부시게 쏟아지는 아침햇살과 강바람 사이로 오래된 성이 올려다 보이고, 저편 막스 베버의 흔적이 희미하게 눈에 들어오기도 했다. 옛 다리를 건너 다시 뱀길(Schlangenweg)이라는 다른 이름을 함께 달고서 고요함 한가운데 고즈넉하게 자리 지키는 철학자의 길로 접어들었다. 커다란 고목나무와 자두나무, 사과나무를 품고 있기도 한 이 길은 깊은 적막감으로 약간의 무섬증을 불러오기도 했다. 인간의 두려움은 두 가지 속성을 지닌다. 하나는 말 그대로 그저 불안한 것이고, 다른 하나

는 그 무서움의 뒷면에 숨겨져 있는 인간의 절대적인 한계, 이 길을 앞서 걸은 야스퍼스의 말을 빌리면 한계상황과의 대면으로 다가오기도 한다. 자연으로부터 와서 그 자연으로 돌아갈 수밖에 없는 자신의 절대적인 한계상황과 마주하게 되면 우리는 누구나 철학자가 될 수밖에 없다.

나이가 들어가면서 자연이 더 가까이 다가오는 것은 이런 과정의 자연스런 결과이다. 이번 여행 동안 둘째와 함께 이야기하면서 새삼 느낀 것 중 하나가 내가 어느 순간부터 이름 모를 꽃과 홀로 익어가는 열매들, 아침 일찍부터 먹을 것을 찾아 철학자의 길 한가운데 지키고 서 있는 흔한 새 한 마리에 시선이 가고 있음을 자각하게 되었다. 아직 스무 살 무렵의 피 끓는 청춘인 둘째는 화려한 도시와 쇼윈도, 손을 잡고 걸어가는 연인들에 더 시선을 빼앗겼고, 그것 또한 당연한 일이다. 자신을 꾸미고 사랑하는 사람을 만나면서 스스로의 삶의 기반을 닦아가야 하는 시절을 통과하고 있기 때문이다. 그에 비해 그런 과정들을 그런대로 다 끝내버린 나와 아내에게는 자신을 낳아 기른 자연이 몸으로 다가오는 것 또한 극히 자연스러운 일인 것이다. 한계상황과 마주할 수 있으면 그것을 초월할 수 있는 길도 보인다는 야스퍼스의 충언이나, 마음먹은 대로 되지 않아 고통스런 삶의 실상을 직시할 수만 있다면 그 안에 해탈도 담겨 있다고 가만히 말하는 고타마 붓다의 자애로운 시선이 떠오르는 아침 산책길이었다.

이제 일어서야 하는 시간이다. 평소에도 이런 커피점에서 글을 쓰는 일이 습관화되어서인지, 독일에 와서도 세계 곳곳에 있는 다국적 커피점을 가끔 찾게 된다. 다행히 뉘른베르크 강변의 그 커피점이나 지금 글을 쓰고 있는 숙소 가까운 이 하이델베르크 커피점 모두 현지 분위기를 거스르지 않는 아름다움을 간직하고 있어 마음에 든다. 뉘른베르크에서는 강과 함께 성로렌츠 성당의 첨탑이 보였는데, 여기서는 철학자의 길을 품고 있는 높지 않은 산이 황토빛 지붕 너머로 보인다. 앉아 있는 이곳도 다락방 같은 분위기를 지니고 있는 작은 공간인데, 나 혼자 앉아 하이델베르크를 마무리하는 이 순간의 느낌이 참 좋다. 이런 것이 행복감일 텐데, 이제 프랑크푸르트로 가서 행복한 삶을 화두 삼아 둘째와 대화를 나눠볼 생각에 새로운 설렘이 시작되고 있다(2016.7.19. 화요일 아침, 하이델베르크 대학 옆 '스타벅스'에서).

프랑크푸르트학파 사회연구소와 에리히 프롬의 존재와 사랑

장거리를 오가는 일반버스로 한 시간 정도 달려 프랑크푸르트 중앙역에 도착했다. 호텔 체크인 시간이 좀 남기는 했지만 일단 들어가서 이야기를 했더니 친절하게 방을 내준다. 밖으로 나와 간단히 점심을 해결하고 우리는 먼저 프랑크푸르트 사회연구소(Institute für Sozialforschung)에 가보기로 했다. 프랑크푸르트에 오면 우리에게 잘 알려진 위르겐 하버마스와 허버트 마르쿠제, 에리히 프롬 등이 활동했고, 20세기 자본주의 사회를 비판하는 새로운 대안으로서의 비판이론을 내놓은 그곳에 맨 먼저 가보고 싶었기 때문이다. 멀지 않은 거리에 있어 4호선 지하철을 타고 두 정거장을 가서 밖으로 나오니 바로 그 앞에 있었고, 건너편에는 프랑크푸르트 대학 국제교류센터 등이 있는 건물이 마주하고 있었다. 반가운 마음에 연구소 문을 열어보았는데 굳게 잠겨 있어 잠깐 당황했지만, 이내 초인종을 누르니 직원이 나와 연구공간이라서 들어가기 곤란하다고 하기에, 한국에서 온 학자라고 했더니 들어오라고 하고 지하에 있는 도서관으로 안내해준다. 도서관으로 내려가니 그곳 직원이 문을 열어주면서 그 입구에 걸린 이곳 출신 학자들 사진을 자랑스럽게 설명해주었다. 호르크하이머에서 시작해서 하버마스로 마무리되는 사진에 현재의 소장인 악셀 호네트가 빠져 있기에, 왜 없느냐고 했더니 현재의 소장이기 때문이라고 말하면서 인터넷에는 그의 사진이 곳곳에 있다며 농담을 건넨다. 이 도서관에는 학술지와 잡지만이 있어 잠시 들러보고 나오는데, 그 직원이 미소를 지으며 영어로 된 연구소 소개 팸플릿을 건넨다. 감사표시를 하고 연구소 뒤편 베토벤 광장 나무의자에 앉아 상세한 연구소 역사를 읽으며 그 파란만장한 구비들에 마음이 쏠려 잠시 먹먹해지기도 했다. 특히 나치에 쫓겨 스위스 제네바를 거쳐 프랑스 파리로 갔다가 다시 미국의 뉴욕으로 옮겨 다녔다는 역사적 사실과 재정적 기반을 확보하는 과정의 어려움 등에 마음이 갔다.

건너편 대학 건물로 옮겨 커피를 한 잔 하면서 건너편 내다뵈는 연구소를 바라보며 한동안 나도 모르게 사색에 빠져 들었다. 20세기를 움직인 사회이론의 산실 치고는 지극히 평범한 3층 건물 하나에 불과했고, 21세기에 접어든 현재는 삶을 인정욕구의 충족 과정으로 보는 인정이론으로 어느 정도 이름이 있는 악셀 호네트가 소장을 맡고 있지만 그를 제외하면 이렇다 할 이론가가 보이지 않는 쇠락의 길로 접어들고 있다는 평가가 가능하다. 그럼에도 저런 연구소를 한 도시와 대학이 협력하여 이끌어가고 있다는 사실만으로 이곳 프랑크푸르트는 정신이 살아있는 도시라고 할 만하다. 아까 중앙역에서 숙소를 찾아가는 과정에서 길을 잘못 들어 보았던 뒷골목 홍등가와 역 계단에서 마약으로 보이는 것을 팔고 있는 사람들, 답답한 기억이 남아있는 홍콩을 떠올리게 하는 고층건물 등으로 인해 흐려졌던 이 도시에 대한 이미지가 다시 좋아지기 시작한다.

날씨가 덥고 조금 피곤하기도 해서 식물원을 보러간 가족과 떨어져 먼저 숙소로 돌아와 쉬다가 인터넷을 연결하고 포털에 뜨는 뉴스를 보고 있는데, 갑자기 독일 테러라는 제목이 눈에 들어왔다. 파리에 있을 때나 이곳 독일에 있을 때 접하는 테러 소식은 조국에서 접할 때와 그 체감도에 있어서 차원이 다르다. 특히 이번에는 우리가 다녀온 남부 바이에른 지역의 통근 열차에서 열일곱 살짜리 아프간 출신 청년이 도끼를 들고 무차별 공격을 가했고, 그 과정에서 홍콩에서 온 가족이 가장 큰 피해를 입은 사건이어서 더 섬뜩한 느낌으로 다가왔다. 밖에 있는 가족에게 문자로 가능하면 빨리 들어오라고 재촉하면서, 하이델베르크에서 산 마사 누스바움의 『분노와 용서』라는 신간을 집어 들었다. 미국 예일 대학과 시카고 대학 로스쿨에서 법철학과 윤리학을 가르치는 누스바움은 우리나라에도 온 적이 있고, 특히 자신의 이론을 현실에 적용시키고자 하는 노력을 하는 실천적 지식인이어서 내가 주목하는 학자이다. 그리스사상에 관한 깊은 이해와 함께 문학적인 글쓰기를 시도하는 그의 글은 쉽게 읽히지는 않지만, 그럼에도 읽는 맛이 있고 많은 생각할 거리를 던져준다. 이 신간은『불교평론』이라는 불교 전문 대중학술지 편집위원을 함께 맡고 있는 경희대학교 허우성 교수를 통해서 소개받은 적이 있다. 경희대학교에 비폭력연구소를 만들어 이끌고 있고, 간디의 비폭력 저항에도 관심이 있는 불교 철학자인 그도 누스바움의 분노에 관한 관점과 해소책에 관심을 갖고 있었던 것이다. 누스바움은 일상생활은 물론, 많은 철학 저술 속에서도 분노에 관한 세 가지 편견이 존재한다고 지적하면서 자신의 주장을 펼치고 있다. 첫째는 분노가 존엄성과 자기 존중감을 위해 필요하다는 것이고, 둘째는 잘못된 행동에 대한 분노가 그 행동을 한 사람의 책임을 묻는데 필수적이며, 마지막으로 분노가 부정의에 맞서는 저항의 핵심적인 부분 중 하나라는 편견이다 (Martha C. Nussbaum, *Anger and Forgiveness: Resentment, Generosity, Justice*, Oxford University Press, 2016, p.6). 나도 대부분 그렇게 생각하고 있는데, 누스바움의 반론이 얼마나 설득력이 있을지는 시간 나는 대로 책을 읽어가면서 확인하고 싶다.

어제 아침 하이델베르크를 떠날 때만 해도 내 마음은 평화롭고 마음 속 깊은 곳을 적셔오는 행복감에 잠시 눈을 감아야할 정도로 기껍기도 했다. 그런데 불과 하루 만에 마음은 불안해지고, 이제 일주일 정도밖에 남지 않아 아쉬웠던 일정이 어서 빨리 무사하게 지나가기를 비는 마음으로 바뀌었다. 어젯밤에는 꿈자리가 사나워져서 몇 번씩 중간에 일어나 뒤척여야 했다. 도대체 우리에게 행복은 무엇일까? 몇 년 전 티모시 샤프라는 호주의 행복심리학자이자 임상가의 책을 한 권 번역하면서, 행복은 자신이 선택하는 것이라는 그의 주장에 한편으로 동의하면서도 다른 한편으로는 온전히 동의할 수 없는 불편함을 느낀 적이 있다(티모시 샤프, 졸역, 『행복심리학』, 인간사랑, 2008). 아마도 그 불편함의 뿌리는 행복을 선택하고자 해도 할 수 없는 외적이고 구조적 변인에 대해 소홀히 다루고 있지 않느냐는 데에 있었을 것이다. 사실 불교 행복론도 자칫 이런 함정을 지닐 수 있다. 모든 것이 마음에 달린 것이라는 불교 유식학의 기본 주장이 지니는 의미가 크지만, 그것을 확대해석할 경우 모든 문제를 개인에게 돌리는 환원의 오류를 범할 가능성이 있기 때문이다.

내가 프랑크푸르트학파의 비판이론을 처음 접한 것은 재수를 하던 1980년이었다. 그때 서울에 처음 올라와 서울 북쪽 응암동이라는 곳에 위치한 이모 댁에서 살게 되었는데, 같은 방을 역시 같은 처지의 외사촌 형과 함께 쓰게 되었다. 나이도 한 살 차이고 그가 이미 서울대학교 자연과학계열에 입학해서 다니고 있기도 해서 선망과 부러움의 눈길로 그가 보는 책과 들려주는 이야기에 빠져들곤 했는데, 그때 만나게 된 책 중 하나가 『철학의 사회적 역할』이었다. 저자가 누구인지도 모르고 제목에 빠져 몇 장 읽어보다가 생각보다 재미가 없어 그냥 있던 자리에 꽂아두었는데, 대학원 다닐 때 보니 내 책꽂이에 있었다. 사촌형이 내가 관심을 보이니까 준 것인지, 아니면 재수 끝나고 대학 기숙사로 옮기는 과정에서 실수로 내게 들어온 것인지는 잘 기억이 나지 않는다. 어찌되었건 나는 형에게 돌려주어야 한다는 생각을 하면서 그 책을 마저 읽었고, 그때서야 그가 이곳 사회연구소 초대 소장인 막스 호르크하이머임을 인지하게 되었다. 작년에 이사를 하면서 서재의 책을 반 이상 정리했을 때도 이 책만은 정성껏 직접 제본을 해서 가지고 왔다.

프랑크푸르트학파임을 알고 처음 접한 사람은 에리히 프롬이다. 프롬도 처음에는 대학 초년 시절에 연애를 하게 되면서 『사랑의 기술』이라는 책 제목에 끌려 만나게 되었는데, 나중에 내가 속한 이념동아리에서 함께 읽는 책 목록에 『자유로부터의 도피』와 『소유냐, 존재냐』가 포함되어 있어 진지하게 읽을 수 있었다. 그는 한편으로는 마르크스주의자로 보였지만, 다른 한편으로는 인간의 심리가 지니는 심층구조에 파고드는 프로이트주의자로 보이기도 했다. 마르크스의 원 저작이 금서이던 시절에 공개적으로 들고 다니면서 읽을 수 있는 그의 책들은 어느 순간 내 마음 속으로 다가왔다. 특히 자본주의적 삶의 양식이 자유로부터 스스로 도망치게 하면서 끝없는 소유를 부추김으로써 정작 존재로부터는 소외시키는 결과를 낳는다는 그의 분석은 가슴을 치며 다가왔다. 그러면서 점차 범위를 넓혀 같은 도서 목록에 있던 허버트 마르쿠제의 『일차원적 인간』과 호르크하이머와 아도르노가 공저한 『계몽의 변증법』을 접하게 되었고, 그 후 1990년대 초반 마르크스주의 사회철학이 조금씩 시들기 시작할 때는 위르겐 하버마스의 공론장과 담론윤리에 관한 책에 빠져들었다. 현재 소장을 맡고 있는 악셀 호네트는 2000년대 초반에 정의의 사회구조적 맥락에 관심을 갖게 되면서 접하게 되었고, 특히 그의 제자이기도 한 문성훈의 『인정의 시대』(사월의 책, 2014)라는 역저를 통해 한국적 적용의 문제까지 고민해볼 수 있는 기회를 가졌다.

에리히 프롬은 20세기 들어 우리 인간이 이룩한 이성의 진보와 경제력 향상이 예상과는 달리 행복을 가져다주지 못하고 있다는 진단에서 시작한다. 그는 우리 삶의 양식을 소유와 존재로 구분하면서 이 두 양식 모두 필요한 것이기는 하지만 어느 순간부터 그 소유가 사유재산의 소유로 제한되고 주로 상품 소비를 통해 충족되기 시작하면서 문제가 되었다는 것이다. 자본주의는 모든 것들을 상품으로 만들고자 한다. 우리가 먹고 입는 것은 물론 자는 곳까지도 상품으로 만들어 사고팔 수 있도록 한다. 그것을 통해 한편으로 우리는 편리함을 얻게 되었지만, 다른 한편으로는 돈이라는 매개체를 소유하지 않으면 아무 것도 할 수 없는 무력한 존재가 되고 말았다. 북한에서 탈북해온 사람들이 남한에 와서 공통적으로 느끼는 것이나, 동독 사람들이 통일되면서 느낀 그 당혹감의 실체가 바로 그것이다. 계획과 배급을 중심으로 운영되는 사회주의 체제는 많은 것들을 상품화하지 않을 수 있는 장점을 지닌 반면에, 그렇게 분배할 수 있는 생산력과 생산물 자체가 제한되는 문제와 그 분배를 책임지는 사람들의 부패를 불러오는 한계를 지니고 있다. 그런 점에서 사유재산제 자체가 문제라고 말할 수는 없다. 소유나 존재나 모두 우리의 존재 양식들인 것이다.

프롬이 보기에 문제는 소유할 수 없는 영역까지도 소유할 수 있다는 착각과 욕망이 인간의 고유한 삶의 양식이라고 볼 수 있는 존재의 영역까지 거침없이 침범하도록 허용하는 현대산업사회의 구조와 문화다. 같은 맥락에서 그는 현대인들이 그토록 많이 노력하고 갈망하는 사랑에 대해서도 그 지향이 잘못되어 있어 오히려 인간을 소외시키는 장치로 전락했다고 비판하면서, 그 이유가 사랑을 주로 받는다고 생각하는 데서 생각하기 때문이라고 말한다. 사랑은 내가 누군가를 향해 주는 것이고, 그것을 제대로 해내기 위해서는 관련된 지식과 노력이 필요한 일종의 기술과 같다고 본다. '사랑은 기술'이라는 그의 명제가 바로 그런 의미를 함축하고 있다. 사랑을 받는 것으로만 볼 경우에는 사랑받기 위해서 끊임없이 스스로 매력을 갖추어야 하고, 그것은 다시 나이 드는 것을 거부하는 비정상적인 문화로 정착하여 엄청난 화장품 산업과 성형기술 발달로 이어지고 있다. 그런 점에서는 외형을 중시하는 우리 한국이 세계를 선도하고 있다고 할 만하다. 이곳 독일에 와서도 이른바 안티에이징을 노골적으로 선전하는 광고판을 자주 보게 된다. 자본주의 문화의 획일성이 잘 드러나는 대목이다.

프롬의 생각을 우리의 주제인 행복에 적용해보면, 행복은 누군가에게 사랑받는 것에서도 찾을 수 있기는 하지만 그것이 주로 상대방이 내게서 느끼는 매력이나 상품경쟁력에 의해 좌우되는 것이기 때문에 오래 지속될 수 없을 뿐만 아니라 수동적인 것이어서 권장할 만한 행복감이라고 말할 수 없다. 더 중요하고 확실한 행복은 내가 사랑의 본질에 관한 정확한 지식을 바탕으로 적극적으로 삶 자체를 사랑하고 나와 관계 맺는 사람들과 온전히 함께하고자 노력함으로써 찾을 수 있다. 우리는 누구나 다른 사람에게 사랑받기를 원하는 성향을 갖고 있지만, 그것이 얼마나 우연적이고 수단적인지, 그리고 오래 지속되기 어려운지를 깨닫는 데는 많은 시간이 필요하지 않다. 그리고 소유를 통한 행복감의 추구 또한 그것을 얻었을 때의 잠시뿐이고 이내 시들어지는 한계를 지니고 있음을 우리는 이미 충분히 경험하고 있다. 그러면서도 우리는 여전히 사랑받기를 원하고 명품을 사는 행복감을 놓치고 싶어 하지 않는다. 그러면서 입버릇처럼 불행하다고 되뇌곤 하는 이 어리석음은 어떻게 극복될 수 있을까?

우리 한국인의 자화상에 스민 열등감과 비교의 오류

우리 한국은 이제 누구와 쉽게 비교될 수 있는 수준을 넘어섰다. 그리고 어떤 나라, 특히 당대 세계 최고 수준의 나라와 일면적으로 막연히 비교하면서 열등감을 느끼는 유치한 지적 수준을 넘어설 때가 이미 지났다. 이것이 이 책을 통해 딸에게 이야기하고 싶은 핵심 주제 중 하나이다. 이러한 비교의 어리석음은 각 개인의 삶에서도 곧바로 드러난다. 각자의 삶은 그 고유한 존재 영역이 있고, 그 영역은 쉽게 다른 어떤 것으로 환원될 수 없는 나 자신만의 삶의 궤적이자 존엄성이다. 붓다가 세상에 태어나자마자 했다는 전설적인 말인 '천상천하 유아독존(天上天下 唯我獨尊)'은 바로 그러한 각 개인의 삶이 지니는 우주성과 존엄성을 강조하는 것으로 해석될 수 있다. 에리히 프롬 또한 소유와 존재의 비교를 통해 존재 자체가 지니는, 쉽게 설명될 수 없는 신비의 성격을 강조하고 싶었을 것이다.

오늘(2016.7.20. 목) 아침 습관처럼 이곳 프랑크푸르트 중앙역 주변을 산책했다. 종종걸음으로 출근길을 재촉하는 남녀와 선 채로 빵과 커피로 아침을 해결하는 사람들로 가득했고, 이런 모습은 이미 여러 곳에서 동일한 데자뷰, 즉 어디서 한 번 본 것 같은 기시감(既視感)으로 확인하는 것들이다. 여기에도 에스컬레이터에서 대부분의 사람들은 참지 못하고 걸어 올라간다. 차는 사람이 지나가면 조금 더 조심스러워하는 점은 있지만, 이들 또한 건널목에 와서 급하게 속력을 줄이고 때로 적당히 신호위반을 하기도 한다. 사람들이 건널목에서 신호를 지키지 않는 정도는 우리보다 훨씬 심하다. 몇 년 전 런던도 그랬고, 몇 주 전 파리도 그랬다. 모두 무언가에 쫓기듯 살아가고 있음을 증명하는 증거들이라고 할 만하다. 서울과 도쿄가 전 세계 도시에서 가장 치안이 좋은 도시임은 이미 누구나 인정하는 사실이 되었고, 서울 또한 한강과 관악산, 삼각산, 북한산으로 둘러싸인 배산임수(背山臨水)의 환경을 지닌 멋진 도시다. 다른 곳과 비교할 것 없이 서울은 서울 나름의 매력이 있고, 한계 또한 분명하다는 의미다. 미세먼지가 심각하고, 핵전쟁의 위험과 원자핵발전소 사고의 위험으로부터 자유롭지 못한 곳이기도 하다. 그것을 있는 그대로 바라볼 수 있을 때 비로소 그 안에 해결책도 담아낼 수 있다.

그런 점에서 확실히 우리 딸과 아들 세대는 더 자유롭고 생기발랄하다. 세계 어느 곳을 가더라도 그 또래 젊은 한국인들의 밝고 당당한 표정과 마주하곤 한다. 그들을 보면 자랑스럽고 사랑스럽다. 우선 그들은 언어소통 능력에서 자유롭고, 와이파이 등 첨단기기를 활용할 수 있어 다른 지역에 대한 공포로부터 자유롭다. 이들이 살아가는 시대는 확실히 우리와 다를 것이라는 생각에 마음이 좋아진다. 그러다가 우리 내부의 문제로 시선을 돌리면 급격히 답답해지곤 한다. 흙수저와 헬조선(hell朝鮮)으로 상징되는 저들의 절망감이 느껴지는 듯하기 때문이기도 하고, 소통절벽의 고통이 느껴져 숨이 막혀오기 때문이기도 하다. 어떻게 이 난국을 극복할 수 있을 것인가? 또 그렇게 하기 위한 숨통을 어디에서 트이게 할 수 있을까?

우리 삶을 압박해오는 이 모든 것들로부터 한순간에 벗어나는 일은 불가능하다. 어쩌면 최소한 우리가 압축 성장을 한 그 시간만큼은 필요할 것이다. 문제는 지금 우리가 문제를 직시하고 해결방안을 찾기 위해 머리를 모으면서 실천해가지 않으면 상황이 지속적으로 악화된다는 데서 생긴다. 단지 시간만으로 해결되기는커녕, 오히려 악화되어 이 발랄하고 생기 있는 우리 젊음들의 삶에 짙은 절망의 그림자를 드리울 가능성이 매우 크다. 그들이 바로 나와 쉽게 분리되지 않는 딸이고 아들이라는 점에서 결코 방치할 수 없다. 그렇다면 어디서 그 희망의 싹을 키워갈 수 있을 것인가?

21세기 초반 한국사회를 분석의 대상으로 삼아 그 특징을 잡아내고자 할 때 빼놓을 수 없는 핵심 개념은 자본주의와 왜곡된 전통, 물신주의(物神主義), 분단 등이다. 앞의 셋은 서로 엉켜 쉽게 분리될 수 없는 것들일 뿐만 아니라 20세기 세계사의 일반적 모습이고, 마지막 하나는 우리만의 특수한 것이다. 물론 베트남이나 독일처럼 20세기에는 우리처럼 분단 상황을 감내해야 했던 나라들이 있었지만, 그들은 모두 분단을 극복한 반면 우리는 여전히 분단을 기반으로 긴장과 갈등 국면을 이어가고 있다는 점에서 차별화된다. 요즘에는 사드(THAAD)와 북핵이라는 상징적 매개체를 중심으로 남북한은 물론 미국과 중국, 일본, 러시아 등이 갈등 속 공존의 양상을 보여주고 있다.

'한반도의 지정학적 위치'라는 표현으로 우리는 현재와 과거의 여러 사건은 물론, 미래를 예측하는 준거로 삼곤 한다. 오랜 시간 중국이라는 거대한 제국과 함께해 왔고, 바다로 고립된 채 자신만의 왕국을 이룬 일본과 지속적인 충돌과 협력의 과정을 공유해왔으며 20세기 이후에는 새로운 강대국으로 떠오른 미국과 복잡하면서도 긴밀한 관계를 유지해오고 있다. 그런 과정에서 우리는 당대 최고 수준의 나라와 수평적으로 비교하면서 만성적인 열등감을 느끼며 우리보다 조금이라도 부족한 나라에 대해서는 터무니없는 우월감을 보이는, 비정상적인 자아정체성의 위기를 상시적으로 지니게 되었다. 재작년(2014년) 한 달 정도의 시간을 잡고 미얀마에 다녀왔는데, 우리 부부와 우연히 동행하게 된 부부가 있었다. 미얀마 여행정보를 주고받는 가상공간의 모임에서 만나 몇 군데 일정이 맞는 곳을 함께 다녔는데, 헌옷을 준비해 그곳 사람들에게 나눠주는 선한 마음을 지닌 분들이었다. 그런데 그분들은 미얀마 사람들의 가난에 대해서 노골적인 경멸의 시선을 보내곤 해서 당혹스러웠던 기억이 있다. 그 시선 속에는 경제적으로 풍요로운 우리나라에 대한 강한 자부심과 우월감이 담겨 있었고, 그런 이유 때문에 그분들의 선행을 선한 눈으로 받아들이기 힘들었다. 그런데 이런 모습은 그분들만의 것이 아니라 우리 한국인 모두의 일그러진 자화상이기도 하다. 얼굴색에 따라 외국인에 대한 대우가 크게 달라지는 모습은 누구 하나의 문제가 아닌, 21세기 초반 우리 한국인 모두의 문제인 것이다.

우리 자신의 일그러진 모습과 마주하는 일은 고통스러울 수밖에 없지만, 그렇다고 해서 언제까지나 이렇게 회피하면서 살아갈 수도 없다. 자본주의가 가져다 준 여러 혜택과 문제를 함께 받아들이면서 동시에 그 자본주의 정착 과정에서 왜곡과 단절의 대상이 된 전통을 똑바로 바라볼 수 있어야 하고, 나아가 20세기 세계사의 비극으로 우리에게 주어진 분단을 극복하는 일을 동시에 해나가야 한다. 그 출발점은 자신을 바로 보는 일과 그 자신이 몸담고 함께 살아가고 있는 우리 사회의 현실을 직시하는 일이지만, 그것만큼 어려운 일도 없다. 이 어려움을 극복하는 방법의 하나는 우리가 쉽게 범하는 비교의 오류를 넘어서는 일이다. 자신이 갖고 있는 작은 정보나 경험을 과장하면서 미국이나 일본, 중국, 프랑스, 독일, 영국 등의 나라와 우리를 손쉽게 비교하는 일상의 오류를 더 많이 범하는 것은 일반시민이 아니라 오히려 외국 교육의 혜택을 많이 받은 이른바 엘리트들이다. 그 엘리트들의 시선 속에서 우리는 늘 열등한 존재들이고 우리는 한 가지도 제대로 내세울 것이 없는 형편없는 나라에서 살고 있고, 자신이 경험했거나 들어서 알고 있는 그 비교 대상의 나라는 천국 같은 자유와 평등, 풍요로움과 도덕의 나라이다. 예를 들어 미국은 자유와 풍요의 나라이고,

프랑스와 독일은 예술과 철학이 살아있는 선진국이다. 가끔씩 그 범위에 일본과 중국이 포함되기도 하지만, 주로는 미국이나 유럽 국가들이다.

우리 역사 속에서 이런 경향들은 특히 고려 중기 이후에 정착하여 현재에 이르고 있다.『삼국사기』를 쓴 김부식이 중국 중심의 역사와 문화 질서를 확립한 이후로 성리학자들이 주희를 주자로 떠받드는 열등감의 전통을 이어갔다. 물론 조선 후기에 오면 이러한 주자 중심의 왜곡된 성리학을 극복하고자 하는 실학적 노력들이 나타나지만, 불행히도 그들은 당시 주류 세력을 형성하지 못했고 일제강점기의 일본 유학파와 미 군정기 이후의 미국 유학파로 이어지면서 21세기 현재에 이르기까지 자아정체성의 집단적 왜곡이라는 짙은 그림자를 남기고 있다. 여전히 미국은 보편 그 자체이고 일본은 넘어설 수 없는 나라이며 유럽은 그 자체로 선진국이어서 그냥 따라가기만 하면 우리의 모든 문제가 해결될 수 있다고 확신을 갖고 열변을 토하는 여론 주도층을 질리도록 만나고 있다. 신문이나 방송은 물론 비교적 해외경험이 많은 젊은 사람들이 만나는 인터넷상의 여론 광장에서도 거의 유사한 형태의 오류가 난무하고 있다.

자본주의 문화는 소비를 중심으로 삼아 그 구성원들끼리 서로 비교하도록 노골적으로 또는 교묘한 방식으로 강요하는 방향으로 전개된다. 돈을 모아서 광고를 통해 그 모습에 환상이 포함된 새로운 상품을 살 수 있게 되었을 때 느끼는 쾌감은 자신이 산 명품을 부러운 눈으로 바라보는 사람들의 시선을 통해 강화되면서 더 많은 돈을 모아야겠다는 열망을 불러일으킨다. 그렇게 형성되는 것이 돈이면 모든 것이 가능하다는 물신주의이고, 마이클 센델의 적절한 지적처럼 '돈으로 살 수 없는 것들'에 대한 평가와 존중을 지속적으로 무력하게 만든다(마이클 센델, 안기순 옮김, 『돈으로 살 수 없는 것들』, 와이즈베리, 2012). 그런 일반적인 비교의 오류에 더해 우리는 전통적으로 중국과 일본, 미국으로 상징되는 강대국들과의 일방적이고 직선적인 비교를 내면화함으로써 자신을 제대로 바라볼 수 있는 거울을 갖지 못한 채 겨우겨우 살아내고 있다. 이것이 바로 21세기 초반 우리 한국인의 고통스런 자화상이다. 이런 자화상 속에서는 삶의 의미 물음 같은 철학함의 화두 또한 물신주의적으로 재해석되어 자기 개발을 위한 무조건적 긍정이나 경쟁력 강화 같은, 끝없는 경쟁의 지향으로 자리하고 만다. 대형서점의 큰 공간을 점유하고 있는 수많은 자기개발서가 그 구체적인 사례들이다.

이제는 우리 자신을 있는 그대로 볼 수 있어야 한다. 그리고 이 책을 통해 계속 확인하고 공유해온 것처럼, 최소한 외형적으로는 누구 또는 어떤 나라와 비교하지 않고도 잘 살아갈 수 있을 정도의 힘과 경제력, 교육의 양 등을 갖추고 있다. 우리는 우리일 뿐이고, 미국이나 일본, 유럽은 그들만의 문제를 안고 겨우 지탱해가고 있는 나라들일 뿐이다. 우리 자신을 들여다보는 거울로 그들 나라와 그 사람들을 활용할 수 있지만, 그렇게 하기에는 그 거울에 너무 짙고 심각한 때가 끼어 있기 때문에 당분간은 아예 그들과의 비교는 내려놓는 게 현명한 대안이다. 우리 교육문제는 심각하지만, 그렇다고 해서 미국이나 일본, 유럽의 교육이 우리 문제를 해결할 수 있는 대안이 될 수는 결코 없다. 그들은 나름의 교육문제와 씨름하고 있기 때문이고, 더 중요한 것은 우리 교육문제를 야기하는 배경이 그들의 것과 질적으로 다르기 때문이다. 사실 교육문제만큼 우리 사회의 다른 문제들과 엉켜 있는 것은 드물다. 교육문제 안에 들어와 있는 맹목적인 경쟁의 신화와 서열화되고 왜곡된 가치체계, 전통과 현재의 직접적인 충돌, 이념의 대립 등은 모두 다른 사회문제의 다른 측면들일 뿐이다. 우리 사회를 움직이는 현실적 질서와 규범적인 질서들 사이의 엉킴과 왜곡이 모두 교육이라는 현상을 통해 표출되고 있는 것이다. 그런 이유로 단지 입시제도를 바꾸거나 단기적인 교육정책 몇 가지를 바꾸는 것으로는 문제가 해결되기는커녕 더 심화되는 결과만 반복되고 있는데도 그 사실과 직시하고자 하는 노력은 별로 보이지 않는다. 안타까운 일이다.

법정의 무소유 정신과 무집착의 삶

이 문제에 관한 답을 조심스럽지만 끈기 있게 찾아가는 방법으로 우리는 그런 삶을 살아낸 역사 속 인물들의 삶을 성찰해볼 수 있다. 특히 20세기 이후의 역사 속에서 일제강점기와 분단, 산업화 과정을 온몸으로 맞고자 노력한 사람들을 떠올릴 수 있고, 일제와 분단 극복의 상징으로는 백범 김구 선생을, 산업화 과정의 정신적 황폐화 극복으로는 법정 스님을 떠올려볼 수 있다. 백범 스스로는 침략의 책임이 있는 사람들을 향하는 암살 같은 무력투쟁을 감내하면서도 자신의 희망은 우리나라가 군사력이나 경제력에서 힘이 센 나라가 되기보다는 문화적이고 정신적인 영역에서 보다 성숙한 나라가 되는 것이라고 분명히 밝히고 있다. 이제 우리는 군사력과 경제력에서 상당한 정도의 수준을 갖추게 되었고, 문화적인 측면에서도 양적으로는 어느 정도 성장을 이루었다. 그럼에도 우리는 정신적인 빈곤을 여전히 극복하지 못하고 있고, 어떻게 해야 할지 몰라 허둥지둥하고 있다. 지도자라고 하는 사람들이 어디에 있는지 잘 보이지 않고, 보이는 지도자들은 우리에게 실망감을 넘어 절망감을 심어주는 경우가 대부분이다. 정치와 경제 영역은 말할 것도 없고 심지어 종교지도자 같은 사람들도 크게 다르지 않다. 미국을 여전히 '하나님의 나라'라고 떠들면서 그들의 은혜에 무조건 감사해야 한다고 말하는 개신교 목사나, 대형교회처럼 수단방법을 가리지 않고 절을 키워야 한다고 공개적으로 말하는 불교 승려가 바로 그런 사람들이다. 그들에게서는 희망은커녕 절망의 다른 이름만을 발견할 수 있을 뿐이다.

그런 가운데 일제강점기에 태어나 광복 후 혼란 속에서 대학 3학년까지 다니다가 출가하여 우리에게 시원한 바람 같은 가르침을 주고 떠난 법정이라는 스님은 큰 축복이자 종교 여부를 떠나서 꼭 기억해야할 정신적 지도자다. 그는 출가해서 젊은 시절에는 당시의 민주화 흐름에 동참하며 글과 행동을 통해 자유와 인격을 억압하는 비정상적인 상황을 극복해보고자 노력했다. 그러나 그런 노력들에 회의를 느껴 먼저 자신의 마음을 닦아야겠다는 결심으로 자신이 출가했던 송광사로 내려가 불일암이라는 작은 암자를 짓고 수행에 몰두한다. 그러면서 자신의 삶을 진술하고 명징한 언어로 전달하면서 많은 사람들에게 위안과 희망을 주기 시작한다. 그렇게 평생을 흔들림 없는 자세로 일관했고, 사람들이 많이 찾아오자 강원도 산골 화전민이 버리고 떠난 오두막에서 지내며 청정한 삶을 살아냈다. 서울 청와대 뒤편 고급 요정이던 삼청각을 보시받아 서울시민들이 쉽게 찾을 수 있는 길상사라는 열린 공간으로 만들어놓고서는 다시 미련 없이 강원도 산골로 떠나는 그의 모습에서 많은 사람들은 어떻게 살아야하는지에 대한 깊은 교훈을 얻어내기도 했다.

법정의 사상과 삶을 한 마디로 요약하면 무소유(無所有)이다. 그의 편지글을 모은 베스트셀러이자 스테디셀러이면서도 저자의 더 이상 출판하지 말라는 유언에 의해 책방에서는 살 수 없는 책이 된 책의 제목이기도 한 이 무소유(無所有)는 아무 것도 소유하지 말라는 뜻이 아니라 꼭 필요한 것만을 소유하라는 가르침이다. 그렇게 보면 무소유라는 말보다는 무집착이라는 말이 더 적절한 것일 수 있다. "인간의 역사는 소유의 역사처럼 느껴진다. 보다 많은 자기네 몫을 위해 끊임없이 싸우고 있다. 소유욕에는 한정도 없고 휴일도 없다. 그저 하나라도 더 많이 갖고자 하는 일념으로 출렁거리고 있다. 물건만으로는 성에 차질 않아 사람까지 소유하려 든다."(법정, 『무소유』, 범우사, 1999) 이러한 끝없는 소유의 지향은 목마를 때 마시는 바닷물처럼 더 많은 갈증을 불러오고, 결국에는 지쳐 쓰러져 죽게 만든다.

소유를 기반으로 해서 성립된 자본주의 사회인 우리 사회에서 법정의 무소유, 또는 무집착은 자칫 비현실적인 대안처럼 다가올 수도 있다. 우리는 오늘 먹을 것을 소유해야 하고, 당장 오늘 밤 안전하고 편안함 잠자리를 보장받기 위해서는 집이나 아니면 여관에 머물 수 있는 돈을 소유해야만 한다. 특히 도시생활을 하는 과정에서 돈이 없으면 거의 아무 것도 할 수 없을 것 같은 무력감에 휩싸이게 될 때도 있다. 그런 상황 속에서 법정의 무소유 정신은 어떤 현실성을 지닐 수 있을까? 이 물음 앞에서 우리는 그의 무소유가 아무 것도 갖지 않는 것이 아니라, 꼭 필요한 것만을 가지라는 뜻임을 상기할 필요가 있다. 꼭 필요한 것은 소유해야만 하고, 법정 또한 청정한 삶을 살다가 마칠 때까지 꼭 필요한 것을 소유하려고 노력했다. 그렇다면 문제는 이제 꼭 필요한 것이 과연 무엇인가를 어떻게 알 수 있을까 하는 인식론적 물음과 그 기준을 현실 속에서 어떻게 지켜갈 수 있을까 하는 실천적 물음으로 남게 된다.

내게 꼭 필요한 것이 무엇인지를 알 수 있는 단 하나의 방법은 없지만, 자신의 방과 집을 한 번 둘러보는 것만으로도 얼마나 불필요한 것들이 많은지를 아는 일은 어렵지 않다. 언젠가는 쓸 곳이 있을 것이라고 생각하고 큰돈을 들여 사놓은 물건들과 순간적인 욕심으로 사놓고는 거의 읽지 않은 책들, 냉장고 안쪽을 차지한 채 썩어가고 있는 음식물들... 이런 것들이 자신의 주변을 꽉 채우면서 우리 삶은 단순함으로부터 멀어져 정신 사나운 것이 되어가고 있다. 이런 공간은 곧바로 내 정신의 영역으로 이어지면서 머릿

속이 쓸데없는 생각들로 채워지거나 마음이 사소한 분노들로 가득 차서 습관적으로 짜증을 내는 하루를 살아가고 있기도 하다. 이런 자신의 모습을 관찰의 대상으로 삼을 수 있게 되면, 내게 꼭 필요한 것들이 무엇인지를 알고, 그것만을 소유하는 무소유 또는 무집착의 삶을 실천하는 일 또한 그리 어려운 과제가 아닌 것으로 변한다. 진리는 생각보다 멀리 있지 않은 것이다.

오늘(2016.7.20. 목) 오전에 느지막하게 다시 프랑크푸르트 대학 국제교류센터로 왔다. 길 건너편 사회연구소를 다시 한 번 보기 위해서이기도 하고, 이곳 옆 건물에 위치한 문화전문도서관에 아내와 딸과 함께 오고 싶은 마음 때문이기도 했다. 건너편 사회연구소 건물은 분주함과 고즈넉함의 조화 속에서 지나가는 차들과 사람들을 기꺼이 감내하고 있고, 여전히 드나드는 사람들은 오랜 시간 보이지 않는다. 이곳 카페테리아에서 자판기 커피 한 잔씩 뽑아 앞에 놓고 이런저런 이야기를 나누다가 지금은 두 사람이 함께 문화도서관에 들었다. 아까 딸과 함께 다녀오는 길에 발견한 뒤러(A. Dürer)라는 화가와 관련된 책이 서가 한 칸을 가득 메우고 있어 그림을 좋아하는 아내에게 꼭 가서 보라고 권했다. 이미 우리는 뉘른베르크 성 아래에 있는 뒤러 하우스를 본 적이 있다. 미술사를 잘 모르는 나에게는 그가 어떤 위상을 지닌 화가인지 잘 다가오지 않았지만, 오랫동안 관심을 가져온 아내에게는 다른 느낌으로 다가오는 것 같았다.

이번 여행길에서 우리 부부는 딸에게 각각 다른 바람을 갖고 있음을 종종 확인하곤 한다. 나는 그에게 철학함의 과정과 나 자신의 철학함을 보여주고 싶어 하고, 아내는 예술적인 경험을 좀 더 깊게 해주고 싶은 열망을 갖고 있는 것 같다. 뮌헨 국립극장에서 오페라 투란도트를 함께 보면서 함께 나눈 예술적 카타르시스의 세계를 느끼게 해주고 싶어 하는 아내는 한때 내게도 미술관에의 동행을 비교적 강하게 요구하기도 했다. 그러나 나는 쉽게 그림의 세계에 빠져들기 힘들었다. 그 이유 중 하나는 아마도 그가 좋아하는 그림이 주로 서양 르네상스 시대의 것들이고, 음악 또한 그 시기의 클래식이었기 때문이었던 것 같기도 하다. 이번 파리 여행에서도 갈 수 있는 미술관은 거의 다 갔던 것으로 생각된다. 내게는 별다른 차이가 느껴지지 않는 그 그림들을 딸과 함께 보면서 아내 역시 작은 갈등을 감내했던 것 같기도 했다. 나는 이제 대충 나만의 속도로 둘러본 이후에는 그곳 카페에서 시간을 보낼 수 있는 자유를 얻었다.

에리히 프롬은 프랑크푸르트학파의 구성원이면서 한때 전문성이 부족하다는 비판을 받으며 추방당하기도 했지만, 지금은 사회연구소 지하 도서관에 어엿하게 한자리를 차지하고 있는 학자로 인정받고 있다. 그는 현대인들의 사랑이 주로 받고자 하는 데서 많은 문제를 일으킨다고 보고, 자신이 기꺼이 나서서 자신을 포함하여 다른 사람들을 사랑할 수 있는 기술, 즉 지식과 노력이라는 통로를 확보함으로써 사랑으로부터의 소외를 극복할 수 있다고 말하지만, 부모자식 사이의 관계에서 부모의 사랑은 늘 일방적으로 주고자 하는 데서 문제가 생긴다. 한 달 동안 대체로 같은 방에서 지내면서 내가 가장 마음이 쓰이고 아팠던 지점도 바로 그런 유형의 문제가 발생하는 지점이었고, 그것은 아내도 마찬가지였던 것으로 보인다. 싸르트르의 말처럼 타자는 내게 지옥일 수밖에 없지만, 그 타자와 관계 맺지 않고는 살아갈 수 없는 운명을 지닌 인간의 가장 치명적인 부분, 즉 아킬레스건 중 하나가 부모와 자식 사이의 관계일 것이다. 넓게 보면 여기서도 가장 근원적인 문제는 소유욕이다. 사랑은 소유가 아니라 존재 그 자체에 대한 무조건적 존중일 수밖에 없음을 이론적으로는 알면서도 구체적인 관계에 들어서면 계속 욕심을 내고, 그 욕심이 내가 가장 사랑한다고 믿는 딸에게 폭력으로 다가설 수 있음을 느껴야 하는 순간과 마주하며 나는 숨이 막혀오곤 했다.

불교에서는 모든 인간이 지니고 있는 치명적인 약점을 세 가지 독이라는 의미의 삼독(三毒)으로 규정한다. 그것은 탐욕[貪]과 분노[嗔], 어리석음[痴]이다. 그 중에서도 우리 삶의 진실을 제대로 보지 못하는 어리석음이 다른 독소의 원인이 되고, 이 세 가지가 서로 얽혀 상승작용을 하면서 우리들의 삶을 지옥과 같은 상태로 몰고 가기도 한다는 것이 붓다 가르침의 핵심이자, 법정이 현재적 관점에서 재해석해내고자 했던 지점이기도 하다. 무언가에 쫓기면서 하루하루를 보내다가 휴가철을 맞으면 다른 형태의 쫓김으로 여행을 떠나고, 또 돌아와서는 무표정하고 살벌한 얼굴을 하고 일터로 향하는 현대인들의 모습을 자기 소외라는 개념으로 잡아낸 마르크스와, 그의 거시적 차원의 분석을 지그문트 프로이트의 정신분석학이라는 미시적 차원의 분석으로 보완해낸 에리히 프롬의 사랑 이야기는 그런 점에서 우리가 어떻게 해야 행복해질 수 있는 지를 총체적이면서도 설득력 있는 시선으로 들려주는 것으로 평가할 만하다. 그것은 우리들에게 꼭 필요한 것만을 소유하면서 존재 그 자체의 실상에 충실하고 있는가를 묻는 법정의 서늘한 음성과 통하는 것이다. 인간에게 불필요한 것이라고 해도 체제 자체의 존속과 확장을 위해 끝없이 생산하면서 소비를 부추기고, 다양한 형태의 문화적 장치를 동원하여 우리 내면에 끝없는 소비욕구를 심어주는 자본주의 체제는 지속가능하지 않은 국면으로 접어들고 있다. 이 근원적이면서도 치명적인 위기를 극복할 수 있는 첫 단추는 개인들이 시민으로서 자신의 위상과 역할을 정확하게 인식하면서 피상적이고 추상적인 사랑과 행복이 아닌, 우리 존재 자체가 지니는 가치에 기반을 둔 진정한 사랑과 행복을 추구하는 데서 마련될 수밖에 없다.

12. 도대체 어떻게 해야 평화를 얻을 수 있을까
: 프랑크푸르트 사회연구소 앞에서 하버마스와 원효의 대화를 상상하다

프랑크푸르트 대학에서 글을 쓰다가 이곳 철학과를 찾아보기로 했다. 마침 같은 건물에 철학관련 센터가 있어 물어보았더니, 친절하게 주소를 써주면서 다른 캠퍼스에 있다고 한다. 그 주소를 들고 찾아가는 길에 하이델베르크 대학과 마찬가지로 좌판에 중고책을 펴놓고 파는 곳이 있어 베르너 게파르트라는 사람이 쓴 『행위와 문화(Handeln und Kultur)』라는 문고본 책을 5유로를 주고 샀다. 3장 제목 속에 '철학자로서의 막스 베버'가 들어있었기 때문에 끌린 것 같다. 그 거리책방을 지키고 있는 할머니에게 다시 길을 물어 찾아다녔지만, 길거리를 사이에 두고 펼쳐져 있는 다른 캠퍼스를 찾는 일이 쉽지 않았다. 게다가 한낮 온도가 섭씨 34도까지 올라 땀이 흘러 도저히 계속 찾을 수 없어 다음으로

미루고 숙소로 돌아와 가까운 비즈니스센터에 있는 커피점에서 '카피 크레메'라고 발음하는 조금 진한 커피를 한 잔 시켜놓고, 이 책의 마지막 장을 막 출발시키고 있는 중이다.

프랑크푸르트학파의 인적 구성이 넓고 각각 특징을 지니고 있기도 해서 누가 이 학파를 대표한다는 말을 하기에는 조심스럽다. 아마도 미학 쪽에 관심을 가진 사람은 테오도르 아도르노나 발터 벤야민을 꼽을 것이고, 이 학파의 최근 흐름에 주목하는 사람은 당연히 현재 소장인 악셀 호네트를 꼽을 것이다. 그러나 이 연구소의 역사 전체를 놓고 보면 역시 위르겐 하버마스가 대표자로 꼽힐 가능성이 가장 높아 보인다. 그는 현재 은퇴한 프랑크푸르트 대학 명예교수지만, 20세기 동안 철학과 사회과학 전반에 걸쳐 활동한 궤적과 깊이에 있어 충분히 주목받을 만한 업적을 남겼기 때문이다. 그야말로 명실상부한 사회학자이자 철학자이다. 독일 사회학이 지니는 철학적 기반을 그 만큼 굳건하게 보여주는 사람도 드물고, 거꾸로 철학이 지녀야 하는 사회학적 지평을 보여주는 데도 상당한 성공을 거뒀다. 그는 본(Bonn) 대학 등 여러 대학에서 공부하여 박사학위를 취득하고 아직 교수자격논문이 통과되기도 전인 1961년에 하이델베르크 대학교수로 취임한다. 이후 이곳 프랑크푸르트 대학에서 철학 및 사회학 교수로 취임하여 퇴직을 했고, 지금은 이 대학 철학과 명예교수로 있다.

하버마스에 관한 나의 관심은 박사과정 때부터 본격화된 것으로 기억한다. 우리 사회에 어떤 문제가 생겼을 때 그것을 공론의 장에서 다루지 못하고 권력을 가진 이른바 파워엘리트 집단의 폐쇄적인 이해관계 속에서 결정되는 모습이 여전했던 1990년 시작한 박사과정 공부에서 하버마스의 『공론장의 구조 변동』이나 『인식과 관심』, 『담론윤리의 해명』 등에 자연스럽게 관심을 갖게 되었던 것 같다. 그로부터 사반세기가 지난 2016년 현재 상황 속에서 그에 관한 관심은 조금 다른 차원으로 변화되어 있다. 그것은 바로 우리 사회의 소통 위기에 대한 관심과 주체적인 학문 자세에 관한 그의 일갈(一喝)에 기반을 둔 것이다. 대한불교조계종 화쟁위원회의 화쟁위원으로 활동한 경험이나, 진보적 정치세력이 최소한의 기반이나마 닦을 수 있기를 기원하며 몇 번 참여했던 진보정치 관련 모임, 주변의 보수적인 지식인들과의 대화 등을 통해서 나는 우리 사회에 심각한 소통 위기가 존재하고 있음을 발견했다. 그 모든 장들에서 형식은 대화지만, 실질적으로는 독백을 하는 분위기가 강하게 지배하고 있었고, 내게도 끊임없이 어떤 편에 서라는 유·무언의 압력이 가해지고 있기도 했다.

나는 보수와 진보 사이에 진정성에 기반을 둔 대화가 가능할 수 있다면 상대적인 개념에 불과한 것일 수 있다고 생각한다. 보수는 자신이 지키고자 하는 가치가 무엇인지에 대한 끝없는 성찰을 전제로 하는 대화를 할 수 있어야 하고, 진보는 자신이 바꾸고자 하는 목표와 가치에 관한 성찰을 기반으로 하는 대화가 가능할 수 있을 때에야 비로소 그 명칭을 누릴 자격이 있다. 우리 사회에는 이런 진보와 보수를 찾기가 쉽지 않다. 할 수만 있다면 윤리를 주요 관심사로 삼고 있는 학자로서의 내가 이 대화의 장을 넓혀보았으면 좋겠다는 바람을 갖고 있지만, 결코 쉬운 과제가 아님을 체험적으로 이미 알고 있다. 그럼에도 포기할 수 있는 과업이 아니다. 이런 대화의 장이 자연스럽고 상시적으로 열릴 수 있을 때에야 비로소 우리 시민사회가 제대로 작동할 수 있고, 그래야만 우리 사회의 다양하고 다층적인 갈등들이 원천적으로 해결되거나 해소될 수 있는 길도 열릴 것이기 때문이다.

하버마스에 관한 나의 두 번째 관심은 그가 우리나라를 방문하고 돌아가면서 자신을 무비판적으로 추종하며 한국사회에 관한 그의 관점을 묻는 이 땅의 헐벗은 지식인들에게 던진 말에서 비롯되었다. 그는 우리 학자들에게 '왜 당신들 문제를 내게 묻느냐, 당신들의 전통인 유교와 불교의 기반 위에서 실천적으로 모색하여 스스로 답을 찾아야 하는 문제 아니냐'라고, 공항에서 떠나면서 일갈한 것으로 알려져 있다. 시원하기도 하고 부끄럽기도 한 장면이다. 우리의 한심한 자화상이기도 하고 마치 벌거벗은 모습을 보여준 것 같기도 해서 부끄럽지만, 동시에 무언가 우리 지성사에 긍정적인 충격이 오지 않을까 하는 기대 때문에 시원한 느낌을 가졌던 것 같다. 그 후 어떤 변화가 얼마나 있었는지는 정확하지 않지만, 내 느낌으로는 서양철학 전공자들 중 상당수가 자신의 논의가 우리 사회의 문제와 어떤 관련성이 있는지를 생각해보려고 노력하는 모습이 늘어간 계기가 된 것은 확실한 것 같다.

우리가 바라는 평화와 소통의 위기 극복: 하버마스의 담론윤리
하버마스가 주목한 의사소통의 위기는 대화의 불가능성과 충돌의 상시화를 의미하기도 한다. 우리는 대체로 평화를 원한다. 가끔 우리 본능 속에 공격적이고 파괴적인 어떤 것이 있는 것 아닌가 하는 느낌을 받을 때도 있고 그것을 정신분석학자 지그문트 프로이트는 성욕으로 상징되는 우리 본능의 특성 중 하나라고 규정하기도 했지만, 그럼에도 우리는 대체로 갈등과 전쟁보다 평화를 더 좋아하고 사랑한다. 인류 역사가 갈등과 전쟁의 역사였다고 쉽게 요약하는 사람들도 더러 있지만, 최근 역사가들의 실증적인 연구 결과에 따르면 전쟁보다 평화의 시간이 훨씬 길었을 뿐만 아니라, 현대로 올수록 폭력성도 점점 더 줄어드는 경향을 보이고 있다. 다만 우리의 기억이 충돌과 전쟁이라는 충격적인 것에 더 오래 머물기 때문에 사실과는 다르게 기억하고 있을 뿐이다. 그럼에도 지금 이 순간 내게는 독일 바이에른 지방의 테러와 프랑스 남부 니스 지역의 테러, 그리고 사드 배치를 둘러싼 남북한 및 미국과 중국 사이의 긴장과 충돌 가능성이 더 크게 다가오고 있다. 이런 외적인 위기들은 내 마음의 평화를 깨뜨리면서 여행자의 행복감을 급속도로 앗아가고 있기도 하다.

우리가 바라는 평화는 우선 외적으로 물리적 충돌과 전쟁이 없는 상태다. 사람들에게 잠재되어 있는 힘겨루기의 본능은 여행지에서 쉽게 경험할 수 있는 것이기도 하다. 하이델베르크에 머물 때의 일이다. 동이 틀 무렵인데 숙소 창문 밖으로 누군가 심하게 다투는 소리가 들려 잠이 깼다. 내다보니 중국인인 듯한 동양계 학생과 독일인인 듯한 학생이 서로 얼굴을 들이대면서 말싸움을 하고 있었고, 그 사이에서 여학생 하나가 이러지도 저러지도 못한 채 망연한 모습으로 옆에서 지켜보고 있었다. 말싸움에서는 동양계 학생이 게임이 되지 않는지 외국인 억양이 섞인 독일어로 힘들게 대꾸하고 있었는데, 이내 몸싸움으로 이어지자 반전이 일어났다. 보기에도 무술을 한 듯한 체구의 동양계 학생이 자세를 취하더니 한주먹에 상대방을 넘어뜨렸다. 그것으로 게임이 끝났다. 씩씩거리며 뒤늦게 찾아온 친구들과 함께 그 동양계 학생이 사라진 자리에 넘어져서 일어날 줄 모르는 독일계 학생을 여학생이 무언가로 피를 닦아주고 있는 장면이 내가 본 마지막 장면이다. 공권력이나 사람들의 시선이 미치지 못하는 이른 새벽에 벌어진 일이다.

두 남학생이 몸싸움까지 간 이유에는 여학생이 옆에서 지켜보고 있다는 사실도 포함되어야 할 것이다. 여성 앞에서 더 강해보이고 싶어 하는 동물적 본능이 작동했을 가능성을 배제할 수 없다는 말이다. 아내와 딸을 동행해 한 달 이상을 외국에 머물고 있는 나도 가끔씩 그런 폭력적인 상황을 연상케 하는 장면과 마주할 때 짐승의 수컷처럼 바짝 긴장하는 자신의 몸과 마음을 느끼곤 한다. 어제 이곳 중앙역에서 내려 숙소를 찾아갈 때 계단에서 마약에 취한 듯한 남자와 마주했을 때나, 불량스런 복장을 한 몇몇 오토바이족들이 우리를 둘러싸듯이 지나갈 때가 그랬다. 엊그제 일어난 바이에른 지방 테러 사건을 접한 후에는 만약 만에 하나라도 그런 상황과 마주하게 되었을 때 내가 어떻게 하면 딸과 아내를 지킬 수 있을지를 심각하게 고민하면서 배운지 오래된 태권도 발차기를 연습해보기도 했다. 물론 아내 또한 엄마로서의 보호본능과 남편과의 관계성 속에서 최선을 다해 물리적 위기 상황에 대처하고자 할 것이고, 딸아이 또한 자신의 입장에서 엄마와 아빠를 보호하기 위한 조치를 취할 것이다. 어찌되었건 평화의 첫 번째 차원이 물리적인 폭력으로부터의 안전이라는 사실은 확실한 듯하다.

그런데 인간의 평화는 이러한 물리적인 폭력으로부터의 자유로 완성되지 않는다. 20세기 평화학을 정립한 대표적인 학자로 꼽히는 요한 갈퉁의 구분에 따르면, 그런 평화는 소극적 평화에 불과하고 인간과 사회에는 그 이상의 적극적 평화가 필요하다. 그것이 구체적으로 무엇일까? 바로 이 물음 앞에서 우리는 먼저 마음의 평화를 떠올릴 수 있다. 아무리 물리적으로 평화롭고 전쟁이 없는 상태에 있다고 해도 마음이 불편하면 곧 그곳이 지옥이라는 게 불교의 지옥관이다. 불교에서는 우리의 마음 속 존재할 수 있는 다양한 형상을 여섯 가지로 표현한다. 그 가장 밑바닥이 지옥이고 그 다음이 아귀, 축생(畜生)이며, 그 위에 인간, 아수라, 천신(天神)이 있다. 아귀는 귀신의 일종인데 몸이 엄청나게 큰 것에 비해 목구멍은 매우 좁아서 고춧가루 하나 넘길 수 없을 정도이기 때문에 늘 배고픔의 고통 속에서 살아야 하는 존재다. 지금은 그런 장면이 거의 없어졌지만, 먹는 것이 부족하고 식구는 많은 집에서 유난히 먹을 것을 밝히는 아이들을 '배에 아귀가 들어있나'라는 말로 비난했었다. 축생은 동물이고, 아수라는 인간과 신의 중간 단계이다. 종교적 차원에서는 윤회의 단계로 설정되지만, 불교윤리의 관점에서 보면 이 단계들은 모두 내 마음 속에 존재하는 것들일 뿐이다. 우리 마음은 순식간에 지옥이 될 수도 있고, 어느 순간 신의 평화로운 경지로 올라설 수도 있다. 그것이 인간이 지닌 가능성이

자 숙명이다.

갈퉁이 말하는 적극적 평화는 마음의 평화를 넘어서는 구조적 맥락과 외연(外延)을 지니고 있다. 그는 인간의 기본적인 인권과 복지가 최소한으로 보장되고 사회정의가 실현된 상태를 적극적 평화로 규정한다. 그의 폭력 개념 또한 포괄적이다. 육체적 억압과 제재만이 폭력이 아니고 인간의 자기실현을 저해하는 모든 요소가 폭력이라고 보았고, 그 가장 흔한 예는 언어폭력이다. 언어를 통한 강압적 분위기 조성과 자아 존중감 훼손은 심각한 폭력에 해당된다. 갈퉁은 그 폭력을 다시 직접적인 폭력과 구조적인 폭력으로 나누고, 구조적인 폭력까지 없어져 인권과 복지, 정의가 확보되어야만 진정한 평화가 가능하다고 주장했다. 이제는 그의 이런 주장들이 상식으로 받아들여져 일상 언어생활 속에서도 언어폭력 개념은 자주 사용되고 있다.

평화를 구분하는 또 다른 방식은 내적 평화와 외적 평화로 나누는 것이다. 내적 평화가 마음의 평화라면, 외적 평화는 나를 둘러싸고 있는 상황의 평화이다. 당연히 이 두 차원의 평화는 서로 깊은 연관성을 맺고 있지만, 그렇다고 해서 항상 같은 맥락으로 펼쳐지는 것은 아니다. 외부의 상황이 평화롭지 못해도 마음의 평화를 일정 부분 유지할 수 있고, 거꾸로 외부의 평화를 확보했다고 해도 마음의 평화는 깨질 수 있는 가능성이 있다는 것이다. 이러한 내부의 평화와 외부의 평화라는 두 차원 모두에 유념하면서, 어떻게 해야만 진정한 평화를 지니게 될 수 있을지 생각하는 실천적 고민으로 넘어갈 필요가 있다. 그 실천적 방법의 하나로 우리는 하버마스의 의사소통의 윤리를 고려해볼 수 있다. 왜냐하면 평화가 이루어지지 않는 가장 심각한 이유가 자신 및 타인과의 소통의 위기 또는 부재이기 때문이다.

소통은 모든 존재하는 것들의 본능적인 지향이자 속성이기도 하다. 인간은 말할 것도 없고 동물은 물론 식물까지도 외부와의 소통 속에서만 비로소 살아남을 수 있다. 어떤 식물이 외부와의 소통을 멈추는 순간이 곧 그 식물이 죽음을 맞이하는 순간이다. 인간에게는 이러한 생물학적 소통과 함께 언어적 소통과 윤리적 소통의 차원이 더해진다. 언어적 소통은 말과 글, 몸짓 등을 포함하여 모든 매개체를 통해 하는 것이고, 윤리적 소통은 특히 자신을 향해 삶의 의미 물음을 던지는 성찰의 차원과 타자와의 윤리적 관계 맺기라는 차원으로 다시 나뉘어 전개된다. 가장 높은 차원의 윤리적 소통까지 잘 이루어진다면 인간의 내면적 삶과 사회적 삶의 영역에 평화가 자리 잡을 수 있게 된다. 다만 여기서 유념해야 할 것은 이러한 세 통로의 소통이 서로 긴밀하게 연계되어 있다는 점이고, 하버마스는 특히 언어적 소통과 윤리적 소통의 연계 고리를 의사소통의 절차를 확보하고자 하는 노력을 통해 마련하고자 한다.

하버마스는 서로 다른 도덕 판단 기준을 갖고 있는 사람들이 자신의 기준과 다른 사람의 기준을 교차시키면서 소통할 수 있는 기회를 가짐으로써 보다 자신의 기준을 객관적으로 평가할 수 있게 되고, 그런 과정들이 지속되면 보다 보편적인 기준을 함께 모색할 수 있는 가능성도 열린다고 말한다. 갈등과 충돌이 빈번한 현실 속의 의사소통의 장을 보다 이상적인 소통의 장으로 만들어가는 노력을 통해 갈등 해결은 물론 보편성의 영역이 좀 더 확보될 수 있다는 생각이다. 이러한 하버마스의 생각은 두 가지 점에서 평화와 관련지어볼 수 있다. 하나는 각자 가지고 있는 진리보다는 의사소통의 과정이라는 절차에 비중을 둔 점에서 찾을 수 있는 관련이고, 다른 하나는 보다 나은 기준을 함께 찾아가고자 하는 노력을 강조한 점에서 찾을 수 있는 관련성이다.

며칠 전 뉘른베르크에 있을 때 일이다. 호텔식당에서 아침식사를 하고 있는데, 저편에 앉은 어떤 독일인 아저씨가 큰 소리를 내면서 연거푸 코를 풀었다. 그 소리도 그렇고 우선 주변 사람들을 전혀 의식하지 않는 그의 태도가 거슬려 주변을 둘러보니 우리 말고는 그 소리에 신경을 쓰는 사람이 없었다. 앞에 앉은 딸에게 어떻게 생각하느냐고 물으니, 자기도 신경이 쓰이지만 여기 사람들은 저렇게 코를 푸는 것을 예의에 어긋나지 않는다고 생각하는 것 같다는 대답을 했다. 그때서야 내가 코풀기와 트림에 대한 동서양의 인식 차이를 이야기했다. 동양 사람들은 대체로 무엇을 먹고 난 후에 트림을 하는 것을 생리적인 현상으로 보아 크게 불쾌해하지 않는데 비해, 코풀기는 의도적으로 하는 것이기 때문에 예의에 어긋난다고 생각한다. 그런데 서양 사람들은 코를 훌쩍거리는 것보다 아예 크게 풀어버리는 것이 더 낫다고 생각하는 것 같다. 이러한 인식의 차이를 아는 경우에는 서로 그냥 넘어갈 수 있지만,

만약 서로 몰라서 직접적인 충돌이 생겼다면 어떤 해결책이 가능할까? 우선 서로 이 문제에 대한 자신들의 기준을 갖고서 말을 터보는 것이 중요하다. 그런 후에는 만약 계속 함께 살아야 한다면 어떻게 해야 그것을 서로 받아들일 수 있을지, 보다 나은 제3의 대안은 없을지 찾다보면 이전보다는 나은 상황을 만들어낼 수 있다.

종교적 신념이 충돌하는 경우는 상황이 더 복잡할 수 있다. 특히 유일신 신앙끼리 충돌할 경우 자칫 개인적 충돌에서 집단적 전쟁으로까지 치달을 수 있다. 이런 상황 속에서도 의사소통의 윤리, 즉 담론윤리는 통할 수 있는 가능성이 열려 있다. 먼저 각자의 주장을 충분히 펼칠 수 있는 시간을 갖고, 그때 상대방은 그 주장을 경청하면서 자신의 주장을 펼쳐가야 한다. 하버마스가 '실천적 담론'이라고 이름 붙인 이런 과정과 절차를 통해서 한편으로는 충돌을 막아 신뢰관계를 형성할 수 있고, 다른 한편으로는 보다 나은 보편적인 대안을 모색할 수도 있다. 물론 하버마스의 대안은 주로 전자에 치중한 면이 있기는 하지만, 그가 친구이자 같은 담론윤리학자인 칼 오토 아펠의 '이상적 의사소통공동체'라는 개념을 '이상적 발화 상황'이라고 이름 붙여 받아들인 데서 알 수 있는 것처럼 보다 나은 대안과 기준의 모색을 포기한 것은 아니다.

화쟁(和諍)을 통한 평화는 가능할까: 원효의 화쟁과 21세기 세계 평화

하버마스의 담론윤리와 함께 떠올릴 수 있는 우리의 전통적인 의사소통의 윤리로 원효의 화쟁을 떠올릴 수 있다. 화쟁은 쟁(諍)

의 과정을 전제로 해서 보다 나은 단계의 진리로 옮겨가는 것을 목표로 삼는 실천적 담론 체계이자 그 절차의 정당성과 보편적 진리의 지향을 동시에 추구하는 개념이기 때문이다. 원효 스스로 구체적인 예화로 제시하고 있는 두 시각장애인의 코끼리 만지기 이야기를 통해서 화쟁의 의미를 보다 명료하게 이해할 수 있다. 코끼리가 살지 않는 나라에 사는 두 시각장애인이 코끼리의 나라에 가서 각각 자신들이 만질 수 있는 부분을 만지고 돌아와 코끼리가 무엇인지를 놓고 논쟁을 벌이는 과정을 상상해보자. 한 사람은 코끼리의 코를 만지고 돌아왔고, 다른 사람은 코끼리의 다리를 만지고 돌아와서는 자신들이 만진 것만이 코끼리라고 주장하면서 상대방을 몰아붙이고 있다. 서로 직접 경험을 하고 왔기 때문에 쉽게 물러설 수 없을 만큼의 확신을 갖고 있고, 두 사람 다 말솜씨도 뛰어나서 한 치도 물러섬이 없는 상황이라고 해보자. 자신들이 가지고 있는 정보를 충분히 내놓은 후라면 이야기는 겉돌고 슬슬 짜증이 나면서 상대방의 어투나 고유한 어법이 거슬리기 시작하고 급기야 감정적인 충돌로 이어질 수도 있다. 이들에게는 대화 중단이나 감정적인 충돌 말고는 다른 대안이 있어 보이지 않는다.

화쟁(和諍)은 이런 충돌 상황 속에서 각자의 경험에 기반을 둔 주장이 지니는 진리의 일면성을 확인하면서 상대방의 주장에 담긴 진리도 인정해주는 데서 출발한다. 그러는 과정에서 각자의 진리 조각을 모아 보다 완전한 진리에 다가서고자 하는 노력 자체인 것이다. 그런 점에서 화쟁은 다툼[諍]을 전제로 하는 화합과 진리 추구의 과정이라고 할 수 있다. 또한 시민사회의 건강성을 보장하는 의사소통의 윤리를 이끌어 낼 수 있는, 우리의 전통에 기반한 소통의 원리이자 방법이기도 하다.

우리나라에서 최근 소통이 되지 않고 극단적인 대립만 하는 상황이 유독 많은 것처럼 보인다. 물론 다른 나라라고 해서 모든 것이 잘 해결되는 것은 아니고, 21세기로 접어든 세계화 상황 속에서 각 세대별로 넘어설 수 없는 이견이 생겨 부모와 자식 사이의 대화가 잘 되지 않는 것이 일반적인 모습이기도 하다. 그런데 우리에게 그것이 더 많은 것처럼 보이는 이유는 아마도 두 가지 때문인 것 같다. 하나는 자신의 주장을 감정을 드러내지 않으면서 적절한 논리 기반 위에서 펼칠 수 있는 교육 기회가 많지 않았다는 것이고, 다른 하나는 압축성장으로 인해 다양한 문제들이 중첩되면서 사회현상의 어느 한 부분만을 취할 경우 다른 면을 볼 수 없게 만드는 우리의 근대화 상황이다. 첫 번째 이유는 학교 교육에서 주로 도덕과와 사회과를 중심으로 많은 노력이 기울여지고 있고, 젊은 세대일수록 어렸을 때부터 자신의 의견을 당당하게 펼칠 수 있는 기회를 더 많이 갖고 자랄 수 있게 됨으로써 조금씩 극복되고 있다. 그런데 두 번째 문제는 여전히 양쪽의 강경주의자들이 자신의 목소리를 필요 이상으로 높이면서 극단화되는 경향이 나타나 쉽게 해결될 것 같은 기미가 보이지 않는다.

가장 큰 인식 차이를 보이고 있는 것은 21세기 초반 한국의 상황을 어떻게 볼 것인가 하는 문제이다. 우리 사회는 이제 외형적으로는 상당한 정도의 경제적 수준과 민주화를 이루었다. 아마도 20세기 역사 중에서 가장 성공한 개발도상국가로 꼽힐 수 있을 만큼

경제성장과 민주화라는 두 마리 토끼를 잡은 나라이다. 마음먹으면 해외여행을 할 수 있는 사람들의 숫자나 비중이 결코 낮지 않을 만큼의 경제적 부를 이룩했고, 보수정권의 출범 이후 약화된 면이 있기는 하지만 우리가 누릴 수 있는 자유의 폭과 깊이가 결코 좁거나 엷은 수준이 아니다. 그리고 시민들의 저항을 통해 힘들게 이룩한 민주화와 그 민주화에 기반을 둔 시민사회가 몇몇 수구적인 정권 담당자들의 반동적인 자세 정도로 쉽게 흔들릴 것 같지도 않다. 그런 점에서 우리 시민사회는 주로 외부의 도움에 힘입어 얻은 광복과도 차원이 다르다. 광복 또한 독립투사들과 광복군의 목숨을 건 투쟁의 산물이기도 하지만, 최소한 비중에 있어서는 일본의 항복에 기인한 어부지리인 점이 더 크다는 역사적 평가를 외면할 수 없다. 시민적 저항의 역사를 통해 축적해온 우리의 민주 역량과 높은 교육 수준은 일정한 선을 넘어서는 정권에 정확히 경고장을 날릴 수 있는 정도의 건강성을 갖추고 있는 것이다.

이른바 '유럽선진국'의 상징인 독일과 프랑스에 한 달 이상 머물면서, 또 몇 년 전 또 하나의 유럽선진국으로 꼽히는 영국을 잉글랜드, 스코틀랜드, 아일랜드로 나누어 한 달 가량 돌아본 경험 속에서 좀 더 객관적으로 우리나라를 볼 수 있는 시각과 넓은 의미의 애국심을 조금씩 확보해가고 있음을 느낀다. 우리나라는 그래도 썩 괜찮은 나라이다. 우리나라에서 내가 가진 교수라는 위치가 갖는 특수성이 전제되어 있음을 부정하지 않지만, 그렇다고 해서 그 평가를 바꾸고 싶지는 않다. 오늘(2016.7.21. 목) 아침 프랑크푸르트 중앙역에서 뤼데스하임이라는 멀지 않은 휴양도시로 오는 길에 만난 중무장한 경찰들과 사물보관함 동전통을 뒤지는 청소년, 중년남자, 할아버지, 눈빛이 비정상적인 마약쟁이들 모습은 파리에서도, 런던에서도 쉽게 볼 수 있는 것들이다. 특히 이곳 독일은 국가적 부의 수준에 비해 그 체제로부터 소외된 사람들의 숫자가 많아 보이고, 그들은 거의 온전히 방치되다시피 하는 것 같기도 하다. 그런 모습을 함께 지켜본 둘째 딸도 우리 노숙자들은 그래도 하루 한 끼 정도를 해결할 수 있는 무료급식소라도 있는데, 여기는 그렇지 못한 것 같아 마음이 아프다며 다음부터는 보관함을 사용하고 동전은 그냥 잊은 채 와야 할 것 같다고 말한다. 물론 그렇다고 독일이 우리보다 모든 면에서 못하다거나 하는 비교를 하자는 것이 아니다. 오히려 이 책을 통해 지속적으로 강조하면서 부각시키고 싶었던 것은 바로 이제 그런 피상적이면서도 열등감에 젖은 비교는 하지 말자는 것이다. 그리고 외국에서 살고 왔거나 공부하고 온 사람들이 앞장서서 알게 모르게 해내고 있는 그런 부정적인 역할에 대한 진지한 성찰이 필요한 때이기도 하다.

우리는 우리 나름의 성취와 함께 우리 나름의 문제를 갖고 있고, 그 문제들 중에는 세계화로 인해 다른 나라들과 공유하고 있거나 비슷한 성격을 지니는 것들도 포함되어 있다. 그런 점에서 프랑크푸르트학파의 독일과 유럽, 미국 중심의 자본주의 사회 분석은 보편성의 영역을 지니기도 하고, 우리 사회를 분석하는데 도움을 줄 수도 있다. 그러나 하버마스의 일갈처럼 그들의 일차적인 관심사는 그들 자신이 문제일 뿐이다. 사회연구소에서 구해온 연구소 역사 자료를 보면, 그들의 관심사는 늘 그 시대와 자신의 사회에서 절박하게 부각된 문제에 초점이 맞춰져 있음을 알 수 있다. 2차 대전 패전과 나치의 암흑기를 비판적으로 극복해낸 1950년대에는 성찰적 시각과 경험연구 능력을 갖춘 사회과학자를 만드는 일보다 사회를 이끌어가는 지도층을 위한 사회과학교육을 더 중시했고, 학생운동이 한창이던 1960년대에는 학생과 정치의 관계, 학교에서의 정치교육 효과에 관한 연구에 치중했다. 1980년대 후반 사회주의권이 붕괴된 이후에는 동유럽의 민주주의 문화 정착에 관심을 갖는 정치사회학이 주된 관심사가 되었고, 현재는 자본주의의 세계화와 노동의 미래 같은 주제를 집중적으로 연구하고 있다(Institut für Sozialforschung an der Johann Wolfgang Goethe-Universität, Frankfurt am Main, 12-15쪽 참조). 이제 우리도 말 그대로 실학(實學)을 해야 하고, 그 출발점은 우리 자신의 상황을 있는 그대로 바라보고자 노력하는 일이다.

그렇다면 21세기 초반의 한국 상황 속에서 가장 시급하고 절박하게 해결해야 하는 과제는 무엇일까? 큰 고민 없이 한반도 평화를 꼽을 수밖에 없다. 1950년대 한국전쟁이라는 동족상잔의 비극을 각각의 형태로 극복해낸 남북한은 1960년대 후반을 전후로 또 한 번의 물리적 충돌을 경험하면서 자칫 3차 세계대전으로까지 이어질 수 있는 화약고로 주목받는다. 이번 사드 배치 사례에서도 확인할 수 있는 것처럼, 한반도 전쟁은 순식간에 세계 전쟁으로 이어질 수 있는 뇌관을 지니고 있다. 무시할 수 없는 경제력과 국제적 위상을 확보하고 있지만, 이런 복잡한 국제정치적 맥락 때문에 우리만의 힘으로 한반도 평화를 확보하는 일은 현실적으로 가능하지 않다. 다른 차원에서 보면 이러한 국제적 맥락은 우리 한국이 세계 평화를 이끌어가는 중심축 역할을 할 수 있게 하는 지도리가 되기도 한다. 그것을 할 수 있는 기반은 우리 안의 평화 역량을 확보하는 일이다.

　우리 안의 평화 역량은 우리 한국인 개개인의 삶의 영역에서 내적인 평화와 외적인 평화로 나누어 확보될 수 있고, 내적인 평화는 자신의 삶에 관한 성찰과 명상 등의 방법으로 확보될 수 있다. 외적인 평화는 자신이 관계 맺고 있는 사람들과 화쟁적 관계를 형성함으로써 확보해갈 수 있다. 화쟁적 관계는 관계 맺고 있는 사람의 의견과 주장에 충분히 귀 기울이면서도 자신의 주장 또한 명료하게 펼쳐가는 관계이고, 그렇게 할 수 있는 대화의 시간과 장(場)을 지속적으로 만들어가고자 노력하는 관계이기도 하다. 이러한 관계가 시민사회적 맥락에서 작동하게 되면 하버마스가 말하는 의사소통적 합리성과 원효가 강조하는 동체자비(同體慈悲)의 시선이 교차될 수 있는 따뜻하면서도 합리적인 실천적 공론장이 형성될 수 있다. 그 안에서 국제관계적 맥락과 남북한 관계의 역사적 특수성을 동시에 고려하는 담론의 향연을 실천적으로 펼쳐갈 수 있다면, 내면의 평화에서 한반도의 평화, 세계 평화로 이어지는 실천적 연결고리 또한 자연스럽게 마련될 수 있을 것으로 기대된다.

여정을 마무리하며

프랑크푸르트 암 마인에서 멀지 않은 작고 아름다운 휴양지 뤼데스하임(Rüdesheim)을 떠나 오늘(2016.7.22. 금) 머물 고성호텔이 있는 오버베젤(Oberwesel)로 가는 유람선 2층 지붕이 있는 나무의자에 앉아, 여정의 마무리와 함께 이 책을 정리하는 글을 쓰는 이 순간이 마음에 든다. 바로 앞으로 네 명의 중국인 가족이 앉아 있고, 그 앞 난간 가까운 곳에는 아까 우리에게 메르씨를 연발하며 남은 의자 하나를 빌려간 나이 든 프랑스인 부부가 포도나무 밭과 그림 같은 집들을 카메라에 담느라 흥분한 모습이다. 그 옆으로는 단체 관광을 온 듯한 독일 할아버지들과 할머니들이 맥주와 포도주 잔을 들고서 수다스런 표정으로 이야기를 나누고 있고, 멀지 않은 곳에서 어떤 독일 할아버지가 줄담배를 피우며 연기를 뿜어 올리고 있다. 여기 사람들이 흡연문화에 있어서는 참 후진적임을 새삼

깨닫게 하는 장면이다. 어린 아이들이 주변에 있고 한데도 전혀 배려가 없다. 저런 장면에 잠시 마음이 흐려지는 중에 강 건너편으로 무너져가는 성들이 지나가며 달래주는 듯하다. 말없이 전해주고 있는 저들의 역사와 시간, 내러티브가 작은 일로 마음이 상하는 나의 깜냥을 껴안아 주기 때문이리라.

이번 여행은 몇 가지 의미를 담고서 시작한 터였다. 우선은 20대 초반부터 시작해서 30년 이상 교직에 있다가 올봄 명예퇴직한 아내의 그 짧지 않은 시간들을 기리는 것이고, 다음은 재수라는 어려운 수험생활을 감내하고 올봄 대학에 들어간 둘째의 노고와 젊음을 기리는 것이며, 마지막으로는 박사학위를 받은 것을 기점으로 삼아도 벌써 30년을 훌쩍 넘긴 나 자신의 학자생활을 돌이켜 공부와 학문, 삶과 사회 사이의 긴장과 화해 가능성을 모색해보는 것이었다. 그 중에서도 중심에 둔 것은 둘째 딸과의 깊이 있고 정겨운 대화와 이야기 공유다. 특히 파리와 독일 곳곳에 있는 철학자의 길을 함께 걸으면서 스무 살 무렵 불안하면서도 찬란한 젊음의 구비를 건너는 딸과 온전히 함께하는 시간을 갖고 싶었다. 그리고 그것 자체만으로도 충분하다고 생각했고, 이제 한 달 가까운 여정의 막바지에서 그 함께함의 심연이 마음에 새겨지며 기꺼운 충족감으로 다가서고 있다.

우리가 함께 걷고 싶어 했고 실제로 함께 걷기도 한 '철학자의 길(Philosophenweg)'은 물론 실제로 어느 구체적인 공간에 있는 그것에 한정되지 않았다. 가장 대표적이면서 마음에 많이 남아있을 하이델베르크 철학자의 길과 뉘른베르크 한적한 공원에 숨어있듯 자리한 루트비히 포이어바흐의 철학자의 길, 그리고 파리 소르본 느 대학에서 플로르와 마고 카페까지의 싸르트르의 길 등이 구체 적인 길이라면, 원효와 의상, 혜초, 남명과 퇴계, 붓다 등으로 이어 지는 철학자의 길은 마음 속의 길이자 한반도 땅을 중심으로 나와 딸이 함께 이어받은 전통의 길에 대한 현재적 해석의 시간 자체이 기도 했다. 고등학교 때 '윤리와 사상' 과목을 비교적 재미있게 들 었다는 둘째는, '그 재미있는 시간들이 퇴계와 율곡이 나오고 이 (理)와 기(氣) 같은 말들이 나오기 시작하면 갑자기 어둠 속으로 빠 져들고, 이 과목을 포기하는 친구들이 늘어났다.'는 체험을 내게 전하면서 자신도 크게 다를 수는 없었다고 고백해온다. 그 말을 들으면서 나는 전국의 윤리선생님들을 이런저런 자리에서 만나야 하는 고통과 기쁨이 동시에 살아나는 느낌이 들었다.

우리 사회에서 철학이나 철학자는 그다지 좋은 평가의 대상이 되지 못하고 있다. 가장 큰 이유는 우리 사회의 대세가 그런 말들 을 지속적으로 멀리하게 하는 방향으로 흐르고 있기 때문이지만, 대학에서 철학을 연구하고 가르치는 이른바 강단 철학자들이 자 신의 철학 공부와 우리의 삶을 연결시키지 못한 채 자신들만의 제 한된 담론이나 자기 위안에 머물고 있기 때문이기도 하다. 이런 혐의는 서양철학 전공자들에게 더 짙게 나타나지만, 그렇다고 한 국이나 동양철학을 전공한 학자들이라고 해서 크게 나을 것은 없 다. 그들 또한 고립된 한문 문헌 해독이나 문헌학적이고 서지학적 인 지식에 매달려 전통이 지니는 현재적 의미나 맥락을 소홀히 하는 경우가 많다. 그러다 보니 전통철학적인 내용을 담은 이와 기같은 개념들이 그 뿌리를 잃은 채 말라 비틀어져서 아이들과 교사를 불필요하게 괴롭히는 고리타분하고 쓸모없는 것들로 전락하고만 것이다.

서양철학의 개념들도 사정이 별로 낫지 않다. 1960년대부터 시작된 급속한 산업화로 자본주의 체제로 빠르게 변해간 우리 사회의 어떤 부분을 바라보고 객관적으로 분석하는 데서는 전통철학에 비해 분명히 유리한 지점이 있지만, 그것이 적용될 수 있는 영역과 시점의 미묘한 차이와 적용될 수 있는 영역을 구별해낼 수있는 기준의 불명료함 등으로 인해 늘 일정하게 빗겨가는 한계 또한 지니고 있다. 게다가 서양철학을 대하는 우리의 열등감으로 말미암아 늘 뒤쫓아 가면서도 왜 그래야 하는지를 생각하지 못하게되는 고약한 악순환의 고리가 쉽게 끊어지지 않고 있다. 싸르트르는 2차 대전 전후의 프랑스가 처한 정신적 위기 상황을 자신의 철학함 대상으로 삼았고, 하버마스는 1960년대의 독일 학생운동이쇠퇴하고 자본주의가 사회 전반으로 뿌리를 내린 자신의 독일 사회를 분석대상으로 삼았다. 그렇게 해서 찾아낸 철학 개념이 바로한계상황과 실존, 그리고 의사소통의 합리성과 담론윤리였다. 그개념들이 우리 사회와 우리 자신에게 적용되는 과정에서는 반드시 재해석과 재구성의 과정이 전제되어야만 한다. 그렇지 않으면,하버마스가 이른바 우리 사회를 이끌어가는 학자들을 향해서 지적한 문제가 계속해서 반복될 수밖에 없다.

쉰부르크(Schönburg)라는 이름을 가진 오래된 성(城)에 도착해서 짐을 풀었다. 맨 꼭대기 작은 테라스가 있고 다락방 같은 지붕이 양면으로 있는 작고 예쁜 방이다. 특히 딸에게 주어진 침실이 글을 쓰고 있는 작은 탁자 옆 창문 밑에 있어 소녀 시절 자연휴양림 나무집에 갔을 때 다락방 추억을 떠올리는 듯 재잘거리더니 이내 깊은 잠에 빠져들었다. 누구에게나 그렇게 자기만의 공간과 시간이 필요한 법이다. 온전히 혼자서만 있을 수 있는 그런 시·공간은 한 인간의 인격 속에 스며들어 그의 개성을 형성하고 또 깊이를 더하게 한다.

그런데 한편으로 우리 인간은 온전히 혼자서만은 살 수 없는 숙명을 갖고 있기도 하다. 싸르트르의 체험적인 고백처럼, 타자는 내게 지옥이지만 그 지옥과 관계 맺지 않으면 살 수 없는 것이 바로 우리이기도 하다. 이 법칙은 모든 관계에 적용되고, 당연히 나와 딸의 관계에도 적용된다. 한 달 동안 함께 여행하면서 우리는 서로가 얼마나 같은지 보다는, 얼마나 다른지를 더 많이 느끼고 체험했다. 유전자가 대부분 일치할 뿐만 아니라 외탁을 해서 나와는 조금 다르게 보이기도 하는 제 언니에 비해, 친탁을 해서 성격과 외모가 나와 더 닮았다고 생각해온 그는 그러나 많이 다르고 그 다름은 때로 갈등의 요인이 되기도 했다. 물론 그 다름의 상당 부분은 자라온 배경과 시대적 환경이 다른 데서 오는 것이다. 오늘 점심 식사를 하는 곳에서도 입가에 묻는 음식물을 지적하면서 나도 모르게 '숙녀가 그러면 더 추해보일 수 있다.'고 말했는데, 금방 얼굴이 굳어지더니 신사도 얼굴에 뭐가 묻으면 똑같이 추해 보인다는 말로 응수해왔다.

딸의 삶과 시대가 나의 그것들과 다른 것은 당연할 뿐만 아니라 내가 바라는 것이기도 하다. 그와 내가 공유할 수 있고 또 도와줄 수 있는 것은 최선을 다해 그렇게 하고자 하는 본능적 의지를 갖고 있지만, 이제 점차 그 관계의 양상을 바꿔 가야만하는 시기가 왔음을 몸으로 새긴 여행으로 남을 것 같다.

그럼에도 여전히 쉽게 포기할 수 없는 바람은 있다. 우선 그가 자신의 존재, 즉 '여기 이렇게 있음'을 받아들이면서 그것을 바탕으로 삶을 적극적으로 꾸려나갈 수 있으면 좋겠다. 그렇게 할 수 있으려면 때로 자신의 외모를 포함한 모든 것들을 받아들이는 고통스런 과정을 거쳐야 할 것이고, 그것의 토대 위에서 최선을 다해 삶의 방향을 모색하는 과정에서 우리가 함께 나눈 실존과 자유, 정의, 믿음, 평화 같은 주제들을 어느 구비에선가 떠올릴 수 있었으면 좋겠다. 그러면서 대학생활을 통해 잃어버린 공부의 즐거움도 되찾아 가능하면 일상 속에서 학문을 하고 그것을 삶 속에서 구현하는 진정한 실천적 지식인이자 시민으로 살아주었으면 한다. 그렇게 할 수 있게 되면, 올해 바깔라로레아 철학 시험 문제 중 하나인 넓은 의미의 정치와 도덕적 삶의 유기적 관계에 대해서도 충분히 유념하면서 깊이 있는 행복을 일상의 기쁨 속에서 잃지 않으면서 살아갈 수 있게 될 것이다. 내가 언제까지 그의 삶을 지켜볼 수 있을지 알 수 없지만, 이제부터는 한 발짝씩 뒤로 물러서는 노력도 해가면서 기꺼운 시선과 마음으로 지켜보고 싶다(2016.7.22. 독일 시간 오후 6시, 한국 시간 23일 새벽 한 시에 독일 오버베젤 쉰부르크 고성 호텔에서).

추신: 쇤부르크 철학자의 길
(Schönburg Philosophenweg)

이번 여정을 계획하면서 머물게 될 숙소는 가능하면 다양한 것으로 하고자 했다. 파리와 뮌헨의 아파트와 뉘른베르크 성문 바로 옆에 자리한 오래된 호텔, 뤼데스하임 작은 와인 공장과 레스또랑을 겸한 숙소, 프랑크푸르트 중앙역 가까운 비즈니스호텔, 그리고 오버베젤 쇤부르크 고성호텔까지 잠을 자는 공간의 다양성을 통해 함께 나눌 수 있는 이야기도 다양하고 다채로울 수 있기를 바랐기 때문이다. 그러다 보니 어느 곳은 너무 좁아 답답하기도 했고, 어떤 곳은 고유한 유럽 사람들 체취가 짙게 배어있어 고통을 감내해야 하기도 했다. 그럼에도 그 좁은 공간은 식구들끼리의 거리를 좁혀주어 집에서는 할 수 없는 귀한 경험을 가능하게 해주었고, 딸과 아내 모두 이 특별한 경험에 기꺼운 마음으로 동참해주었다.

지금은 오버베젤 역에서 프랑크푸르트 중앙역으로 가는 주말 완행열차에 있다. 뒷자리에는 응원을 다녀온 듯한 젊은 여성들이 떼를 지어 노래를 부르고 있고, 왼편에는 아랍계 같은 여행자 네 명이 다음 여행지를 가지고 의논을 하는지 열심히 알아들을 수 없는 말로 이야기를 나누고 있어 떠들썩하다. 뮌헨에서는 쇼핑센터에서 총격전이 있었다고 하고 같은 바이에른 지역에서도 테러가 있었다고 하는데, 이 열차공간에서는 전혀 그런 공포와 조심하는 분위기를 느낄 수 없다. 하기야 우리 한반도에서 남북한 충돌 징후가 보이면 외국에 사는 친구들은 걱정이 되어 전화나 메일 등으로 걱정스럽게 안부를 물어올 때, 정작 우리는 별다른 동요 없이 일상을 유지하는 것과 다를 바 없으리라. 프랑크푸르트로 가서 두 밤을 자고 귀국하려고 하는 우리들만 위축되어 있는지 모른다.

　동일한 사태를 보고도 관점과 처지에 따라 서로 다른 생각과 느낌을 갖는 것은 당연한 일이다. 쇤부르크 성에서 아랫마을 오버베젤로 가는 작고 아름다운 산길에 우리의 마지막 여정을 정리하는 의미로 '쇤부르크 철학자의 길'이라는 이름을 붙여 주면서, 함께 그 길을 걸어내려 왔다. 어제는 나 혼자 걸은 길을 오늘은 아내, 딸과 함께 걸으면서 일상과 여행, 삶과 철학, 그리고 철학함에 관한 이야기를 자연스럽게 나누고 싶었지만, 오늘 아침까지 내린 비로 길이 조금 미끄러워 발걸음에 더 많은 관심을 기울여야 했다. 다행히 중간에 오래된 나무의자가 있어 그곳에 함께 앉아 여행을 되돌아보며 쉴 수 있었다. 짧지 않은 시간 동안 함께 나눈 이야기들은 주로 이 책에서 다루는 주제들과 어느 정도 일관성 있게 맞닿아 있지만, 여행 자체의 돌발성과 우연성, 조금씩 쌓여가는 여행자의 고단함 등이 그런 아날로그적 대화를 문득문득 방해하며 끼어들기도 했다. 그것이 더 이 책의 성격과 잘 맞는지도 모른다. 이 책은 처음부터 정해진 계획에 따라 차근차근 진행되기보다는 여정의 순간순간에 몰입하면서 우리 삶의 일상과 여행 속에서 마주할 수 있고 또 마주해야만 하는 이야기들을 물 흐르듯이 담고자 하는 목적을 갖고 있었기 때문이다. 원고를 마무리하고 다시 전체적으로 훑어보니 약간의 산만함과 중복, 보다 깊이 있는 논의가 필요한 부분의 건너뜀 같은 것들이 마음을 불편하게 하기도 하지만, 그럼에도 가능하면 고치지 않는 방향에서 책을 완성하고자 한다.

때로 지루할 수 있는 삶의 여정에서 여행은 그 일상의 흐름과 질서로부터의 일정한 일탈을 의미하고, 그 일탈은 다시 일상으로 복귀함으로써 완성된다. 그렇게 복귀한 일상이 이전과 같은 것처럼 보이지만 실제로는 이전과 같으면서도 다른 차원의 삶을 열 수 있게 된다면, 그 여행은 잘 진행된 것이라고 평가할 만하다. 우리 삶 속에 들어와 있는 철학자의 길은 그런 의미의 또 다른 여행을 가능하게 해주는 실천적인 대안이다. 바쁘고 정신없고 만성적인 피로가 주도하는 일상에서 잠시 물러서서 '이렇게 살아도 괜찮을까', '왜 이렇게 살고 있지?' 같은 물음들을 자신에게 던질 수 있다면, 그 순간 이미 철학자의 길에 들어선 것이다. 이 작고 불완전한 대화편이 그런 마음 속 철학자의 길을 하나씩 만들고 싶다는 마음을 내게 할 수 있다면 많이 기쁠 것 같다(2016.7.23. 토요일 저녁, 프랑크푸르트 중앙역 근처 '아인슈타인 카페(Einstein Kaffee)'에서).

참고한 책들

1. 먼저 이번 여정 내내 나와 함께한 세 권의 책을 소개하고 싶다. 둘은 파리를 이해하는 데 많은 도움을 받은 책이고, 하나는 독일을 사상가를 중심으로 이해하고 관련되는 도시를 찾아가는 데까지 도움을 받은 책이다. 여행한 지역과 좀 더 많은 도움을 받은 책을 앞에 두는 순서를 택했다.

조홍식, 『파리의 열두 풍경』, 책과함께, 2016.
김덕영, 『사상의 고향을 찾아서: 독일 지성 기행』, 길, 2015.
정수복, 『파리를 생각한다』, 문학과지성사, 2009.

2. 이 책에서 대화를 시도한 학자나 사상가들의 저서를 지역과 시대 순으로
   열거해보면 아래와 같다.

전재성 옮김, 『법구경: 진리의 말씀』, 한국빠알리성전협회, 2014.

용수, 김성철 옮김, 『중론』, 경서원, 2001.

원효, 『보살계본지범요기』, 『대승기신론소·별기』, 『한국불교전서』 1권.

의상, 선지 옮김, 『대화엄일승법계 도주(圖註)』, 문현, 2010.

지눌, 『목우자수심결』, 『권수정혜결사문』, 『한국불교전서』 4권.

남명 조식, 경상대학교 남명학연구소 옮김, 『남명집』, 한길사, 2001.

율곡 이이, 김원중 옮김, 『격몽요결』 민음사, 2015.

법정, 『무소유』, 범우사, 1999.

한병철, 김태환 옮김, 『피로사회』, 문학과지성사. 2012.

플라톤, 박종현 옮김, 『국가·정체(政體)』, 서광사, 2005.

아리스토텔레스, 김재홍 외 옮김, 『니코마코스윤리학』, 길, 2011.

르네 데카르트, 이현복 옮김, 『방법서설』, 문예출판사, 1998.

존 로크, 공진성 옮김, 『관용에 관한 편지』, 책세상, 2008.

존 스튜어트 밀, 서병훈 옮김, 『자유론』, 책세상, 2008.

프리드리히 셸링, 최신한 옮김, 『인간적 자유의 본질』, 한길사, 2000.

게오르그 빌헬름 프리드리히 헤겔, 임석진 옮김, 『정신현상학』 1, 2, 한길사,
          2005.

루트비히 포이어바흐, 강대석 옮김, 『기독교의 본질』, 한길사, 2008.

카를 마르크스, 강유원 옮김, 『경제학-철학 수고』, 이론과실천, 2006.

카를 마르크스·프리드리히 엥겔스, 김대웅 옮김, 『독일 이데올로기』, 두레,

2015.

막스 베버, 전성우 옮김, 『직업으로서의 학문』, 나남출판, 2006.

막스 베버, 김덕영 옮김, 『프로테스탄티즘의 윤리와 자본주의 정신』, 길, 2010.

로자 룩셈부르크, 김경미 외 옮김, 『사회개혁이냐, 혁명이냐』, 책세상, 2002.

장 뽈 싸르트르, 왕사영 옮김, 『실존주의는 휴머니즘이다』, 청아출판사. 1993.

카를 야스퍼스, 이재승 옮김, 『죄의 문제』, 앨피, 2014.

막스 호르크하이머, 『철학의 사회적 역할』, 문학과지성사, 1981.

막스 호르크하이머, 테오도르 아도르노, 김유동 옮김, 『계몽의 변증법』, 문학 과지성사, 2001.

허버트 마르쿠제, 박병진 옮김, 『일차원적 인간』, 한마음사, 2009.

에리히 프롬, 방곤 외 옮김, 『소유냐 존재냐』, 범우사, 1999.

에마뉘엘 레비나스, 강영안 옮김, 『시간과 타자』, 문예출판사, 1996.

에마뉘엘 레비나스, 김연숙 옮김, 『존재와 다르게: 본질의 저편』, 인간사랑, 2010.

위르겐 하버마스, 이진우 옮김, 『담론윤리의 해명』, 문예출판사, 1997.

피에르 부르디외, 유민희 옮김, 『자기분석에의 초대』, 동문선, 2008.

존 롤즈, 황경식 옮김, 『정의론』, 이학사. 2003.

마이클 센델, 안기순 옮김, 『돈으로 살 수 없는 것들』, 와이즈베리, 2012.

마이클 센델, 김명철 옮김, 『정의란 무엇인가』, 와이즈베리, 2014.

요한 갈퉁, 이재봉 외 옮김, 『평화적 수단에 의한 평화』, 들녘, 2000.

3. 전공서를 전혀 지니지 않고 떠난 여행지였기 때문에 그동안 내가 본 책이
나 직접적인 대화를 통한 생각들, 어렵게 연결되는 인터넷망으로 확인할
수 있는 자료들, 현지 책방에서 산 몇 권의 철학서가 모두 참고문헌에
포함되어야 하지만, 여기서는 생각나는 것들만 기록할 수밖에 없다. 그
리고 필자 자신의 책 중에서 비교적 최근에 나온 전문서 두 권에서 다진
생각들도 이 책에서 자연스럽게 드러났을 것이다. 생각나는 대로 적어보
면 아래와 같다. 빠뜨린 분들께는 미안함과 함께 양해의 말씀을 구하고
싶다.

가산지관, 『한국불교계율전통』, 가산불교문화연구원, 2005.

강영안, 『타인의 얼굴: 레바나스의 철학』, 문학과지성사, 2005.

노양진 외, 『몸과 인지』, 전남대학교출판부, 2015.

노영란, 『덕윤리의 도덕심리학적 고찰』, 철학과현실사, 2015.

박경준, 『불교 사회경제사상』, 동국대학교 출판부, 2010.

박병기, 『의미의 시대와 불교윤리』, 씨아이알, 2013.

박병기, 『동양 도덕교육론의 현대적 해석』, 인간사랑, 2009.

신승환, 『우리 학문과 학문 방법론』, 지식산업사, 2008.

소흥렬, 『누가 철학을 할 것인가』, 이화여자대학교 출판부, 2004.

이도흠, 『인류의 위기에 대한 원효와 마르크스의 대화』, 자음과모음, 2015.

전남대학교 철학연구교육센터 엮음, 『몸과 인지』, 전남대학교 출판부, 2015.

진교훈, 『철학적 인간학 연구(1)』, 경문사. 1983.

허우성, 『근대 일본의 두 얼굴: 니시다 철학』, 문학과지성사, 2000.

마사 누스바움, 한상연 옮김, 『역량의 창조: 인간다운 삶에는 무엇이 필요한
가』, 돌베개, 2015.

Höffe, Otfried, *Gerechtigkeit: Eine philosophische Einführung*, München: Verlag C.H. Beck, 2015.

Levinas, E., trans. by Nider Poller, *Humanism of the Other*, Urbana & Chicago: University of Illinois Press, 2006.

Nussbaum, Martha C, *Anger and Forgiveness: Resentment, Generosity, Justice*, Oxford: Oxford University Press, 2016.

Schönwälder-Kuntze, Tarjana, *Philosophische Methoden*, Hamburg: Junius Verlag Gmbh, 2015.